工业互联网技术专业"十三五"规划教材
产教融合系列教程
应用型人才终身学习计划

EduBot 哈工海渡教育集团 | JZ 技皆知

工业互联网数字孪生技术应用初级教程

主 编 张明文 高文婷
副主编 霰学会 华成宇 娜木汗 喻 杰
       李 闻 李 夏 郁 臻

www.jijiezhi.com
教学视频+电子课件+技术交流

哈尔滨工业大学出版社
HITP HARBIN INSTITUTE OF TECHNOLOGY PRESS

内 容 简 介

本书主要介绍工业互联网技术的基础知识和数字孪生技术的应用，分为基础理论和项目应用两部分。第一部分全面介绍了工业互联网的基础知识，围绕工业互联网的发展概况、定义特点、技术体系及平台架构等方面进行讲解，然后针对数字孪生应用系统，着重介绍其功能特点、应用方法等内容。第二部分基于 FANUC ROBOGUIDE 软件，介绍物料搬运、物料加工、物料打磨、视觉检测和物料装配等数字孪生项目。

本书可作为工业互联网、机电一体化、电气自动化及工业机器人技术等相关专业的教材，也可供从事相关行业的技术人员参考使用。

图书在版编目（CIP）数据

工业互联网数字孪生技术应用初级教程 / 张明文，高文婷主编. —哈尔滨：哈尔滨工业大学出版社，2022.6

产教融合系列教程

ISBN 978-7-5603-9715-3

Ⅰ. ①工… Ⅱ. ①张… ②高… Ⅲ. ①互联网络-应用-工业发展-教材 Ⅳ. ①F403-39

中国版本图书馆 CIP 数据核字（2021）第 204408 号

策划编辑	王桂芝　张　荣
责任编辑	张　荣
出版发行	哈尔滨工业大学出版社
社　　址	哈尔滨市南岗区复华四道街 10 号 邮编 150006
传　　真	0451-86414749
网　　址	http://hitpress.hit.edu.cn
印　　刷	辽宁新华印务有限公司
开　　本	787 mm×1 092 mm　1/16　印张 19.5　字数 462 千字
版　　次	2022 年 6 月第 1 版　2022 年 6 月第 1 次印刷
书　　号	ISBN 978-7-5603-9715-3
定　　价	56.00 元

（如因印装质量问题影响阅读，我社负责调换）

编审委员会

主　　任　张明文
副 主 任　高文婷　王　伟
委　　员　（按姓氏首字母拼音排序）
　　　　　高文婷　华成宇　黄建华　李金鑫
　　　　　李　闻　李　夏　李秀军　娜木汗
　　　　　宁　金　史锦锦　王璐欢　王　曼
　　　　　王　伟　王　艳　夏　秋　霰学会
　　　　　杨浩成　尹　政　喻　杰　郑宇琛

前　言

工业互联网是互联网和新一代信息技术与工业系统全方位深度融合所形成的产业和应用生态，是工业智能化发展的关键综合信息基础设施。当前，新一轮科技革命和产业变革蓬勃兴起，工业经济数字化、网络化、智能化发展成为第四次工业革命的核心内容。工业互联网作为数字化转型的关键支撑力量，正在全球范围内不断颠覆传统制造模式、生产组织方式和产业形态，推动传统产业加快转型升级、新兴产业加速发展壮大。

在工业互联网与制造业融合的关键阶段，越来越多企业将面临"设备易得、人才难求"的尴尬局面，所以要实现"互联网+先进制造业"，人才培育要先行。《国务院关于深化"互联网+先进制造业"发展工业互联网的指导意见》指出，要加快工业互联网人才培育，补齐人才结构短板，充分发挥人才支撑作用。数字孪生技术作为工业互联网的一项重要技术，需要重点培养相关人才。针对这一现状，为了更好地推广工业互联网与数字孪生技术，培养既熟悉工业设备应用，又掌握数字孪生技术的复合型人才，亟须编写一本系统全面的工业互联网与数字孪生技术的入门教材。

本书的主要内容分为基础理论和项目应用两部分。第一部分全面地介绍了工业互联网的基础知识，围绕工业互联网的发展概况、定义特点、技术体系及平台架构等方面进行讲解，然后针对数字孪生应用系统，着重介绍了其功能特色、应用方法、仿真编程等内容。第二部分介绍如何基于工业互联网数字孪生应用系统实现各工艺的数字孪生。

本书依据工业互联网数字孪生初级入门的学习要求科学设置知识点，倡导实用性和系统性；采用项目式教学，有助于激发学习兴趣，提高教学效率，便于读者在短时间内全面、系统地了解工业互联网数字孪生技术的基本知识和应用技术。

本书图文并茂、通俗易懂、实用性强，既可作为高职高专工业互联网、机电一体化、电气自动化、机器人工程、工业机器人技术等相关专业的教材，也可供从事相关行业的技术人员参考使用。为了提高教学效果，建议采用启发式教学，开放性学习，重视小组讨论；在学习过程中，建议结合本书配套的教学辅助资源，如教学课件及视频素材、教学参考与拓展资料等。

限于编者水平，书中难免存在疏漏及不足之处，敬请批评指正。任何意见和建议可反馈至 E-mail:edubot_zhang@126.com。

编 者

2022 年 4 月

目 录

第一部分 基 础 理 论

第1章 工业互联网概况 ... 1
1.1 工业互联网产业概况 ... 1
1.2 工业互联网发展概况 ... 2
 1.2.1 国外发展概况 ... 2
 1.2.2 国内发展概况 ... 6
1.3 工业互联网技术基础 ... 10
 1.3.1 工业互联网定义 ... 10
 1.3.2 工业互联网功能体系 ... 10
 1.3.3 工业互联网技术体系 ... 11
1.4 工业互联网人才培养 ... 14
 1.4.1 人才分类 ... 14
 1.4.2 产业人才现状 ... 15
 1.4.3 产业人才职业规划 ... 17
 1.4.4 产教融合学习方法 ... 18

第2章 数字孪生应用系统 ... 20
2.1 数字孪生简介 ... 20
 2.1.1 数字孪生介绍 ... 20
 2.1.2 软件工具组成 ... 24
2.2 数字孪生应用系统简介 ... 24
 2.2.1 应用系统简介 ... 24
 2.2.2 基本组成 ... 25
2.3 关联硬件应用基础 ... 25

2.3.1　机器人技术基础 ··· 25
　　2.3.2　视觉技术基础 ··· 29

第3章　数字孪生软件应用基础 ···32

3.1　软件简介及安装 ·· 32
　　3.1.1　软件介绍 ·· 32
　　3.1.2　软件安装 ·· 32
3.2　软件界面 ··· 37
　　3.2.1　主界面 ··· 38
　　3.2.2　菜单栏 ··· 38
　　3.2.3　工具栏 ··· 39
　　3.2.4　常用窗口 ·· 40
3.3　基本操作 ··· 44
　　3.3.1　项目结构 ·· 44
　　3.3.2　常用操作 ·· 44
　　3.3.3　虚拟示教器 ·· 47
3.4　仿真调试 ··· 49
　　3.4.1　项目创建 ·· 50
　　3.4.2　程序编写 ·· 55
　　3.4.3　项目调试 ·· 61

第二部分　项目应用

第4章　基础运动的数字孪生 ···63

4.1　项目概况 ··· 63
　　4.1.1　项目背景 ·· 63
　　4.1.2　项目需求 ·· 64
　　4.1.3　项目目的 ·· 64
4.2　项目分析 ··· 64
　　4.2.1　项目构架 ·· 64
　　4.2.2　项目流程 ·· 65
4.3　项目要点 ··· 65
　　4.3.1　机器人基本操作 ·· 65

    4.3.2 模型导入与设置 66
    4.3.3 机器人指令介绍 67
  4.4 项目步骤 68
    4.4.1 应用系统连接 68
    4.4.2 应用系统配置 72
    4.4.3 主体程序设计 76
    4.4.4 关联程序设计 83
    4.4.5 项目程序调试 84
    4.4.6 项目总体运行 86
  4.5 项目验证 87
    4.5.1 效果验证 87
    4.5.2 数据验证 87
  4.6 项目总结 90
    4.6.1 项目评价 90
    4.6.2 项目拓展 90

第5章 物料搬运的数字孪生 91

  5.1 项目概况 91
    5.1.1 项目背景 91
    5.1.2 项目需求 91
    5.1.3 项目目的 92
  5.2 项目分析 92
    5.2.1 项目构架 92
    5.2.2 项目流程 93
  5.3 项目要点 93
    5.3.1 工具导入与定义 93
    5.3.2 Parts模型的仿真 95
  5.4 项目步骤 96
    5.4.1 应用系统连接 96
    5.4.2 应用系统配置 97
    5.4.3 主体程序设计 110
    5.4.4 关联程序设计 112
    5.4.5 项目程序调试 124

5.4.6　项目总体运行 ……………………………………………………… 125
5.5　项目验证 ……………………………………………………………………… 127
　　5.5.1　效果验证 …………………………………………………………… 127
　　5.5.2　数据验证 …………………………………………………………… 127
5.6　项目总结 ……………………………………………………………………… 129
　　5.6.1　项目评价 …………………………………………………………… 129
　　5.6.2　项目拓展 …………………………………………………………… 130

第6章　物料加工的数字孪生 …………………………………………………… 131

6.1　项目概况 ……………………………………………………………………… 131
　　6.1.1　项目背景 …………………………………………………………… 131
　　6.1.2　项目需求 …………………………………………………………… 131
　　6.1.3　项目目的 …………………………………………………………… 132
6.2　项目分析 ……………………………………………………………………… 132
　　6.2.1　项目构架 …………………………………………………………… 132
　　6.2.2　项目流程 …………………………………………………………… 133
6.3　项目要点 ……………………………………………………………………… 133
　　6.3.1　运动件的建立 ……………………………………………………… 133
　　6.3.2　仿真I/O信号 ………………………………………………………… 134
6.4　项目步骤 ……………………………………………………………………… 135
　　6.4.1　应用系统连接 ……………………………………………………… 135
　　6.4.2　应用系统配置 ……………………………………………………… 135
　　6.4.3　主体程序设计 ……………………………………………………… 150
　　6.4.4　关联程序设计 ……………………………………………………… 154
　　6.4.5　项目程序调试 ……………………………………………………… 154
　　6.4.6　项目总体运行 ……………………………………………………… 155
6.5　项目验证 ……………………………………………………………………… 157
　　6.5.1　效果验证 …………………………………………………………… 157
　　6.5.2　数据验证 …………………………………………………………… 158
6.6　项目总结 ……………………………………………………………………… 159
　　6.6.1　项目评价 …………………………………………………………… 159
　　6.6.2　项目拓展 …………………………………………………………… 159

第7章 物料打磨的数字孪生 ······160

7.1 项目概况 ······160
7.1.1 项目背景 ······160
7.1.2 项目需求 ······160
7.1.3 项目目的 ······161

7.2 项目分析 ······161
7.2.1 项目构架 ······161
7.2.2 项目流程 ······161

7.3 项目要点 ······162
7.3.1 坐标系的偏移 ······162
7.3.2 打磨电机的设置 ······163

7.4 项目步骤 ······164
7.4.1 应用系统连接 ······164
7.4.2 应用系统配置 ······165
7.4.3 主体程序设计 ······182
7.4.4 关联程序设计 ······185
7.4.5 项目程序调试 ······186
7.4.6 项目总体运行 ······187

7.5 项目验证 ······189
7.5.1 效果验证 ······189
7.5.2 数据验证 ······189

7.6 项目总结 ······190
7.6.1 项目评价 ······190
7.6.2 项目拓展 ······191

第8章 视觉检测的数字孪生 ······192

8.1 项目概况 ······192
8.1.1 项目背景 ······192
8.1.2 项目需求 ······192
8.1.3 项目目的 ······193

8.2 项目分析 ······193
8.2.1 项目构架 ······193
8.2.2 项目流程 ······194

8.3 项目要点 194
　8.3.1 iRVision 设置 194
　8.3.2 视觉程序的创建 196
8.4 项目步骤 198
　8.4.1 应用系统连接 198
　8.4.2 应用系统配置 199
　8.4.3 主体程序设计 219
　8.4.4 关联程序设计 232
　8.4.5 项目程序调试 233
　8.4.6 项目总体运行 234
8.5 项目验证 236
　8.5.1 效果验证 236
　8.5.2 数据验证 237
8.6 项目总结 238
　8.6.1 项目评价 238
　8.6.2 项目拓展 238

第9章 物料装配的数字孪生 239

9.1 项目概况 239
　9.1.1 项目背景 239
　9.1.2 项目需求 239
　9.1.3 项目目的 240
9.2 项目分析 240
　9.2.1 项目构架 240
　9.2.2 项目流程 242
9.3 项目要点 242
　9.3.1 良否检查视觉程序 242
　9.3.2 装配视觉检查 244
9.4 项目步骤 245
　9.4.1 应用系统连接 245
　9.4.2 应用系统配置 246
　9.4.3 主体程序设计 272
　9.4.4 关联程序设计 287

9.4.5 项目程序调试 ·· 288
9.4.6 项目总体运行 ·· 289
9.5 项目验证 ·· 290
　9.5.1 效果验证 ·· 290
　9.5.2 数据验证 ·· 291
9.6 项目总结 ·· 292
　9.6.1 项目评价 ·· 292
　9.6.2 项目拓展 ·· 293

参考文献 ·· 294

第一部分 基 础 理 论

第1章 工业互联网概况

1.1 工业互联网产业概况

当前，新一轮科技革命和产业变革蓬勃兴起，工业经济数字化、网络化、智能化发展成为第四次工业革命的核心内容。工业互联网作为数字化转型的关键支撑力量，正在全球范围内不断颠覆传统制造模式、生产组织方式和产业形态，推动传统产业加快转型升级、新兴产业加速发展壮大。

※ 工业互联网概况

工业互联网是新一代信息技术与工业系统全方位深度融合所形成的产业和应用生态，通过人、机、物的全面互联，全要素、全产业链、全价值链的全面连接，对各类数据进行采集、传输、存储、分析并形成智能反馈，推动形成全新的生产制造和服务体系，优化资源要素配置效率，充分发挥制造装备、工艺和材料的潜能，提高企业生产效率，创造差异化的产品并提供增值服务。

工业互联网作为"中国制造2025"的重要组成部分，以推动信息技术与制造技术融合为重点，强调互联网技术在未来工业体系中的应用。"中国制造2025"对工业互联网这一重要基础进行了具体规划：加强工业互联网基础设施建设，建设低时延、高可靠、广覆盖的工业互联网，以提升企业宽带接入信息网络的能力；在此基础上针对企业需求，组织开发智能控制系统、工业应用及故障诊断软件、传感系统和通信协议；最终实现人、设备与产品的实时联通、精确识别、有效交互与智能控制。

1.2 工业互联网发展概况

1.2.1 国外发展概况

为了确保在未来新一轮工业发展浪潮中抢占先机,美国、德国、日本等主要工业强国纷纷布局工业互联网,以维持在国际制造业竞争中的优势地位。美国由顶尖企业引领,提出工业互联网的概念;德国依靠自身装备制造领域的深厚积累,提出"工业4.0"对标美国工业互联网;日本基于自身社会现实,实施"互联工业"战略,建设符合日本实际的工业互联网体系。

1. 美国

20世纪80年代以来,随着经济全球化、国际产业转移及虚拟经济不断深化,美国产业结构发生了巨大的变化,制造业日益衰退,"去工业化"趋势明显,虽然美国制造业增加值逐年提高,但制造业增加值占国内生产总值的比重却在逐年下降。

2008年金融危机后,美国意识到了发展实体经济的重要性,提出了"再工业化"的口号,主张发展制造业,减少对金融业的依赖。美国工业互联网的提出背景如图1.1所示。

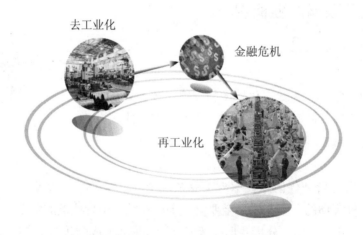

图1.1 美国工业互联网的提出背景

2012年,"工业互联网"的概念由美国通用电气公司首先提出,目标是通过智能机器之间的全面互联达成设备与设备之间的数据连通,让机器、设备和网络能在更深层次与信息世界的大数据和分析连接在一起,最终实现通信、控制和计算的集合。在实现手段上,美国工业互联网概念注重软件、网络、数据等信息对企业经营与顶层设计的增强。

2014年,美国制造业龙头企业和政府机构牵头成立工业互联网联盟(Industrial Internet Consortium,IIC),合力进行工业互联网的推广以及标准化工作。工业互联网联盟开发了9种旨在展示工业互联网应用的"Testbed"测试平台以推广工业互联网应用,给各企业提供测试工业互联网技术的有效工具。工业互联网联盟同时开发了工业互联网参考架构模型（Industrial Internet Reference Architecture，IIRA）和标准词库（Industrial Internet Vocabulary），为标准化的发展奠定了基础。

2019年6月，工业互联网联盟公布了工业互联网参考架构IIRA 1.9，进一步完善了工业互联网标准化体系建设，如图1.2所示。该参考架构对工业互联网关键属性和跨行业共性的架构问题及系统特征进行分析，并将分析结果通过模型等方式表达出来，因此该架构能广泛地适用于各个行业。

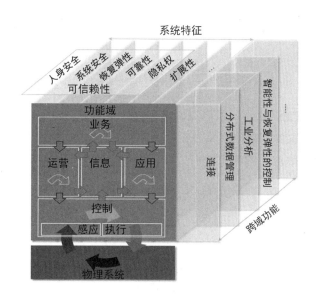

图1.2　工业互联网参考架构IIRA 1.9

2. 德国

德国是装备制造业较具竞争力的国家之一，长期专注于复杂工业流程的管理和创新，其在信息技术方面也有极强的竞争力，在嵌入式系统和自动化工程方面处于世界领先地位。为了稳固其工业强国的地位，德国对本国工业产业链进行了反思与探索，"工业4.0"构想由此产生。德国"工业4.0"和美国工业互联网虽然在说法上不同，但在本质上两者具有一致性，强调的都是加强企业信息化、智能化和一体化建设。

"工业4.0"提出基于信息物理系统（Cyber-Physical Systems，CPS）实现工厂智能化生产，让工厂直接与消费需求对接。

CPS是一个综合了计算、通信、控制技术的多维复杂系统，如图1.3所示。CPS将物理设备连接到互联网上，让物理设备具有计算、通信、精确控制、远程协调和自治五大功能，从而实现虚拟网络世界与现实物理世界的融合。CPS可将资源、信息、物体以及人紧密联系在一起，如图1.4所示。

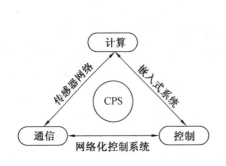 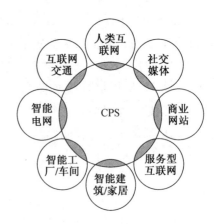

图 1.3　CPS 组成　　　　　　　图 1.4　CPS 网络

在智能工厂中，CPS 将现实世界以网络连接，采集分析设计、开发、生产过程中的数据，构成自律且动态的智能生产系统，如图 1.5 所示。在 CPS 中，每个工作站（工业机器人、机床等）都能够在网络上实时互联，根据信息自主切换最佳的生产方式，最大限度地杜绝浪费。

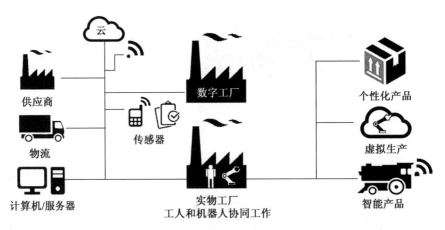

图 1.5　"工业 4.0"的概念内涵

"工业 4.0"将无处不在的传感器、嵌入式终端系统、智能控制系统、通信设施通过 CPS 形成智能网络，使人与人、人与机器、机器与机器以及服务与服务之间能够互联，从而实现纵向集成、数字化集成和横向集成。

2013 年 4 月，德国机械及制造商协会，德国信息技术、通信与新媒体协会，德国电气和电子制造商协会等行业协会合作设立了"工业 4.0 平台"，作为德国工业互联战略的合作组织。该平台向德国政府提交了平台工作组的最终报告——《保障德国制造业的未来——关于实施工业 4.0 战略的建议》，明确了德国在向"工业 4.0"进化的过程中要采取双重策略，即成为智能制造技术的主要供应商和 CPS 的领先市场。

2015 年,在德国"工业 4.0 平台"的努力下,德国正式提出了"工业 4.0"的参考架构模型(Reference Architectural Model Industrie 4.0,RAMI 4.0),如图 1.6 所示。

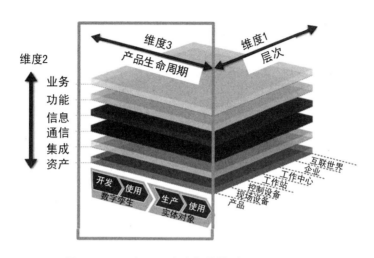

图 1.6 "工业 4.0"参考架构模型(RAMI 4.0)

RAMI 4.0 由三个维度组成:

(1)第一个维度描述了工厂的层次结构,体现了"工业 4.0"针对产品服务和企业协同的要求。

(2)第二个维度描述了 CPS 的层级,以及各层级的功能。

(3)第三个维度从产品生命周期视角出发,描述了以零部件、机器和工厂为典型代表的工业生产要素从数字孪生到实体对象的全过程;强调了各类工业生产要素都要有虚拟和实体两个部分,体现了全要素"数字孪生"的特征。

3. 日本

因制造业面临的各种竞争压力,如老龄化问题、国际竞争加剧等,日本于 2017 年 3 月在德国汉诺威通信展会正式提出"互联工业"(Connected Industries)的概念。

作为日本国家战略层面的产业愿景,"互联工业"强调"通过各种关联,创造新的附加值的产业社会",包括物与物的连接、人和设备及系统之间的协同、人和技术相互关联、已有经验和知识的传承,以及生产者和消费者之间的关联。在日本整个数字化进程中,需要充分发挥其国家优势,构筑一个以解决问题为导向、以人为本的新型产业社会。

与美国工业互联网、德国"工业 4.0"更关注企业内部的互联与智能化不同,日本"互联工业"另辟蹊径,关注企业之间的互联互通从而提升全行业的生产效率。

日本于 2016 年 12 月发布了自身的"互联工业"参考架构——工业价值链参考架构(Industrial Value Chain Reference Architecture,IVRA)。IVRA 将智能制造单元作为互联工业微观层面的基本单元,如图 1.7 所示,多个智能制造单元按管理、活动、资产三个视角组合,形成通用功能模块,企业根据自身需要使用通用模块以达成企业所需的实际功能。IVRA 使用"宽松定义标准",首先改进现有系统,而非完全创立一个全新的复杂互联体系,避免了企业大幅度更改生产方式带来的运营风险。

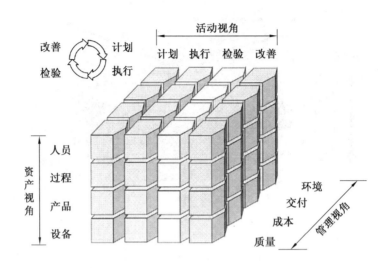

图 1.7　工业价值链参考架构(IVRA)的智能制造单元

对智能制造单元包含的三个视角说明如下:

(1)资产视角向生产组织展示该智能制造单元的资产或财产,包括人员、过程、产品和设备四类,这与 RAMI 4.0 模型中的资产基本一致。

(2)活动视角涉及该智能制造单元的人员和设备所执行的各种活动,包括"计划、执行、检验、改善"的不断循环。

(3)管理视角说明该智能制造单元实施的目的,并指出管理要素"质量、成本、交付、环境"之间的关系。

1.2.2　国内发展概况

1. 工业互联网的提出

2015 年十二届全国人大三次会议政府工作报告中首次提出"互联网+"计划,推动互联网、大数据、物联网与云计算和现代制造业的结合,发展新经济,实现从工业大国向工业强国的迈进。

2017 年 11 月,《国务院关于深化"互联网+先进制造业"发展工业互联网的指导意见》(以下简称《意见》印发,明确了我国工业与互联网融合的长期发展思路,已经成为中国工业互联网建设的行动纲领。《意见》指出,工业互联网作为新一代信息技术与制造业深度融合的产物,日益成为新工业革命的关键支撑和深化"互联网+先进制造业"的重要基石,对未来工业发展产生全方位、深层次、革命性影响。工业互联网通过系统构建网络、平台、安全三大功能体系,打造人、机、物全面互联的新型网络基础设施,形成智能化发展的新兴业态和应用模式,是推进制造强国和网络强国建设的重要基础,是全面建成小康社会和建设社会主义现代化强国的有力支撑。

(1)发展目标。

《意见》提出工业互联网的三个阶段性发展目标,如图 1.8 所示。

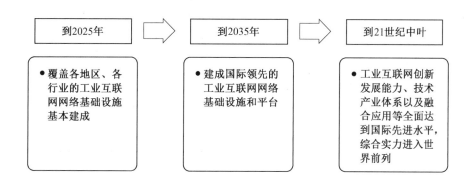

图 1.8　工业互联网的三个阶段性发展目标

(2)七项重点工程。

《意见》部署了七项重点工程:

➢ 工业互联网基础设施升级改造工程。组织实施工业互联网工业企业内网、工业企业外网和标识解析体系的建设升级。

➢ 工业互联网平台建设及推广工程。开展四个方面建设和推广:一是工业互联网平台培育;二是工业互联网平台试验验证;三是百万家企业上云;四是百万工业 APP 培育。

➢ 标准研制及试验验证工程。面向工业互联网标准化需求和标准体系建设,开展工业互联网标准研制。

➢ 关键技术产业化工程。加快工业互联网关键网络设备产业化;研发推广关键智能网联装备,围绕数控机床、工业机器人、大型动力装备等关键领域,实现智能控制、智能传感、工业级芯片与网络通信模块的集成创新,形成一系列具备联网、计算、优化功能的新型智能装备;开发工业大数据分析应用软件。

➢ 工业互联网集成创新应用工程。在智能化生产应用方面,鼓励大型工业企业实现内部各类生产设备与信息系统的广泛互联以及相关工业数据的集成互通,并在此基础上发展质量优化、智能排产、供应链优化等应用。

➢ 区域创新示范建设工程。开展工业互联网创新中心建设、工业互联网产业示范基地建设。

➢ 安全保障能力提升工程。打造工业互联网安全监测预警和防护处置平台、工业互联网安全核心技术研发平台、工业互联网安全测试评估平台等。

2. 工业互联网产业政策

自国家提出"互联网+"计划以来,工业互联网就成了国内"工业化和信息化"深度融合的重要手段之一,也成了我国打造"工业强国""网络强国"的重要道路选择。国内工业互联网在技术和平台方面具备了一定的发展基础,现正处在打造经典示范工程、加快应用推广的阶段,后续主要需要进一步加快基础设施和平台的建设,推动标准及标识体系的建立,鼓励应用发展,建立起完整、成熟的生态体系。有条件的地区和企业在工业互联网领域的投资和应用推进都会加速进行。自2015年以来,我国政府为推动工业互联网发展,先后出台了一系列产业政策,见表1.1。2016年,工业互联网产业联盟成立,立足为推动《中国制造2025》和"互联网+"融合发展提供必要支撑。

表1.1 工业互联网相关产业政策

时间	政策文件名称	内容要点
2015年	"中国制造2025"	以加快新一代信息技术与制造业深度融合为主线,以推进智能制造为主攻方向,强化工业基础能力,提高综合集成水平,促进产业转型升级
2015年	《国务院关于积极推进"互联网+"行动的指导意见》	推动互联网与制造业融合,提升制造业数字化、网络化、智能化水平,加强产业链协作
2016年	《国务院关于深化制造业与互联网融合发展的指导意见》	提出充分释放"互联网+"的力量,改造提升传统动能,培育新的经济增长点,加快推动"中国制造"提质增效升级,实现从工业大国向工业强国迈进
2017年	《国务院关于深化"互联网+先进制造业"发展工业互联网的指导意见》	提出加快建设和发展工业互联网,推动互联网、大数据、人工智能和实体经济深度融合,发展先进制造业,支持传统产业优化升级
2018年	《工业互联网发展行动计划(2018—2020年)》	提出到2020年底,我国将实现"初步建成工业互联网基础设施和产业体系"的发展目标
2018年	《工业互联网平台建设及推广指南》	提出到2020年,培育10家左右的跨行业跨领域工业互联网平台和一批企业级工业互联网平台
2019年	《工业互联网网络建设及推广指南》	初步建成工业互联网基础设施和技术产业体系,形成先进、系统的工业互联网网络技术体系和标准体系等
2020年	《工业和信息化部办公厅关于推动工业互联网加快发展的通知》	加快新型基础设施建设;加快拓展融合创新应用;加快健全安全保障体系;加快壮大创新发展动能;加快完善产业生态布局;加大政策支持力度

3. 工业互联网发展现状

近年来，随着国家的大力投入，我国工业互联网应用实现了快速发展，工业与互联网融合应用发展是国内制造业和互联网行业的共同发展方向，我国工业互联网产业链围绕工业互联网不断发展。自 2017 年《国务院关于深化"互联网+先进制造业"发展工业互联网的指导意见》发布以来，我国在工业互联网行业建设中取得了积极进展。

（1）工业互联网新型基础设施建设体系化。

工业互联网网络覆盖范围及规模扩张。基础电信企业积极构建面向工业企业的低时延、高可靠、广覆盖的高质量外网，延伸至全国各地。"5G+工业互联网"探索推进，时间敏感网络、边缘计算、5G 工业模组等新产品在内网改造中探索应用。标识解析国家顶级节点功能不断增强。平台连接能力持续增强。工业互联网平台数量持续增加，跨行业、跨领域平台的引领作用显著。国家工业互联网大数据中心启动建设。

（2）工业互联网与实体经济的融合持续深化。

当前工业互联网已渗透应用到包括工程机械、钢铁、石化、采矿、能源、交通、医疗等在内的国民经济重点行业。智能化生产、网络化协同、个性化定制、服务化延伸、数字化管理等新模式活跃，有力推动了工业互联网的转型升级，催生了新增长点。典型大企业通过集成方式，提高数据利用率，形成完整的生产系统和管理流程应用，智能化水平大幅提升。中小企业则通过工业互联网平台，以更低的价格、更灵活的方式补齐数字化能力短板。大中小企业、一二三产业融通发展的良好态势正在加速形成。

（3）工业互联网产业新生态快速壮大。

在国家政策引导下，各省市陆续发布地方工业互联网发展政策文件。各地加大投入力度，支持企业上云、上平台和开展数字化改造，推动建立产业投资基金。北京、长三角、粤港澳大湾区已成为全国工业互联网发展高地，东北老工业基地和中西部地区则注重结合本地优势产业，积极探索各具特色的发展路径。工业互联网产业联盟不断壮大，推进标准技术、测试验证、知识产权、产融对接等多方面合作。

（4）工业互联网安全保障能力显著提升。

构建了多部门协同、各负其责、企业主体、政府监管的安全管理体系，通过监督检查和威胁信息通报等举措，企业的安全责任意识进一步增强；建设国家、省、企业三级联动安全监测体系，服务工业企业、工业互联网平台，协同处置多起安全事件，基本形成工业互联网安全监测预警处置能力。通过试点示范等举措，带动一批企业提升了安全技术攻关创新与应用能力。

1.3 工业互联网技术基础

1.3.1 工业互联网定义

根据《工业互联网术语与定义（版本1.0）》中的定义，工业互联网是满足工业智能化发展需求，具有低时延、高可靠、广覆盖特点的关键网络基础设施，是新一代信息通信技术与先进制造业深度融合所形成的新兴业态与应用模式。

※ 工业互联网技术基础

工业互联网的本质是以机器、控制系统、信息系统、产品及人员的网络互联为基础，其连接概念图如图1.9所示，通过对工业数据的深度感知、实时传输交换、快速计算处理及高级建模分析，实现智能控制、运营优化和生产组织方式的变革。

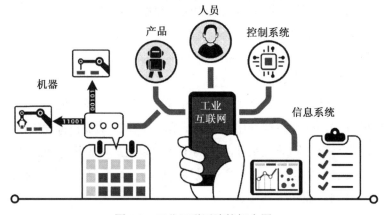

图1.9 工业互联网连接概念图

1.3.2 工业互联网功能体系

工业互联网的核心功能原理是基于数据驱动的物理系统与数字空间全面互联与深度协同，以及在此过程中的智能分析与决策优化。工业互联网的功能体系主要包括三大体系，分别为网络体系、平台体系和安全体系，如图1.10所示。

1. 网络体系为基础

利用网络通信、标识解析和标准体系，建设低时延、高可靠、广覆盖的网络基础设施，为工业全要素互联互通提供有力支撑。

2. 平台体系为核心

平台边缘层基于物联网技术、边缘计算技术，可以为工业互联网实现工业设备和工业信息化系统的接入、集成、解析；平台核心层的工业大数据可用于实现工业信息数据的再处理和深度挖掘，为工业应用提供机理模型和智能算法支撑，利用工业微服务、工业应用研发技术实现基于工业互联网平台的机理模型、原生工业应用、云化工业应用的研发建设。

3. 安全体系为保障

安全体系涵盖网络安全、数据安全、应用安全等方面，为工业互联网实施全面保护，以防止对信息的破坏、泄漏等，保障企业数据和网络的安全。

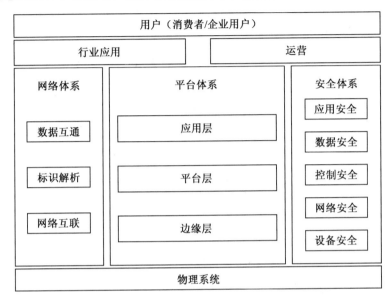

图1.10　工业互联网功能体系架构

1.3.3　工业互联网技术体系

工业互联网是新一代信息技术与工业系统深度融合而形成的产业和应用生态。工业互联网主要技术可分为三类，分别为工业互联网网络技术、工业互联网平台技术及工业互联网安全技术，如图1.11所示。其中，工业互联网网络技术主要包括工业网络技术和标识解析技术；工业互联网平台技术主要包括云计算技术、边缘计算技术、工业大数据技术、数字孪生技术、工业智能技术及人机交互技术；工业互联网安全技术主要包括加密算法技术及访问控制技术。

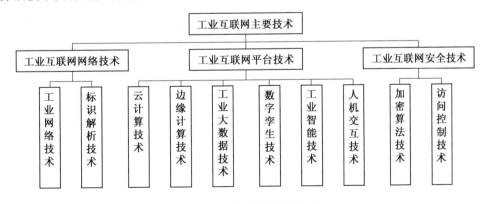

图1.11　工业互联网主要技术

1. 工业互联网网络技术

工业互联网网络体系通过物联网、互联网等技术实现工业全系统的互联互通，促进工业数据的无缝集成。网络技术主要包括工业网络技术和标识解析技术，其中工业网络技术实现要素之间的数据传输，标识解析技术实现要素的标记、管理和定位。

（1）工业网络技术。

工业网络泛指将终端数据上传到工业互联网平台并能通过工业互联网平台获取数据的传输通道。它通过有线、无线的数据链路将传感器和终端检测到的数据上传到工业互联网平台，接收工业互联网平台的数据并传送到各个扩展功能节点。工业互联网包含的网络技术按照数据传输介质主要分为有线网络技术和无线网络技术两大类。

（2）标识解析技术。

在工业互联网中，为了实现人与设备、设备与设备的通信以及各类工业互联网应用，需要利用标识来对人、设备、产品等对象以及各类业务应用进行识别，并通过标识解析与寻址等技术进行翻译、映射和转换，以获取相应的地址或关联信息。标识解析既是工业互联网网络架构的重要组成部分，又是支撑工业互联网互联互通的神经枢纽。通过赋予每一个产品、设备唯一的"身份证"，可以实现全网资源的灵活区分和信息管理。

2. 工业互联网平台技术

工业互联网平台是工业互联网的核心，是连接设备、软件、工厂、产品、人等工业全要素的枢纽，是海量工业数据采集、汇聚、分析和服务的载体。

（1）云计算技术。

云计算技术是一种无处不在、便捷且按需对一个共享的可配置计算资源（包括网络、服务器、存储、应用和服务）进行网络访问的模式，它能够通过最少量的管理以及与服务提供商的互动实现计算资源的迅速供给和释放。云计算由分布式计算、并行处理、网格计算发展而来，是一种新兴的商业计算模型。它将计算任务分布在大量计算机构成的资源池上，使各种应用系统能够按需获取计算力、存储空间和信息服务。

（2）边缘计算技术。

边缘计算技术是指靠近物或数据源头的网络边缘侧，采用网络、计算、存储、应用核心能力为一体的开放平台，就近提供最近端服务。边缘计算技术中的边缘指的是网络边缘的计算和存储资源，这里的网络边缘与数据中心相对，无论是从地理距离还是网络距离上来看都更贴近用户。边缘计算技术则是利用这些资源在网络边缘为用户提供服务的技术，使应用可以在数据源附近处理数据。未来是万物联网的时代，将有海量设备接入网络，边缘计算技术可让每个设备拥有自己的"大脑"。

(3) 工业大数据技术。

工业大数据即工业数据的综合,即企业信息化数据、工业物联网数据以及外部跨界数据。其中,企业信息化和工业物联网中机器产生的海量时序数据是工业数据规模变大的主要来源。对于企业组织来讲,大数据的价值体现在两个方面:分析使用和二次开发。对大数据进行分析能揭示隐藏于其中的信息。例如对设备运行状态数据进行分析能对设备进行预测性维护。工业大数据技术是数据分析的前沿技术,简单来说,从各种各样类型的数据中,快速获得有价值信息的能力,就是工业大数据技术。

(4) 数字孪生技术。

数字孪生是一种拟人化的说法,是指以数字化方式创建物理实体的虚拟模型,借助数据模拟物理实体在现实环境中的行为,并通过虚实交互、数据融合、决策迭代等手段,为物理实体增加或扩展新的能力。通过数字孪生技术,可以将现实世界中复杂的产品研发、生产制造和运营维护转换成在虚拟世界相对低成本的数字化信息。通过对虚拟的产品进行优化,可以加快产品研发周期,降低产品生产成本,方便对产品进行维护保养。

(5) 工业智能技术。

工业智能技术是人工智能技术基于工业需求进行二次开发适配形成的融合性技术,能够对高度复杂的工业数据进行计算、分析,提炼出相应的工业规律和知识,有效提升工业问题的决策水平。工业智能技术是工业互联网的重要组成部分,在全面感知、泛在连接、深度集成和高效处理的基础上,实现精准决策和动态优化,完成工业互联网的数据优化闭环。

(6) 人机交互技术。

人机交互技术是研究人、机器以及它们间相互影响的技术,而人机界面是人与机器之间传递、交换信息的媒介和对话接口,是人机交互系统的重要组成部分。传统的人机交互设备主要包括键盘、鼠标、操纵杆等输入设备,以及打印机、绘图仪、显示器、音箱等输出设备。随着传感技术和计算机图形技术的发展,各类新的人机交互技术也在不断涌现,如:多通道交互、虚拟现实和三维交互。

3. 工业互联网安全技术

安全体系是网络与数据在工业中应用的安全保障。为解决工业互联网面临的网络攻击等新型风险,确保工业互联网健康有序发展,工业互联网安全体系框架充分考虑了信息安全、功能安全和物理安全。工业互联网安全技术主要包括加密技术和访问控制技术。

(1) 加密技术。

加密技术是电子商务采取的主要安全保密措施,是最常用的安全保密手段,利用技术手段把重要的数据变为乱码(加密)传送,到达目的地后再用相同或不同的手段还原(解密)。工业互联网常见的加密方法包括采用虚拟专用网络(VPN)技术在公共网络平台利用加密IP隧道的方式实现与专用网络相同的安全和功能;使用专用的安全网络传输数据,并对传输数据加密保护;远程登录利用 SSH 的方式对用户名、密码进行加密,保证远程登录的安全性;使用数字证书对数据进行加密保护。

(2)访问控制技术。

访问控制技术指系统对用户身份及其所属的预先定义的策略组限制其使用数据资源能力的手段。通常用于系统管理员控制用户对服务器、目录、文件等网络资源的访问。工业互联网访问控制可通过对不同系统的安全网络之间利用专门的安全设备进行隔离防护,比如利用防火墙或者在路由器上设置访问控制列表进行子网间的访问控制和数据隔离,除此之外,还可增加用户身份认证系统和用户权限管理系统,限制非法的用户访问,确保用户真实性,合法记录用户对网络资源的访问日志,便于后续审计追溯。

1.4 工业互联网人才培养

1.4.1 人才分类

人才是指具有一定的专业知识或专门技能,进行创造性劳动,并对社会做出贡献的人,是人力资源中能力和素质较高的劳动者。

按照国际上的分法,普遍认为人才分为学术型人才、工程型人才、技术型人才、技能型人才四类,如图 1.12 所示,其中学术型人才单独分为一类,工程型、技术型与技能型人才统称为应用型人才。

图 1.12 人才分类

1. 学术型人才

学术型人才是发现和研究客观规律的人才,基础理论深厚,具有较好的学术修养和较强的研究能力。工业互联网学术型人才主要是研究工业互联网的未来发展,研究如何更好地推动工业互联网在更广范围、更深程度、更高水平上融合创新,培植壮大经济发展新动能,支撑企业实现高质量发展,一般需要具备扎实的专业基础和极强的理论知识。

2. 工程型人才

工程型人才是将科学原理转变为工程或产品设计、工作规划和运行决策的人才，有较好的理论基础，较强的应用知识解决实际工程的能力。工业互联网工程型人才主要完成工业互联网整体解决方案的规划和设计，为企业提供工业互联网解决方案，充分利用生产资源、提升企业生产效率、节约生产成本、完善企业生态布局，一般具有扎实的理论基础和丰富的项目经验。

3. 技术型人才

技术型人才是在生产第一线或工作现场从事为社会谋取直接利益的工作，把工程性人才或决策者的设计、规划、决策变换成物质形态或对社会产生具体作用的人才，有一定的理论基础，更强调在实践中应用。工业互联网技术型人才主要完成智能设备程序编写、调试；工业大数据采集和分析处理、数据建模分析应用、工业互联网平台的研发和测试；工业应用程序（APP）的开发、数据展示；网络安全与维护等工作，一般需要掌握更多的专业基础理论知识，熟练应用相关岗位软件。

4. 技能型人才

技能型人才是指各种技艺型、操作型的技术工人，主要从事操作技能方面的工作，强调工作实践的熟练程度。工业互联网技能型人才主要具有工业互联网边缘层设备的安装、调试、维护保养能力，一般需要熟练掌握工业机器人、PLC、智能仪器仪表、工业传感器等产品的操作和使用。在完整的工业互联网应用布局中需要技能型人才完成智能生产设备的安装、调试，以及后续对整个生产系统的维护保养工作。边缘层是工业互联网数据的来源，保证边缘智能生产设备的稳定是工业互联网系统良好运行的基础。

1.4.2 产业人才现状

工业互联网是支撑工业智能化发展的新型网络基础设施，是新一代信息通信技术与先进制造业深度融合形成的新兴业态与应用模式。因此，工业互联网领域亟需大量既了解新一代信息通信技术又掌握制造业专业知识的人才。

《制造业人才发展规划指南》对制造业十大重点领域的人才需求进行了预测，见表1.2。到2025年，新一代信息技术产业、电力装备、高档数控机床和机器人、新材料将成为人才缺口较大的几个专业。其中工业互联网相关产业——新一代信息技术产业、高档数控机床和机器人，人才缺口预测总计达1 400万。

针对我国工业互联网人才基础较弱、缺口较大的形势，《国务院关于深化"互联网+先进制造业"发展工业互联网的指导意见》提出强化专业人才支撑的重要举措，这对于加快工业互联网人才培育，补齐人才结构短板，充分发挥人才支撑作用意义重大。

表 1.2 制造业十大重点领域人才需求预测

万人

序号	十大重点领域	2015 年 人才总量	2020 年 人才总量预测	2020 年 人才缺口预测	2025 年 人才总量预测	2025 年 人才缺口预测
1	新一代信息技术产业	1 050	1 800	750	2 000	950
2	高档数控机床和机器人	450	750	300	900	450
3	航空航天装备	49.1	68.9	19.8	96.6	47.5
4	海洋工程装备及高技术船舶	102.2	118.6	16.4	128.8	26.6
5	先进轨道交通装备	32.4	38.4	6	43	10.6
6	节能与新能源汽车	17	85	68	120	103
7	电力装备	822	1 233	411	1 731	909
8	农机装备	28.3	45.2	16.9	72.3	44
9	新材料	600	900	300	1 000	400
10	生物医药及高性能医疗器械	55	80	25	100	45

工业互联网发展对专业技术人才和劳动者技能素质提出了新的更高要求。工业互联网对人才的需求主要分为以下三类。

1. 技术创新人才

工业互联网网络是实现工业系统互联和工业数据传输交换的基础，其技术创新和应用涉及网络和控制系统、标识解析、机器学习、CPS、工业软件等多领域多学科技术，其中标识解析、机器学习等技术还属于相当前沿的领域，需要大量技术创新人才从事研发创新和探索实践。

2. 复合型应用人才

工业互联网平台是工业智能化发展的核心载体，平台上汇聚了海量异构数据、工业经验知识以及各类创新应用，能够支撑生产运营优化、关键设备监测、生产资源整合、通用工具集成等智能化生产运营活动。这需要积累了大量生产经验，熟悉建模、虚拟仿真工具，能够将经验转化为固化模型，并掌握数据分析工具的复合型应用人才，以便及时发现生产现场状况、协作企业信息、用户市场需求等高附加值预判信息，通过精确计算和复杂分析，实现从机器设备、运营管理到商业活动的价值挖掘和智能优化。

3. 安全保障人才

工业互联网将工业控制系统与互联网连接起来，意味着互联网安全风险向工业关键领域延伸渗透，网络安全将与工业安全风险交织，迫切需要培育大量专业化安全保障人才。一是需要关键技术研发人才，形成兼顾网络安全和工业安全的研发人才队伍。二是需要管理和咨询服务人才，能够满足工业互联网安全试验验证、安全监测预警、态势感知、安全公共服务等需求，形成工业互联网安全管理和服务人才体系。

1.4.3 产业人才职业规划

工业互联网的需求正盛，工业互联网相关的人才却稀缺。目前，我国工业互联网相关专业人才紧缺，尤其是既懂工业运营需求，又懂网络信息技术，还有较强创新能力和操作能力的复合型人才紧缺。按照技术方向，工业互联网岗位可分为八类，分别为：工业互联网网络岗位、工业互联网标识岗位、工业互联网平台岗位、工业大数据岗位、工业互联网安全岗位、工业互联网边缘岗位、工业互联网应用岗位以及工业互联网运营岗位。

1. 工业互联网网络岗位

工业互联网网络岗位包括工业互联网网络架构工程师、开发工程师、集成工程师以及运维工程师，主要负责工业企业内/外网、5G专网、工业数据互通解决方案的设计与规划，工业数据互通系统的设计、开发、集成、实施、运行与维护。

2. 工业互联网标识岗位

工业互联网标识岗位包括工业互联网标识解析架构设计工程师、研发工程师、产品设计工程师、运维工程师以及系统集成工程师，主要负责标识解析应用系统的架构设计、部署运维与系统集成。

3. 工业互联网平台岗位

工业互联网平台岗位包括工业互联网平台架构工程师、开发工程师、测试工程师以及运维工程师，主要负责工业互联网平台建设方案制定、架构设计、系统建设、系统测试以及系统运维部署。

4. 工业大数据岗位

工业大数据岗位包括工业大数据架构师、分析管理师、建模工程师以及测试工程师，主要负责工业大数据平台架构、工业大数据统计分析，以及工业大数据算法和机理模型的研发、测试。

5. 工业互联网安全岗位

工业互联网安全岗位包括工业互联网安全评估工程师、架构工程师、开发工程师、实施工程师以及运维工程师，主要负责工业互联网信息系统和产品安全风险评估、安全管理组织架构、安全检测防护相关产品、工具、平台及业务系统的开发和运维。

6. 工业互联网边缘岗位

工业互联网边缘岗位包括工业互联网边缘计算系统架构师、智能硬件工程师、嵌入式开发工程师以及实施工程师，主要负责边缘计算系统的技术架构、边缘智能硬件的设计开发，边缘计算产品的现场安装、调试和维护。

7. 工业互联网应用岗位

工业互联网应用岗位包括工业互联网行业实施架构工程师、行业应用实施工程师、应用成熟度评估工程师、解决方案规划工程师、系统集成工程师以及运维工程师，主要负责面向行业的新应用软件研发、成熟应用软件云化部署开发、系统集成、解决方案开发等。

8. 工业互联网运营岗位

工业互联网运营岗位包括工业互联网运营管理师以及运营工程师，主要负责工业互联网产业整体运营模式及方案策划，以及工业互联网产业平台、社区、生态、产品、数据等内容的具体运营推广工作。

1.4.4 产教融合学习方法

产教融合学习方法参照国际上一种简单、易用的学习法——费曼学习法。费曼学习法由诺贝尔物理学奖得主、著名教育家理查德·费曼提出，其核心在于用自己的语言来记录或讲述要学习的概念，包括四个核心步骤：选择一个概念→讲授这个概念→查漏补缺→回顾并简化，如图1.13所示。

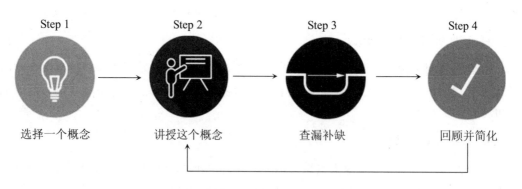

图1.13 费曼学习法

20世纪60年代，成立于美国缅因州贝瑟尔的国家培训实验室对学生在每种指导方法下学习24 h后的材料平均保持率进行了统计，图1.14所示为不同学习模式下的学习效率图。

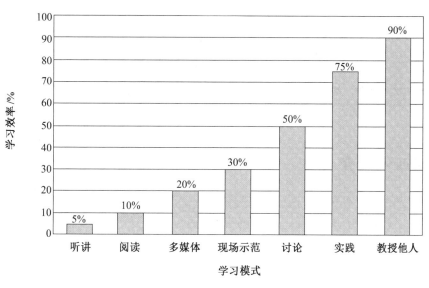

图 1.14 不同学习模式下的学习效率图

从图 1.14 可知，对于一种新知识，通过听讲，只能获取 5%的知识；通过阅读可以获取 10%的知识；通过多媒体等渠道的宣传可以掌握 20%的知识；通过现场示范可以掌握 30%的知识；通过讨论可以掌握 50%的知识；通过实践可以掌握 75%的知识；最后达到能够教授他人的水平，就能够掌握 90%的知识。

在相关知识学习中，可以通过 4 个举措进行知识体系的梳理。

1. 注重理论与实践相结合

对于技术学习来说，实践是掌握技能的最好方式，理论对实践具有重要的指导意义，两者相结合才能既了解系统原理，又掌握技术应用。

2. 通过项目案例掌握应用

在技术领域中，相关原理往往非常复杂，难以在短时间掌握，但是作为工程化的应用实践，其项目案例更为清晰明了，可以更快地掌握应用方法。

3. 进行系统化的归纳总结

任何技术的发展都是有相关技术体系的，通过个别案例很难全部了解，只有在实践中不断归纳总结，形成系统化的知识体系，才能掌握相关应用，学会举一反三。

4. 通过互相交流加深理解

个人对知识内容的理解可能存在片面性，通过多人的相互交流、合作探讨，可以碰撞出不一样的思路技巧，实现对技术的全面掌握。

第 2 章　数字孪生应用系统

2.1　数字孪生简介

数字孪生适用于整个产品生命周期。利用产品和工厂的数字孪生,在进入实际生产前对产品及制造过程进行验证;数字孪生与生产过程同步,从而确保对产品性能、可制造性、盈利性有充分的把握。数字孪生的流程,如图 2.1 所示。

※　数字孪生简介

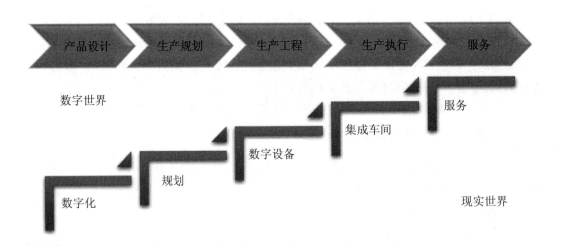

图 2.1　数字孪生的流程

2.1.1　数字孪生介绍

最早,数字孪生思想由密歇根大学的 Michael Grieves 命名为"信息镜像模型"(Information Mirroring Model),而后演变为"数字孪生"。数字孪生也被称为数字双胞胎和数字化映射。

2020 年 4 月,工业互联网产业联盟发布的《工业数字孪生白皮书(征求意见稿)》中指出,工业数字孪生是以数据与模型的集成融合为核心的新模式,通过在数字空间实时构建物理对象(包括资产、行为、过程等)的精准数字化映射,基于分析预测形成最佳综合决策,实现工业全业务流程的闭环优化。

1. 概念模型

数字孪生的核心是模型和数据,数字孪生的概念模型如图 2.2 所示,主要包括物理实体、虚拟模型、服务系统、孪生数据 4 个组成部分。

(1) 物理实体。

物理实体通常由各种功能子系统(如控制子系统、动力子系统、执行子系统等)组成,并通过子系统间的协作完成特定任务。各种传感器部署在物理实体上,实时监测它的环境数据和运行状态。

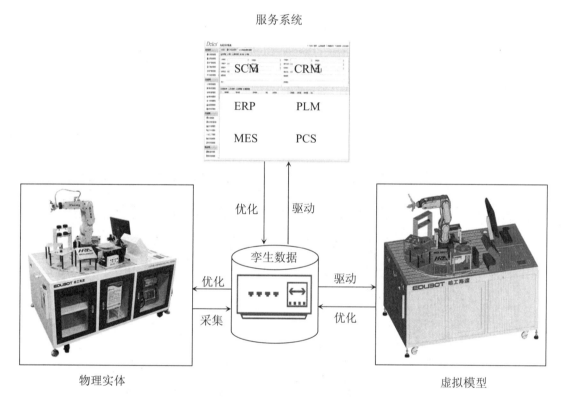

图 2.2 数字孪生的概念模型

(2) 虚拟模型。

虚拟模型是物理实体的数字化镜像,集成与融合了几何、物理、行为及规则 4 层模型。其中,几何模型描述尺寸、形状、装配关系等几何参数;物理模型分析应力、疲劳、变形等物理属性;行为模型响应外界驱动及扰动作用;而规则模型对物理实体运行的规律/规则建模,使模型具备评估、优化、预测、评测等功能。

(3) 服务系统。

服务系统集成了评估、控制、优化等各类信息系统,向物理实体及虚拟模型提供智能运行、精准管控与可靠运维服务。

(4）孪生数据。

孪生数据包括物理实体、虚拟模型、服务系统的相关数据，相关领域知识及其融合数据，并随着实时数据的产生被不断更新与优化。孪生数据是数字孪生运行的核心驱动。

2. 分类

数字孪生可分为产品数字孪生、设备数字孪生和生产数字孪生三类。这三类数字孪生高度集成，成为一个统一的数据模型，从测试、开发、工艺及运维等角度，打破现实与虚拟之间的鸿沟，实现产品全生命周期内生产、管理、连接的高度数字化及模块化。

（1）产品数字孪生。

产品数字孪生可用于验证新产品性能，同时可以实时显示产品在物理环境中的表现。产品数字孪生提供虚拟与物理环境之间的连接，能够让生产商分析产品在各种条件下的性能，并在虚拟环境中进行调整，从而优化下一个实体产品。

图2.3展示了一个飞机引擎和它所对应的数字孪生，当飞机在空中飞行时数字孪生可以将发动机如何运转展示给地面的工程师，然后通过将这些信息连接到信息处理系统，帮助简化和优化维修流程。

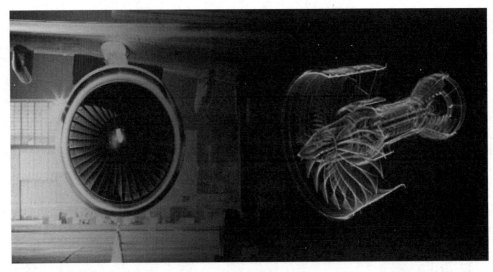

图2.3　产品数字孪生示例

（2）设备数字孪生。

设备数字孪生可用于对设备建模，并通过模型模拟设备的运动和工作状态，实现机械和电气设备的联动。

图2.4展示了哈工海渡工业机器人技能考核实训台实物和它所对应的数字孪生，该数字孪生可对工业机器人及周边设备进行三维虚拟仿真，能够实现仿真、轨迹编程和程序输出。

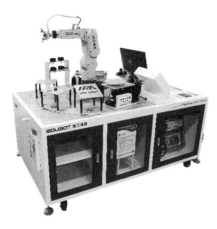 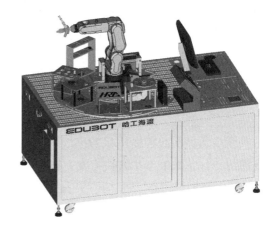

（a）工业机器人技能考核实训台——实物　　（b）工业机器人技能考核实训台——数字孪生

图 2.4　设备数字孪生示例

（3）生产数字孪生。

生产数字孪生有助于在产品实际投入生产之前验证制造流程在车间中的效果。利用来自产品和生产数字孪生的数据，可以避免昂贵的设备停机时间，甚至可以预测何时需要进行预防性维护。这种持续的准确信息流能够加快制造和运营速度，并可提高效率与可靠性。

图 2.5 展示了一个飞机装配线的数字孪生，该数字孪生对数万平米生产空间和数千个对象进行了建模和实时监测，提高了飞机装配的质量和效率。

图 2.5　生产数字孪生示例

2.1.2 软件工具组成

数字孪生技术的重要工具是数字线程工具、建模工具与孪生模型。

(1) 数字线程工具：用于通过跨业务、跨流程的全生命周期数据集成，实现数字孪生的虚实交互。

(2) 建模工具：产品设计类、事件仿真类和数据应用类软件。

(3) 孪生模型：由拥有实物的装备制造、专业服务的企业，提供相应产品的模型数据。

目前少数巨头企业既提供数字线程工具又提供建模工具，初步形成从数据集成到建模支撑的一体化数字孪生解决方案，典型数字孪生解决方案示例见表2.1。

表 2.1 典型数字孪生解决方案示例

企业名称	产品设计	事件仿真	数字线程工具	分析预测
美国参数技术公司（PTC）	①Vuforia；②Creo	Thingworx	Windchill	PTC mathcad
达索系统（Dassault Systemes S.A.）	①CATIA②SolidWorks	①DLMIA；②SIMULIA	①CENTRIC PLM；②ENOVIA	①GEOVIA；②EXA LEAD
西门子（SIEMENS）	NX	Tecnomatic	Teamcenter	PlantSight
发那科（FANUC）	—	ROBOGUIDE	FIELD system	FIELD system

本书主要以 FANUC 的 ROBOGUIDE 为例，介绍数字孪生中的事件仿真工具。由于 FANUC 拥有全系列的机器人孪生模型，可以更好地实现工业机器人的仿真与验证。

2.2 数字孪生应用系统简介

2.2.1 应用系统简介

数字孪生应用系统是针对数字化工厂生产线的设计、规划、优化、仿真、验证的综合系统，其中的各个环节可以由不同软件实现。

本书的产品设计数字孪生通过 SolidWorks 软件完成，各工艺流程的数字孪生通过 FANUC ROBOGUIDE 软件完成。ROBOGUIDE 通过将产品数据和工艺流程紧密地联系在一起，将制造流程各环节置于一个统一的数据模型中进行管理，弥补了产品设计与交付之间的差距，提高了生产效率，保持了产品的优良品质并提高了利润率。

2.2.2 基本组成

本书通过 ROBOGUIDE 实现实训设备及工艺流程的数字孪生，数字孪生模型组成图如图 2.6 所示。该模型由多个模块组成，有供料模块、装配模块、数控加工模块、去毛刺模块、视觉模块等。

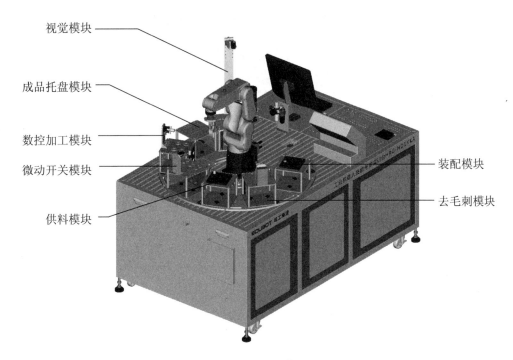

图 2.6　数字孪生模型组成图

2.3　关联硬件应用基础

周边的关联硬件是数字孪生数字化模型的来源，熟练掌握和正确使用各种主要的周边关联硬件，是数字孪生系统能够进行数字化仿真、分析的前提。下面将对数字孪生应用系统所涉及的主要自动化部件的基础应用进行简要介绍。

※　关联硬件介绍

2.3.1　机器人技术基础

本书以 FANUC 典型产品 LR Mate 200iD/4S 机器人为例进行相关介绍和应用分析，其实物组成如图 2.7 所示。ROBOGUIDE 软件可以仿真机器人本体的运动，本节主要介绍机器人本体参数与坐标系。

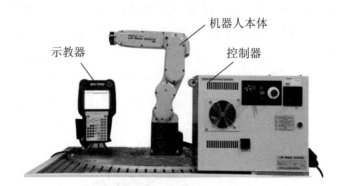

图 2.7 FANUC LR Mate 200iD/4S 机器人实物组成

1. 机器人本体参数

机器人本体又称操作机,是工业机器人的机械主体,是用来完成规定任务的执行机构。机器人本体主要由机械臂、驱动装置、传动装置和内部传感器组成。对于六轴串联机器人而言,其机械臂主要包括基座、腰部、手臂(大臂和小臂)和手腕。

FANUC LR Mate 200iD/4S 六轴串联机器人的机械臂如图 2.8 所示。

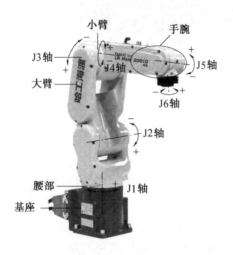

图 2.8 FANUC LR Mate 200iD/4S 六轴串联机器人的机械臂

图 2.8 中 J1~J6 为 FANUC LR Mate 200iD/4S 机器人的 6 个轴。FANUC LR Mate 200iD/4S 机器人的规格和特性见表 2.2。

表2.2　FANUC LR Mate 200iD/4S 机器人的规格和特性

规　　格		
型号	工作范围	额定负载
FANUC LR Mate 200iD/4S	550 mm	4 kg
特　　性		
重复定位精度	±0.01 mm	
机器人安装	地面安装，吊顶安装，倾斜角安装	
防护等级	IP67	
控制器	R-30iB Mate	

FANUC LR Mate 200iD/4S 机器人的运动范围见表2.3。

表2.3　FANUC LR Mate 200iD/4S 机器人的运动范围

轴运动	工作范围/(°)	最大速度/[(°)·s^{-1}]
J1轴	−170～+170	460
J2轴	−110～+120	460
J3轴	−69～+205	520
J4轴	−190～+190	560
J5轴	−120～+120	560
J6轴	−360～+360	900

2. 坐标系

坐标系是为确定机器人位置和姿态而在机器人或空间上进行定义的位置指标系统。一般工业机器人坐标系有：关节坐标系、世界坐标系、工具坐标系、用户坐标系。

（1）关节坐标系。

关节坐标系是设定在机器人关节中的坐标系，其原点设置在机器人关节中心点处，各关节运动方向如图2.9所示。在关节坐标系下，工业机器人各轴均可实现单独正向或反向运动。对于大范围运动，且不要求工具中心点（Tool Center Point，TCP）姿态时，可选择关节坐标系。

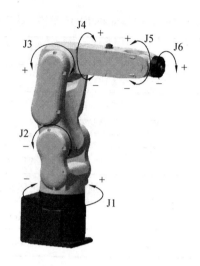

图 2.9　各关节运动方向

(2) 世界坐标系。

在 FANUC 机器人中，世界坐标系被赋予了特定含义，即机器人基坐标系，是被固定在由机器人事先确定位置的标准直角坐标系。工具坐标系、用户坐标系基于该坐标系而设定。世界坐标系用于位置数据的示教和执行。

FANUC 机器人的世界坐标系：原点位置定义在 J2 轴所处水平面与 J1 轴交点处，Z 轴向上，X 轴向前，Y 轴按右手规则确定，世界坐标系如图 2.10 所示的坐标系 O_1-$X_1Y_1Z_1$。

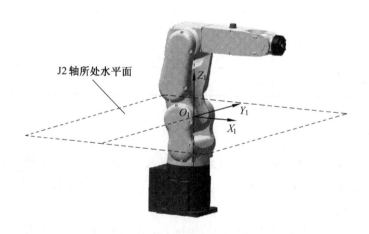

图 2.10　世界坐标系

(3) 工具坐标系。

工具坐标系是用来定义 TCP 的位置和工具姿态的坐标系。而 TCP 是机器人系统的控制点，出厂时默认于最后一个运动轴或连接法兰的中心。未定义时，工具坐标系默认在连接法兰中心处，默认工具坐标系如图 2.11 所示。安装工具后，TCP 将发生变化，变为工具末端的中心。为实现精确的运动控制,当换装工具或发生工具碰撞时,必须重新定义工具坐标系。

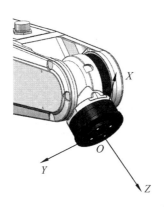

图 2.11　默认工具坐标系

(4)用户坐标系。

用户坐标系在部分机器人中也可以称为工件坐标系,是用户对每个作业空间进行定义的直角坐标系。它用于位置寄存器的示教和执行、位置补偿指令的执行等。未定义时,将由世界坐标系来代替该坐标系,用户坐标系与世界坐标系重合。

用户坐标系的优点:当机器人运行轨迹相同而工件位置不同时,只需要更新用户坐标系即可,无须重新编程。

2.3.2　视觉技术基础

机器视觉是用机器代替人眼来对物体做测量和判断检测的硬件设备。机器视觉系统是由一个或多个摄像机来抓拍图像,数字化的图像经过处理提取出需要的信息(是什么、合格性、位置、大小、形状、颜色等),然后运用逻辑运算决定怎样进行控制。

随着技术的成熟与发展,机器视觉在工业领域中应用的主要途径是工业机器人。按照功能的不同,工业机器人的视觉应用可以分成 4 类(表 2.4):引导、检测、测量和识别。

表 2.4　工业机器人的视觉应用

序号	分类	功能	场景应用	输出信息
1	引导	引导定位物体位姿信息	位置和姿态	定位元件位姿
2	检测	检测产品完整性、位置准确性	完整性相关信息	检测元件缺损
3	测量	实现精确、高效的非接触式测量应用	几何特征	测量元件尺寸
4	识别	快速识别代码、字符、数字、颜色、形状	数字、字母、符号信息	识别元件字符

本项目中使用的视觉系统为 FANUC iRVision 视觉系统。

根据补偿和测量方式的不同，iRVision 可分为两类：偏移补偿分类和测量方式分类。

1. 偏移补偿分类

（1）用户坐标系补偿（User Frame Offset）。

机器人在用户坐标系下通过视觉检测目标当前位置相对初始位置的偏移并自动补偿抓取位置。

（2）工具坐标系补偿（Tool Frame Offset）。

机器人在工具坐标系下通过视觉检测在机器人手爪上的目标当前位置相对初始位置的偏移并自动补偿放置位置。

2. 测量方式分类

iRVision 测量方式按照相机类型分，可以分为 2D、2.5D 和 3D；按照视野数量分，可分为单视野和多视野，两者的区别在于多视野在识别时需要拍摄多张不同位置的相片，再由处理程序合成为一张相片。

常用的测量方式有以下 5 种：

（1）2D 单视野检测（2D Single View）。

（2）2D 多视野检测（2D Multi View）。

（3）2.5D 单视野检测（2.5D Single View / Depalletization）。

（4）3D 单视野检测（3D Single View）。

（5）3D 多视野检测（3D Multi View）。

3. 相机介绍

本书使用 SONY XC-56 相机，并配备焦距为 12 mm 的镜头。该相机为模拟信号相机，相机外形和接口如图 2.12 所示。可以使用 ROBOGUIDE 软件仿真该型号相机。

（a）相机外形　　　　　　　　　　（b）相机接口

图 2.12　SONY XC-56 相机

SONY XC-56 相机的主要参数如下：

（1）成像器件：1/3 英寸逐行扫描 CCD。

（2）有效像素（H）×（V）：659×494。

（3）图像尺寸（H）×（V）（像素×像素）：648×494。

（4）帧数：120 帧/s。

第 3 章 数字孪生软件应用基础

3.1 软件简介及安装

3.1.1 软件介绍

※ 软件简介及安装

FANUC ROBOGUIDE 是一款离线仿真软件,可以实现数字孪生应用中的工艺仿真环节。该软件包含多个仿真组件,可以完成搬运、焊接、喷涂、打磨等工艺仿真。

FANUC ROBOGUIDE 的仿真软件包分为 ChamferingPRO、HandlingPRO、PaintPRO、PalletPRO、OLPCPRO、iRPickPRO、WeldPRO 等组件。

(1) ChamferingPRO 组件用于打磨仿真应用。

(2) HandlingPRO 组件用于物料搬运仿真应用,包括装载/卸载、包装、组装和物料搬运。

(3) PaintPRO 组件用于喷涂的仿真应用。

(4) PalletPRO 组件用于各种码垛的仿真应用。

(5) OLPCPRO 组件进行 TP 程序、KAREL 程序相关的编辑。

(6) iRPickPRO 组件用于追踪拾掇的仿真应用。

(7) WeldPRO 组件用于机器人电弧焊仿真应用。

3.1.2 软件安装

1. 计算机配置

计算机推荐配置见表 3.1。

表 3.1 计算机推荐配置

项目	内容
系统	Windows 7(32 位、64 位)
	Windows 8.1(32 位、64 位)
	Windows 10(32 位、64 位)
CPU	推荐 Athlon 64 3200+、Pentium IV 2.4 GHz,Core 2 Quad×2×3
内存	1 GB(推荐 4 GB 以上)
硬盘	有 4 GB 以上空间
其他	屏幕分辨率在 1 280×1 024 以上

2. 安装步骤

本书使用 V9 Rev.F 版本的 ROBOGUIDE，ROBOGUIDE 安装步骤见表 3.2。在安装 ROBOGUIDE 软件之前，建议关闭系统杀毒软件，防止操作系统中的杀毒软件因识别错误造成安装程序的不正常运行。

表 3.2　ROBOGUIDE 安装步骤

序号	图片示例	操作步骤
1		插入安装光盘，双击【setup.exe】
2		单击【Install】，安装动态库
3		如果之前安装过动态库，需要在弹出的窗口中单击【Repair】，进行安装

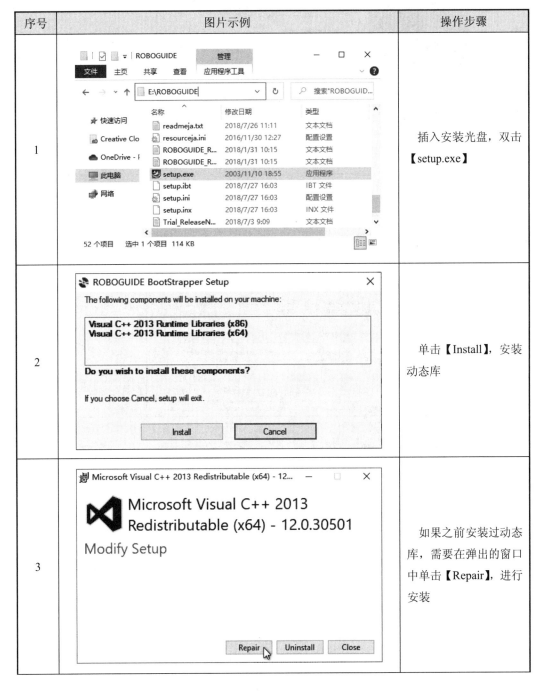

续表 3.2

序号	图片示例	操作步骤
4	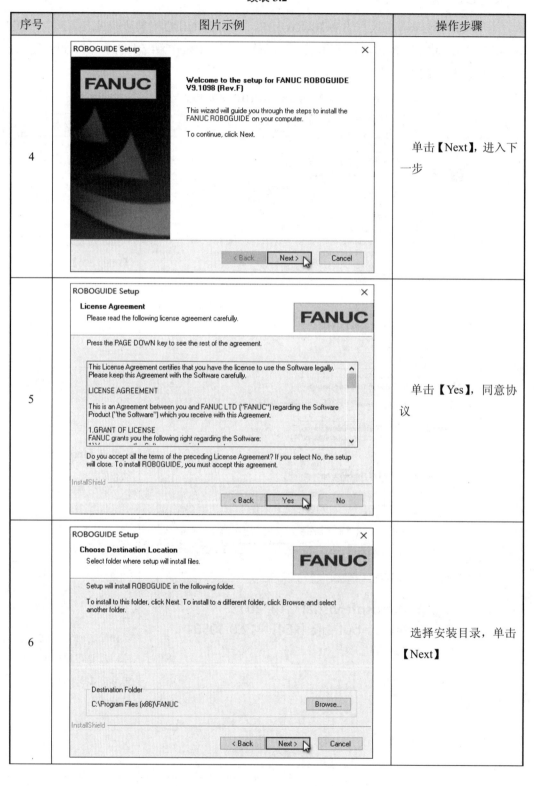	单击【Next】,进入下一步
5		单击【Yes】,同意协议
6		选择安装目录,单击【Next】

续表 3.2

序号	图片示例	操作步骤
7		选择所有工艺组件，单击【Next】
8		选择所有插件，单击【Next】
9		保持默认选项，单击【Next】

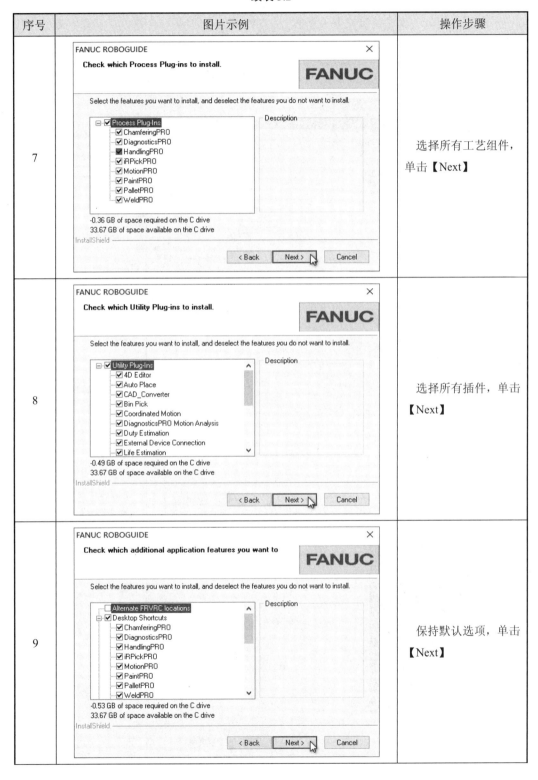

续表 3.2

序号	图片示例	操作步骤
10	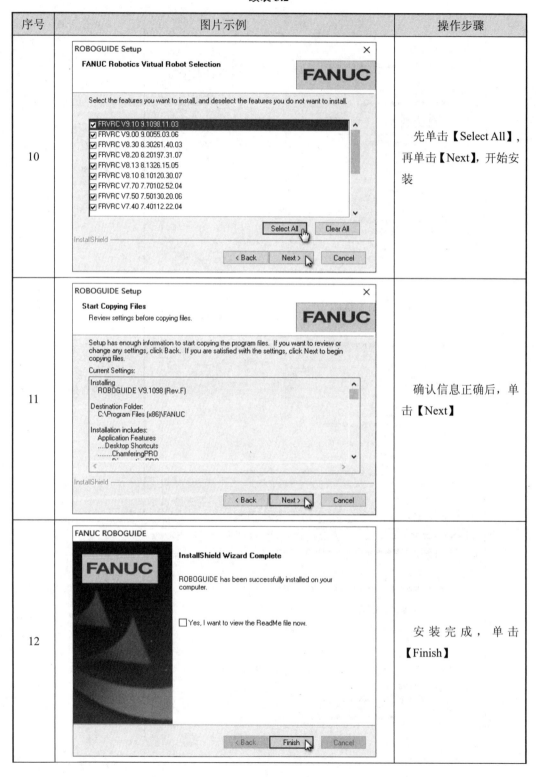	先单击【Select All】，再单击【Next】，开始安装
11		确认信息正确后，单击【Next】
12		安装完成，单击【Finish】

续表 3.2

序号	图片示例	操作步骤
13	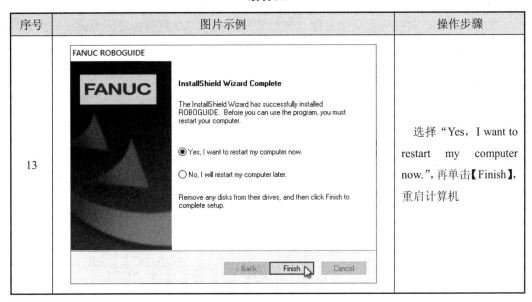	选择"Yes，I want to restart my computer now."，再单击【Finish】，重启计算机

3.2 软件界面

在开始菜单的 FANUC Robotics 文件夹中，单击【ROBOGUIDE】，可以启动 ROBOGUIDE 软件，软件图标如图 3.1 所示。

图 3.1 软件图标

3.2.1 主界面

ROBOGUIDE 软件包含众多组件，本书以 HandlingPRO 组件的界面为例，介绍软件的主界面。HandlingPRO 的软件界面如图 3.2 所示，其主界面主要包括标题栏、菜单栏、工具栏、周边设备添加栏、仿真窗口和状态栏。

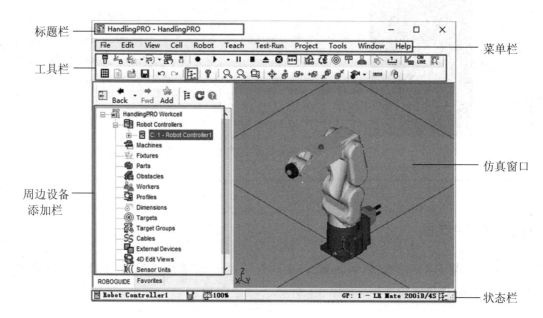

图 3.2 HandlingPRO 的软件界面

3.2.2 菜单栏

ROBOGUIDE 的菜单栏位于标题栏下方，菜单栏展示图如图 3.3 所示。常用菜单说明见表 3.3。

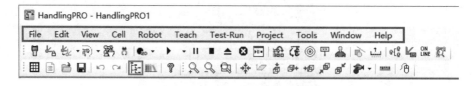

图 3.3 菜单栏展示图

表 3.3 常用菜单说明表

菜单项	功能
文件菜单（File）	操作整个工程文件，如工程文件的保存、打开、备份等
编辑菜单（Edit）	编辑工程文件内模型以及恢复已进行的操作
视图菜单（View）	操作软件三维窗口的显示状态
工作单元菜单（Cell）	编辑工程文件内部模型，如设置工程的界面属性、添加各种外部设备模型和组件
机器人菜单（Robot）	主要用于操作机器人及控制系统
示教菜单（Teach）	主要用于操作程序，包括创建 TP 程序、上传程序、导出 TP 程序等

3.2.3 工具栏

ROBOGUIDE 的工具栏位于菜单栏下方，拥有多种应用功能，表 3.4 列举了一些常用的基本操作功能。

表 3.4 工具栏基本操作功能

序号	分类	图标	功能说明
1	常用操作工具		工作环境放大
2			工作环境缩小
3			工作环境局部放大
4			让所选对象的中心在屏幕正中央
5			分别表示俯视图、右视图、左视图、前视图、后视图
6			显示或隐藏快捷提示窗口
7			测量 2 个目标位置间的距离和相对位置
8	机器人控制工具		实现世界坐标系、用户坐标系等坐标系之间的切换
9			手动控制机器人手爪的打开/闭合
10			显示/隐藏机器人工作范围
11			显示 TP 示教器进行编程示教工作
12	程序运行工具		运行机器人当前程序并录像
13			运行机器人当前程序
14			机器人暂停运行
15			机器人停止运行
16			显示/隐藏机器人关节调节工具
17			显示/隐藏运行控制面板

3.2.4 常用窗口

ROBOGUIDE 包含众多窗口，下面介绍一些常用窗口。

1. 欢迎界面

欢迎界面是在 ROBOGUIDE 软件打开后，首先显示的窗口，如图 3.4 所示。欢迎界面区域说明见表 3.5。

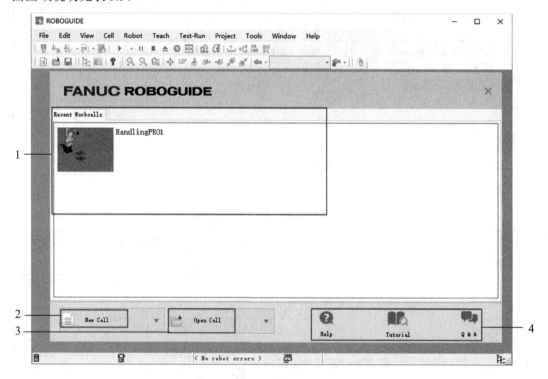

图 3.4 欢迎界面

表 3.5 欢迎界面区域说明

序号	名称	中文解释	说明
1	Recent Workcells	最近工作单元	可以列出最近访问的项目文件，单击图标可以打开选中项目
2	New Cell	新建单元	用于新建仿真项目
3	Open Cell	打开单元	用于打开仿真项目
4	Help/Tutorial/Q&A	帮助/教程/问题与解答	用于查看帮助文件

2. 周边设备添加栏

周边设备添加栏（Cell Browser）主要用于管理构建虚拟工作站场景的三维模型，管理连接的外部设备等。

(1) 模型的管理。

三维模型导入 ROBOGUIDE 后，将模型放置在工程文件的不同模块中时，可被赋予不同的属性，从而模拟真实现场中的机器人、工具、工件、工装台和机械装置等。

ROBOGUIDE 的对象树窗口中负责模型的模块分为 Eoats、Fixtures、Machines、Obstacles、Parts 等，用以充当不同的角色，如图 3.5 所示。

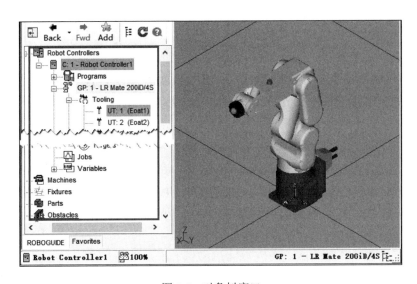

图 3.5　对象树窗口

①Eoats。

Eoats 是工具模块，位于 Tooling 路径中，充当机器人末端执行器。常见的工具模块下的模型包括焊枪、焊钳、夹爪、喷涂枪等。

工具在三维视图中位于机器人的六轴法兰盘上，随着机器人运动。不同的工具可在仿真运行时模拟不同的效果。例如，在仿真运行焊接程序时，焊枪可以在尖端产生火花并出现焊缝；在仿真运行搬运程序时，夹爪可以模拟真实的开合动作，并将目标物体抓起来。

②Fixtures。

Fixtures 下的模型属于工件辅助模型，在仿真工作站中充当工件的载体——工装。工装模型是工件模型的重要载体之一，为工件的加工、搬运等仿真功能的实现提供平台。

③Machines。

Machines 主要服务于外部机械装置，此模块同机器人模型一样可实现自主运动。Machines 下的模型用于可运动的机械装置上，包括传送带、推送气缸、行走轴等直线运行设备，或者转台、变位机等旋转运动设备。在整个仿真场景中，除了机器人以外的其他所有模型要想实现自主运动，都应通过建立 Machines 来实现。

另外，Machines 下的模型还是工件模型的重要载体之一，为工件的加工、搬运等仿真功能的实现提供平台。

④Obstacles。

Obstacles 下的模型是仿真工作站非必需的辅助模型。此类模型一般用于外围设备模型和装饰性模型，包括焊接设备、电子设备、围栏等。Obstacles 本身的模型属性对于仿真并不具备实际的意义，其主要作用是保证虚拟环境和真实现场的布置保持一致，使用户在编程时考虑得更全面。

⑤Parts。

Parts 下的模型是离线编程与仿真的核心，在仿真工作站中充当工件的角色，可用于工件的加工与搬运仿真，并模拟真实的效果。

Parts 下的模型除了用于演示仿真动画以外，最重要的是具有"模型—程序"转化功能。ROBOGUIDE 能够获取 Parts 下的模型的数模信息，并将其转化成程序轨迹信息，用于快速编程和复杂轨迹编程。

（2）外部设备的管理。

利用周边设备添加栏中的"External Devices"，可以添加外部机器人（External Robot）、CNC 控制器（CNC Controller）和 OPC 服务器（OPC Server）。外部设备的添加如图 3.6 所示。可以通过 OPC 服务器软件（例如 Kepware KEPServerEX），使 ROBOGUIDE 和 PLC 进行通信，OPC 服务器的设置如图 3.7 所示。

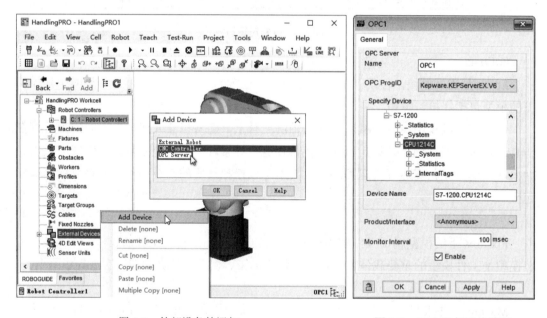

图 3.6　外部设备的添加　　　　　图 3.7　OPC 服务器的设置

3. 机器人属性界面

在 ROBOGUIDE 中，属性设置界面非常重要，其针对不同的应用模块，提供了相应的设置项目（包含模型的显示状态设置、位置姿态设置、尺寸数据设置、仿真条件设置和运动学设置等)。机器人模组的属性设置项目主要有机器人名称、机器人工程文件配置修改、机器人模组显示状态设置、机器人位置设置、碰撞检测设置等,如图 3.8 所示。机器人属性设置功能详见表 3.6。

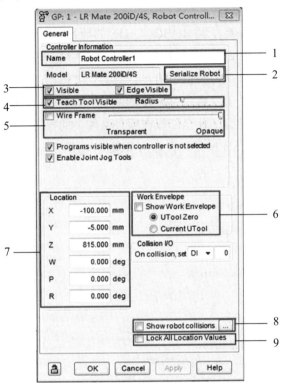

图 3.8 机器人属性设置窗口

表 3.6 机器人属性设置功能

序号	名称	功能
1	Name	输入机器人的名称
2	Serialize Robot	修改机器人工程文件的配置
3	Visible	默认处于勾选状态,如果取消勾选,机器人模组将会隐藏
3	Edge Visible	默认处于勾选状态,如果取消勾选,机器人模组的轮廓线将会隐藏
4	Teach Tool Visible	默认处于勾选状态,如果取消勾选,机器人的 TCP 将被隐藏
5	Wire Frame	默认不勾选,如果勾选,机器人模组将以线框的样式显示
6	Show Work Envelope	勾选时显示机器人 TCP 的运动范围
7	Location	输入数值调整机器人的位置,包括在 X、Y、Z 轴方向上的平移距离和旋转角度
8	Show robot collisions	勾选时会显示碰撞结果
9	Lock All Location Values	勾选时锁定机器人位置数据,机器人不能被移动

3.3 基本操作

3.3.1 项目结构

※ 软件操作与调试

在学习基本操作前,需要了解 ROBOGUIDE 的项目结构。ROBOGUIDE 的项目文件夹默认保存在一个名称为"My Workcells"的文件夹中,该文件夹位于用户目录的"文档"中。在 ROBOGUIDE 的项目文件夹中,主要包含工作单元(称为 WorkCell)、导入的模型文件(文件后缀名为 CSB)和机器人系统相关文件,模型文件全部放在项目文件夹的根目录下,如图 3.9 所示。

注:项目文件夹中的 CSB 模型文件是由 ROBOGUIDE 将导入的 3D 模型文件转化而成。

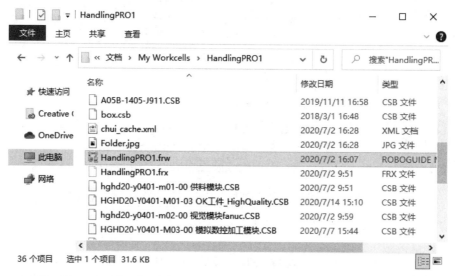

图 3.9 模型文件夹结构图

3.3.2 常用操作

1. 模型窗口操作

通过鼠标可以对仿真模型窗口进行移动、旋转、放大/缩小等操作。

(1)移动:按住鼠标中键,并拖动。

(2)旋转:按住鼠标右键,并拖动。

(3)放大/缩小:同时按住左右键并前后移动或直接滚动滚轮。

2. 模型位置改变

改变模型的位置,一种方法是直接修改其坐标参数,如图 3.10 所示,另一种方法是用鼠标直接拖拽模型坐标轴(如图 3.11 所示,需要左键单击模型,才会显示图中方框内的绿色坐标轴)。具体操作步骤如下。

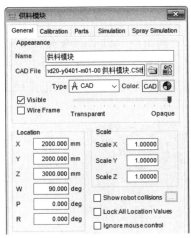 

图 3.10 修改坐标参数　　　　图 3.11 模型坐标轴

（1）移动。

① 将鼠标箭头放在某个绿色坐标轴上，箭头显示为手形并出现坐标轴标号 X、Y 或 Z 时，按住左键并拖动，模型将沿此轴方向移动。

② 将鼠标放在坐标轴上，按住键盘上【Ctrl】键，按住鼠标左键并拖动，模型将沿任意方向移动。

（2）旋转。

按住键盘上【Shift】键，鼠标放在某根坐标轴上，按住左键并拖动鼠标，模型将沿此轴旋转。

3. 机器人移动

（1）机器人整体移动。

在"周边设备添加栏"中，选择机器人模型"GP:1-LR Mate 200iD/4S"，在仿真窗口中机器人的下方出现直角坐标框架，如图 3.12 所示。用鼠标拖动坐标系半轴，机器人整体将沿轴方向移动；按住键盘上【Shift】键，用鼠标拖动坐标系半轴，机器人整体将沿此轴旋转。

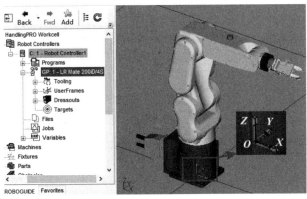

图 3.12 移动机器人整体

(2)机器人工具位置移动。

在"周边设备添加栏"中,选择对应的工具,在仿真窗口中机器人当前位置出现直角坐标框架,如图3.13所示。用鼠标拖动坐标系半轴,机器人末端工具位置将沿轴方向移动;按住键盘上【Shift】键,用鼠标拖动坐标系半轴,机器人末端工具将沿此轴旋转。

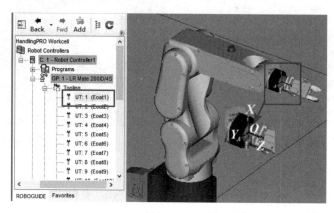

图3.13 移动机器人末端TCP

(3)快速捕捉工具栏。

点击工具栏【🔧】图标,打开"Move To"快速捕获工具栏。"Move To"快速捕捉工具栏如图3.14所示。通过单击工具栏中的按钮,可以实现机器人TCP点快速运动到目标面、边、点或者圆中心。

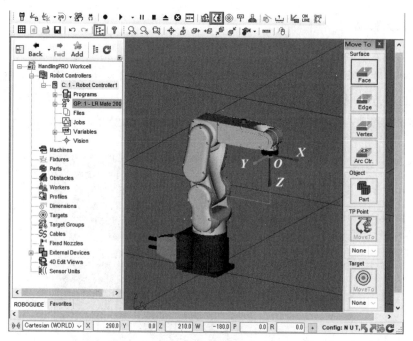

图3.14 "Move To"快速捕捉工具栏

➢ 单击【▨（Face）】和模型，机器人 TCP 移动到模型表面上的点。快捷键是按住【Ctrl+Shift】组合键并单击鼠标左键。

➢ 单击【▨（Edge）】和模型，机器人 TCP 移动到模型边缘上的点。快捷键是按住【Ctrl+Alt】组合键并单击鼠标左键。

➢ 单击【▨（Vertex）】和模型，机器人 TCP 移动到模型的角点。快捷键是按住【Ctrl+Alt +Shift】组合键并单击鼠标左键。

➢ 单击【▨（Arc Ctr.）】和模型，机器人 TCP 移动到模型圆弧特征的圆心。快捷键是按住【Alt +Shift】组合键并单击鼠标左键。

3.3.3 虚拟示教器

在 ROBOGUIDE 软件中，可以通过虚拟示教器对机器人进行示教编程，虚拟示教器的打开方式见表 3.7。虚拟示教器的使用方法与真实机器人上的示教器使用方法基本相同，具体可参考《工业机器人入门实用教程（FANUC 机器人）》（哈尔滨工业大学出版社）。

表 3.7 虚拟示教器的打开方式

序号	图片示例	操作步骤
1	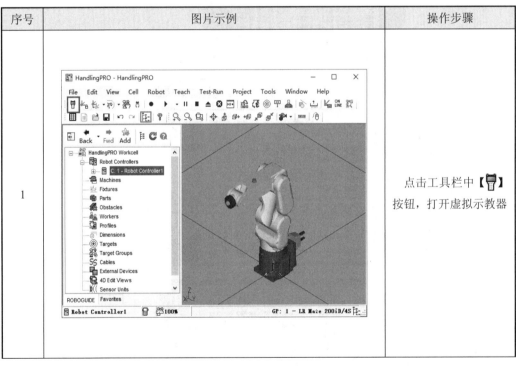	点击工具栏中【▨】按钮，打开虚拟示教器

续表 3.7

序号	图片示例	操作步骤
2	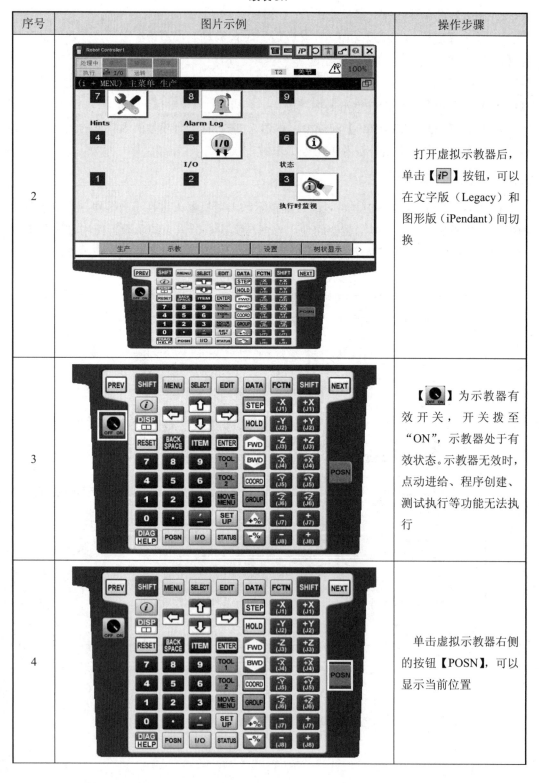	打开虚拟示教器后,单击【iP】按钮,可以在文字版(Legacy)和图形版(iPendant)间切换
3		【 】为示教器有效开关,开关拨至"ON",示教器处于有效状态。示教器无效时,点动进给、程序创建、测试执行等功能无法执行
4		单击虚拟示教器右侧的按钮【POSN】,可以显示当前位置

续表 3.7

序号	图片示例	操作步骤
5	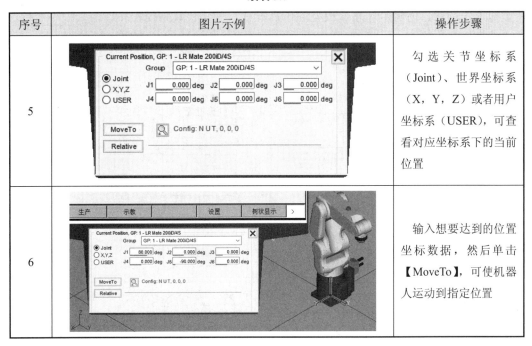	勾选关节坐标系（Joint）、世界坐标系（X, Y, Z）或者用户坐标系（USER），可查看对应坐标系下的当前位置
6		输入想要达到的位置坐标数据，然后单击【MoveTo】，可使机器人运动到指定位置

3.4 仿真调试

通过 ROBOGUIDE 软件可以实现 FANUC 机器人的运动仿真。仿真示例如图 3.15 所示，在项目中导入 FANUC LR Mate 200iD/4S 机器人，并设置 P[1]、P[2] 两个位置点。

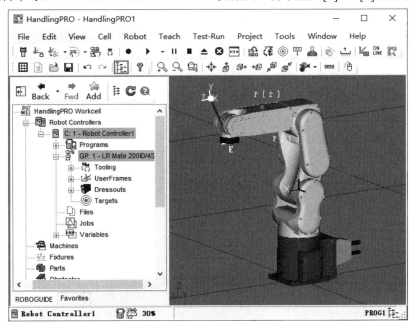

图 3.15 仿真示例

ROBOGUIDE 离线编程与仿真项目在实施过程中主要有 6 个环节：创建工作站、构建虚拟工作场景、创建坐标系、模型的仿真设置、创建仿真路径程序、仿真程序运行，实施流程如图 3.16 所示。

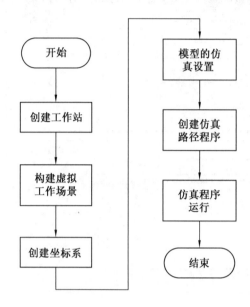

图 3.16　ROBOGUIDE 项目实施流程

3.4.1　项目创建

项目创建的操作步骤见表 3.8。

表 3.8　项目创建的操作步骤

序号	图片示例	操作步骤
1	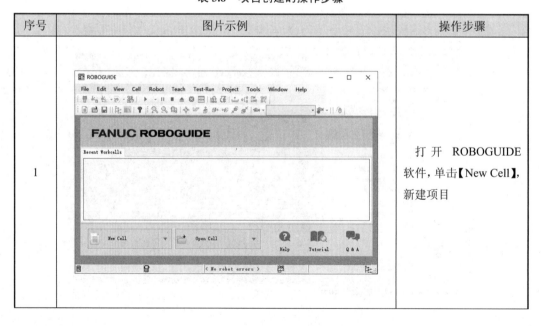	打开 ROBOGUIDE 软件，单击【New Cell】，新建项目

续表 3.8

序号	图片示例	操作步骤
2		进入项目创建向导，选择"HandingPRO"，单击【Next】
3		输入项目名称，本例使用默认名称"HandingPRO1"
4		使用默认配置创建新机器人，选择"Create a new robot with the default HandingPRO config"后，单击【Next】

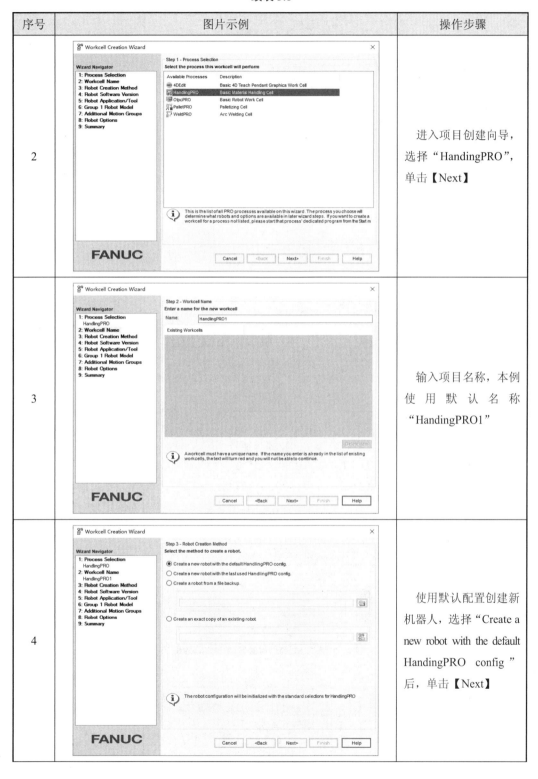

续表 3.8

序号	图片示例	操作步骤
5	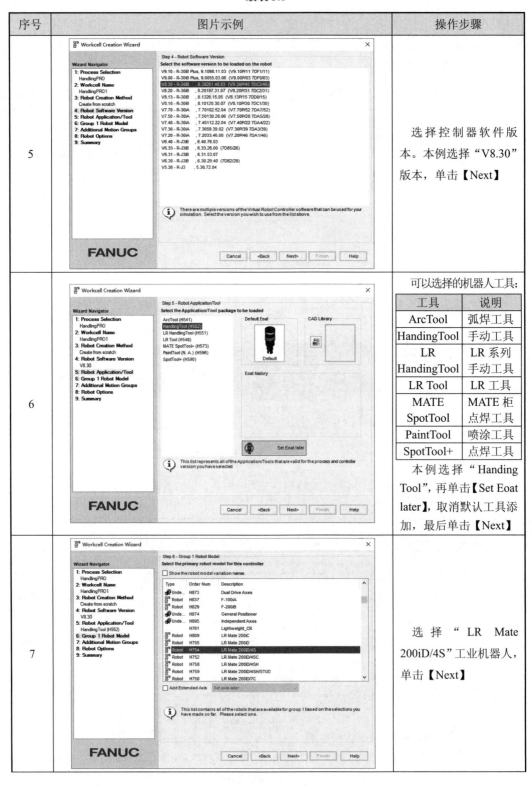	选择控制器软件版本。本例选择"V8.30"版本,单击【Next】
6		可以选择的机器人工具: | 工具	说明
---	---
ArcTool	弧焊工具
HandingTool	手动工具
LR HandingTool	LR 系列手动工具
LR Tool	LR 工具
MATE SpotTool	MATE 柜点焊工具
PaintTool	喷涂工具
SpotTool+	点焊工具	 本例选择"Handing Tool",再单击【Set Eoat later】,取消默认工具添加,最后单击【Next】
7		选择"LR Mate 200iD/4S"工业机器人,单击【Next】

续表 3.8

序号	图片示例	操作步骤
8		设置外部运动轴。本例无外部运动轴，单击【Next】
9		选择机器人软件选项。本例使用默认选项。单击"Language"选项卡，选择语言
10		选择显示语言。"Basic Dictionary"为默认显示语言，"Option Dictionary"为可选显示语言，完成选择后单击【Next】

续表 3.8

序号	图片示例	操作步骤
11		确认选择的信息后，单击【Finish】
12		等待系统加载
13		项目创建完成

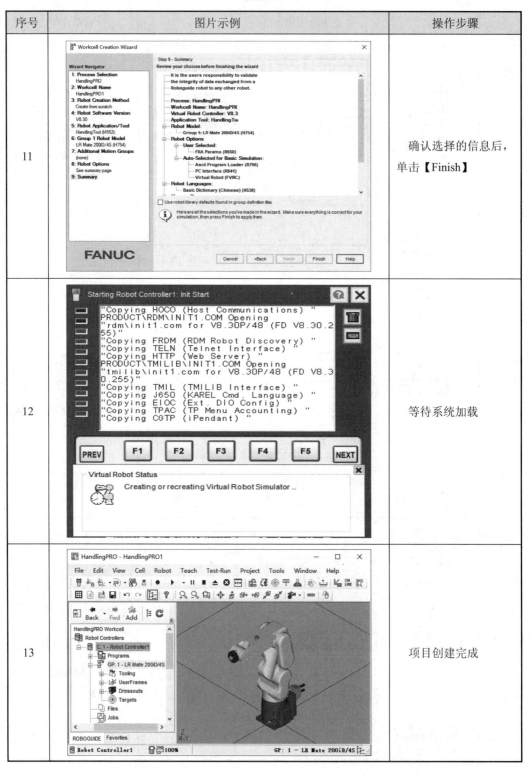

3.4.2 程序编写

仿真程序的编写步骤见表 3.9。

表 3.9 仿真程序的编写步骤

序号	图片示例	操作步骤
1	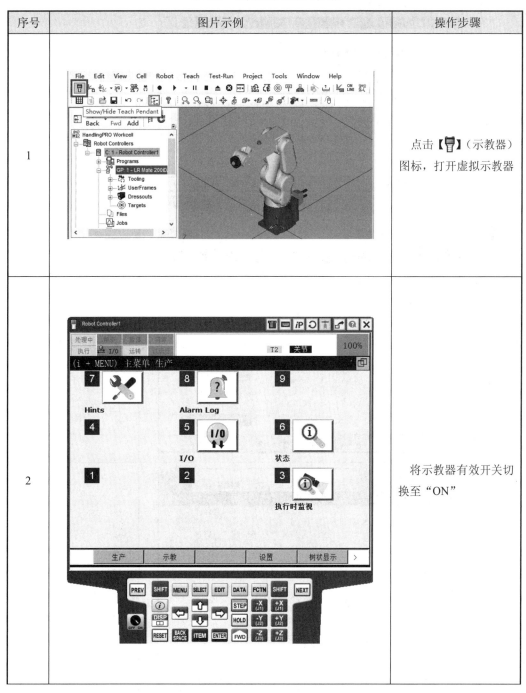	点击【🖳】（示教器）图标，打开虚拟示教器
2		将示教器有效开关切换至"ON"

续表 3.9

序号	图片示例	操作步骤
3		先单击【SELECT】，再单击【创建】
4		依次单击【其他/键盘】→【键盘】，弹出键盘输入框
5		输入程序名"PROG 1"，依次单击【结束】→【ENTER】，进入程序编辑画面

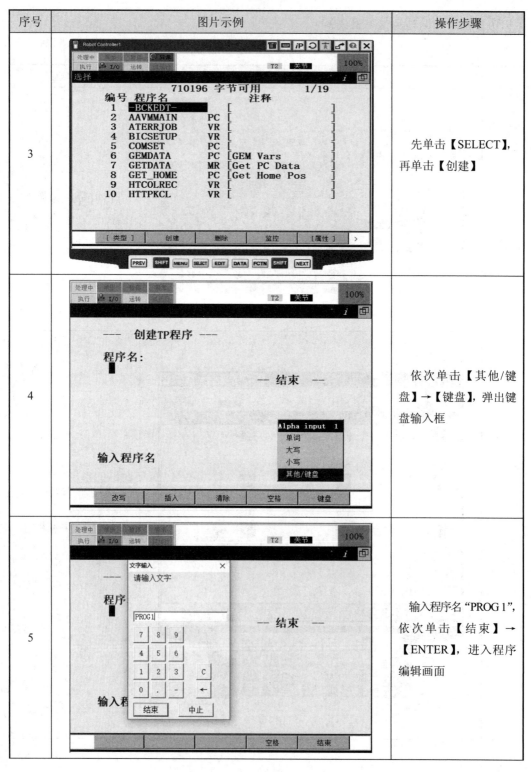

续表 3.9

序号	图片示例	操作步骤
6		单击【点】,插入运动指令
7		单击 1 号指令"J P[ ] 100% FINE",添加关节运动指令,记录当前点位
8		选中 P[1]中的"1",单击【位置】,修改 P[1] 位置

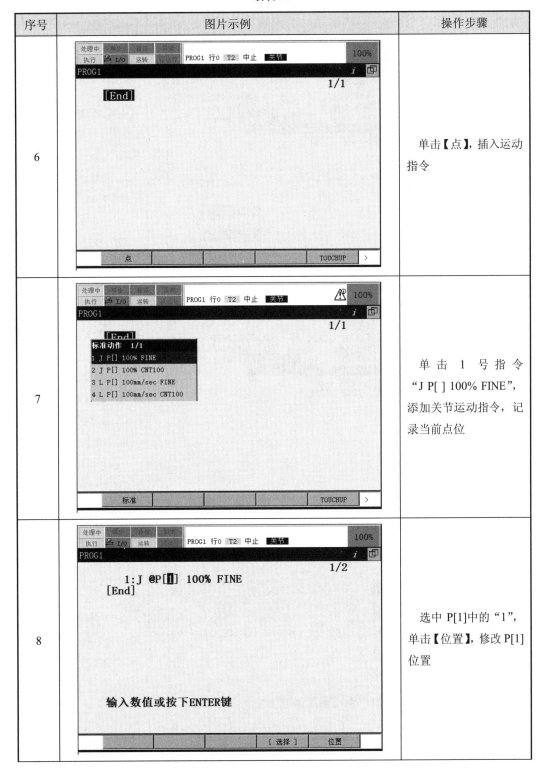

续表 3.9

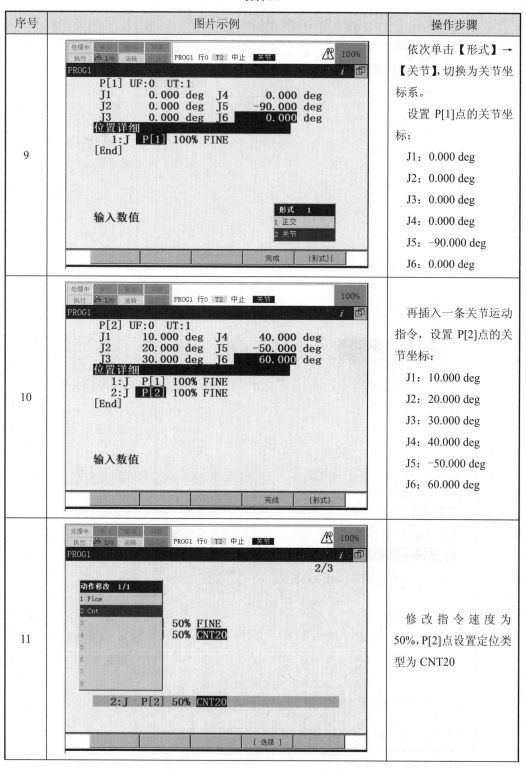

序号	图片示例	操作步骤
9		依次单击【形式】→【关节】,切换为关节坐标系。设置 P[1]点的关节坐标: J1: 0.000 deg J2: 0.000 deg J3: 0.000 deg J4: 0.000 deg J5: -90.000 deg J6: 0.000 deg
10		再插入一条关节运动指令,设置 P[2]点的关节坐标: J1: 10.000 deg J2: 20.000 deg J3: 30.000 deg J4: 40.000 deg J5: -50.000 deg J6: 60.000 deg
11		修改指令速度为50%,P[2]点设置定位类型为 CNT20

续表 3.9

序号	图片示例	操作步骤
12		依次单击【End】→【>】→【编辑】→【复制/剪切】，复制第一条指令到第 3 行
13		连续单击【↑】，直至光标运动到第 1 行，然后单击【选择】
14		由于本例只需要复制第 1 行，所以光标不需要移动。单击【复制】

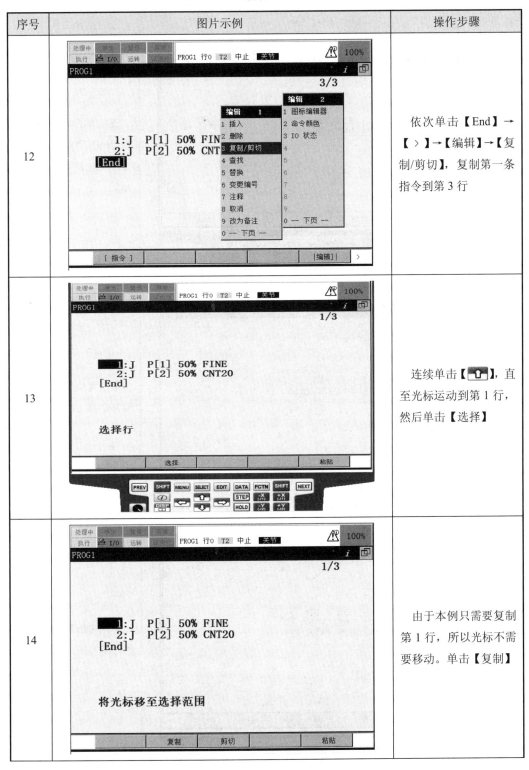

续表 3.9

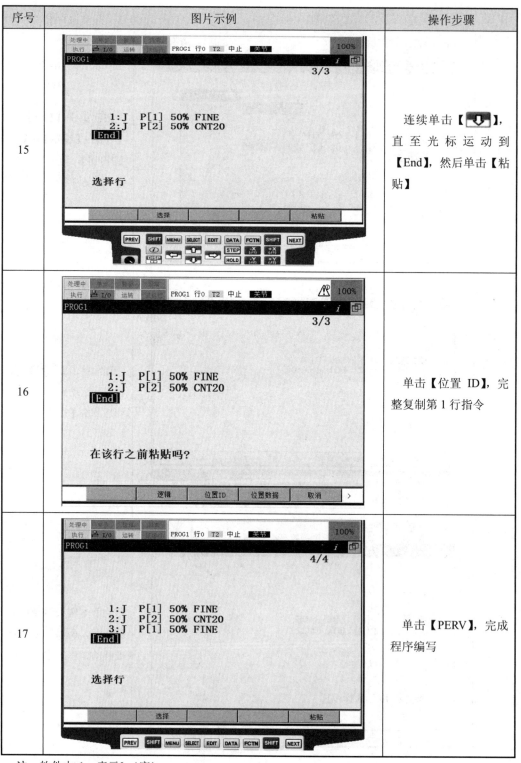

序号	图片示例	操作步骤
15		连续单击【↓】，直至光标运动到【End】，然后单击【粘贴】
16		单击【位置 ID】，完整复制第 1 行指令
17		单击【PERV】，完成程序编写

注：软件中 deg 表示°（度）。

3.4.3 项目调试

项目调试运行的操作步骤见表 3.10。

表 3.10 项目调试运行的操作步骤

序号	图片示例	操作步骤
1	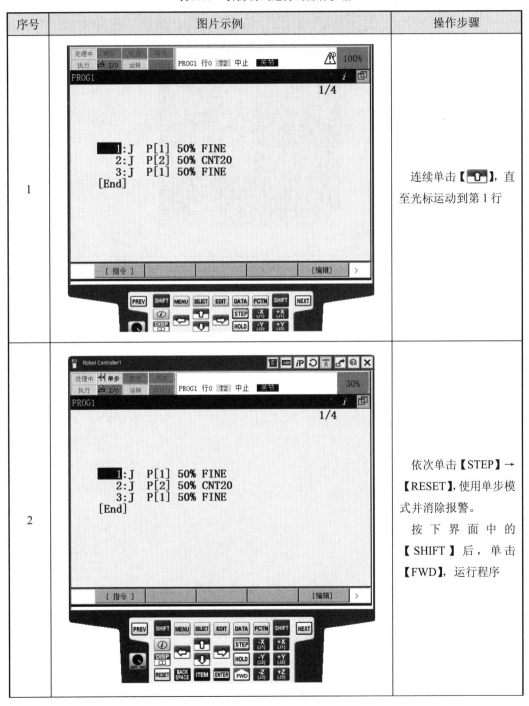	连续单击【↑】,直至光标运动到第 1 行
2		依次单击【STEP】→【RESET】,使用单步模式并消除报警。按下界面中的【SHIFT】后,单击【FWD】,运行程序

续表 3.10

序号	图片示例	操作步骤
3	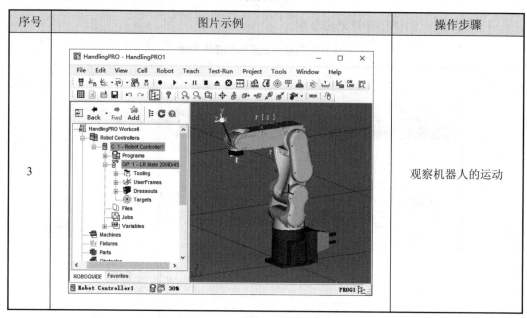	观察机器人的运动

第二部分 项目应用

第 4 章 基础运动的数字孪生

4.1 项目概况

4.1.1 项目背景

※ 基础运动项目目的

随着技术的发展，机器人日趋自动化、智能化。以机器人来执行危险度与重复性较高的工作，可以解放人力，提高效率及产能，提升加工品质。机器人的基础运动包括关节运动、直线运动和圆弧运动等，其相关知识是学习机器人编程的关键。ROBOGUIDE 软件可以实现多种 FANUC 机器人的数字孪生，同时支持多种模型文件，可以实现机器人基础运动的学习。图 4.1 展示的是机器人基础运动。

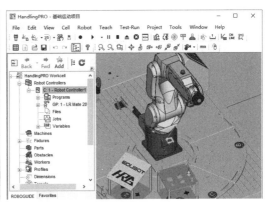

(a) 设备实物　　　　　　　　　　　(b) 仿真效果

图 4.1　机器人基础运动

4.1.2 项目需求

本章以基础实训模块为例,介绍虚拟仿真的基础应用,任务是示教一段简单的运行轨迹并仿真演示。基础实训模块示教盘上包含圆形槽、方形槽、正六边形槽、三角形槽、样条曲线槽以及 XOY 坐标系,如图 4.2 所示。

图 4.2 基础模块

4.1.3 项目目的

通过学习本项目,可以掌握以下内容:
(1)机器人的手动操控方法。
(2)加载工业机器人及周边模型的方法。
(3)简单路径的仿真及调试。

4.2 项目分析

4.2.1 项目构架

为完成仿真任务,用户首先需要将涉及的通用机械模型加载到工作站中对应位置。基础实训工作站的搭建包括以下内容:
(1)创建新的工作单元。
(2)实训平台导入。
(3)机器人本体安装。

基础实训仿真使用基础模块,以模块中的方形为例,演示机器人的直线运动。程序运行流程及轨迹规划如图 4.3 所示。

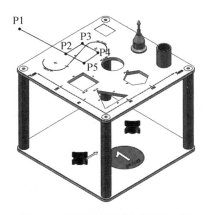

图 4.3 程序运行流程及轨迹规划

4.2.2 项目流程

本项目实施流程如图 4.4 所示。

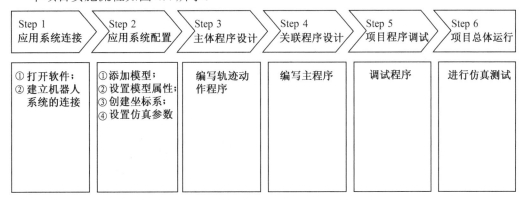

图 4.4 项目实施流程

4.3 项目要点

4.3.1 机器人基本操作

ROBOGUIDE 软件建立项目后,会自动加载机器人模型文件。在软件中可以手动控制机器人完成关节或者线性运动。

※ 基础运动项目要点

1. 关节运动

如果想要控制机器人关节,可以按下工具栏上的【🕹】按钮,或者操作虚拟示教器。按下工具栏的【🕹】按钮时,在机器人上会出现如图 4.5 所示的手柄,通过操作对应轴的手柄,可以手动控制机器人运动;通过按下工具栏的【📱】(示教器)按钮,可以打开虚拟示教器,虚拟示教器点动区如图 4.6 所示,虚拟示教器的操作与实际示教器操作一致,这里不再介绍。

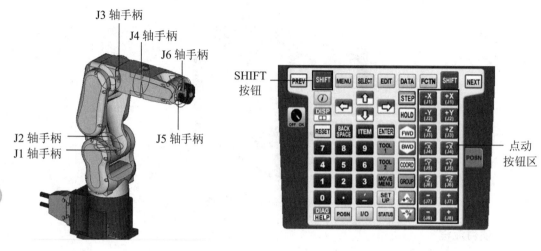

图 4.5　机器人的手动控制　　　　　图 4.6　虚拟示教器点动区

2. 线性运动

如果想手动控制机器人完成线性运动，可以操作软件中的 Teach Tool（示教工具）或者使用虚拟示教器。要启用示教工具，需要在机器人属性中开启该功能，如图 4.7 所示；然后可以单击 TCP，并根据坐标系进行线性拖动，如图 4.8 所示。

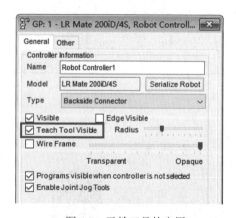
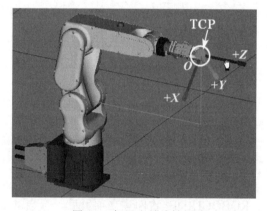

图 4.7　示教工具的启用　　　　　图 4.8　机器人的线性拖动

4.3.2　模型导入与设置

1. 模型的分类

ROBOGUIDE 中的模型主要分为 Eoats、Fixtures、Machines、Obstacles、Parts 等。

（1）**Eoats** 是工具模块。

（2）**Fixtures** 是指固定式工作台（如桌子、料盒等）。

（3）**Machines** 是指可运动设备（如机床、工装夹具等）。

（4）Obstacles 是指周边障碍物（如围栏、立柱、控制柜等）。

（5）Parts 是指仿真工作站中的工件。

机器人实训台可以作为 Fixtures 模型或 Obstacles 模型，本项目中作为 Fixtures 模型。

2. 支持的 3D 模型文件

ROBOGUIDE 支持多种模型文件格式。以 V9（Rev.F）版本的 ROBOGUIDE 为例，该版本软件支持市场上大部分的 3D 文件格式，如 IGES、SolidWorks、STEP、VRML、VDAFS、ACIS 及 CATIA 等，如图 4.9 所示。右击模型分类，选择【Single CAD File】，即可选择所需 3D 文件。

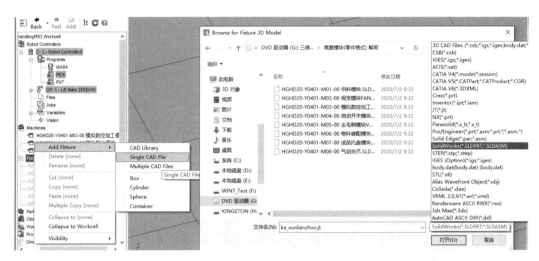

图 4.9　支持的模型文件格式

4.3.3　机器人指令介绍

常用的 FANUC 机器人指令如下。

1. 关节动作（J）

关节动作指将机器人移动到指定位置的基本移动方法。机器人沿着所有轴同时加速，在示教速度下移动后，同时减速后停止，移动轨迹通常为非线性。

2. 直线动作（L）

直线动作指从动作开始点到结束点控制工具中心点进行线性运动的一种移动方法。

3. 圆弧动作（C）

圆弧动作指从动作开始点→经过点→结束点，以圆弧方式对工具中心点移动轨迹进行控制的一种移动方法。

4. 数字 I/O 指令

数字 I/O 指令指接通或断开所指定的机器人数字量输出信号，如"DO[i]=ON/OFF"。

5. 标签指令（LBL[*i*]）

标签指令是用来表示程序的转移目的地的指令。标签可通过标签定义指令来定义。

6. 跳转指令（JMP LBL[*i*]）

跳转指令使程序的执行转移到相同程序内所指定的标签。

7. 程序呼叫指令（CALL（程序名））

程序呼叫指令使程序的执行转移到其他程序的第一行后执行该程序。

8. 指定时间等待指令（WAIT（时间））

指定时间等待指令使程序的执行在指定时间内等待（等待时间单位：sec）。

4.4 项目步骤

4.4.1 应用系统连接

※ 基础运动项目步骤

想要实现仿真任务，首先需要搭建一个工作单元，完成与机器人系统的连接。打开 ROBOGUIDE 后，新建一个工作单元，详细操作步骤见表 4.1。

表 4.1 新建工作单元的操作步骤

序号	图片示例	操作步骤
1		打开 ROBOGUIDE，单击菜单栏上的"File"→"New Cell"，新建工作单元
2		进入项目创建向导，选择"HandingPRO"，单击【Next】

续表 4.1

序号	图片示例	操作步骤
3		在弹出的创建向导中，修改工作站名称（Name），如"基础运动项目"，单击【Next】
4		选择创建虚拟机器人的方法，此处选择第一项"Create a new robot with the default HandingPRO config"（使用默认的 Handing PRO 配置创建机器人），单击【Next】
5		选择机器人的软件版本，单击【Next】。 注：此处选择"V8.30-R-30iB, 8.30291.48.03"

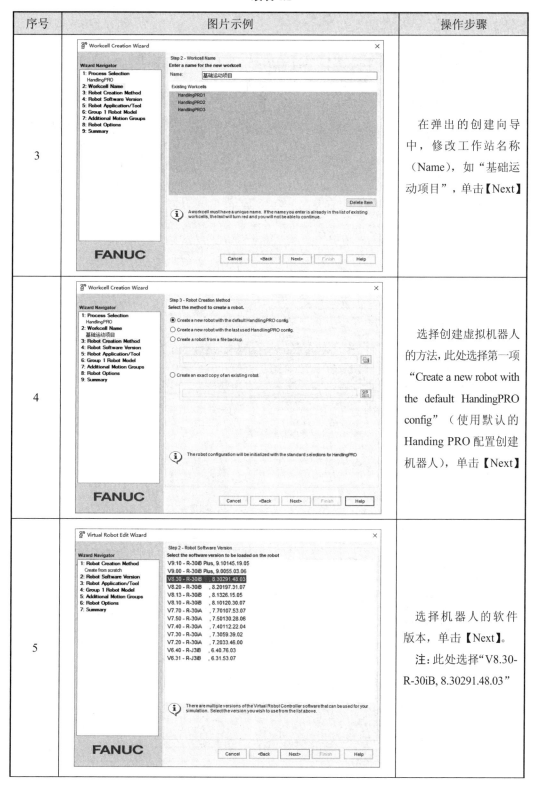

续表 4.1

序号	图片示例	操作步骤
6	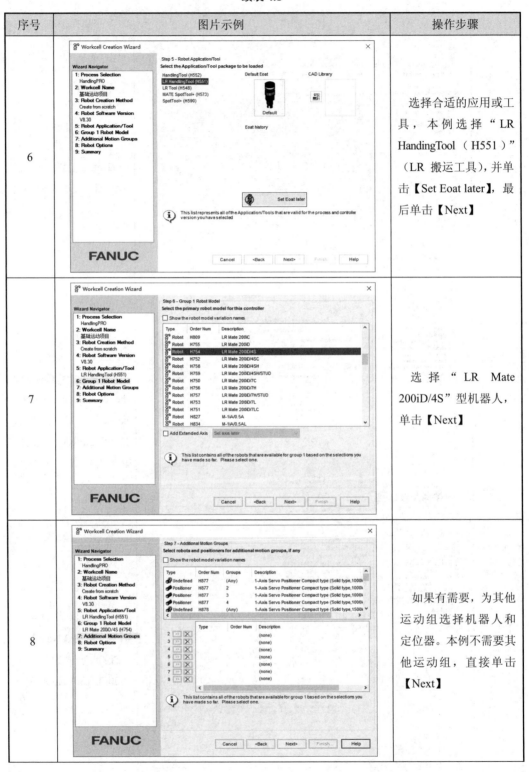	选择合适的应用或工具，本例选择"LR HandingTool（H551）"（LR 搬运工具），并单击【Set Eoat later】，最后单击【Next】
7		选择"LR Mate 200iD/4S"型机器人，单击【Next】
8		如果有需要，为其他运动组选择机器人和定位器。本例不需要其他运动组，直接单击【Next】

续表 4.1

序号	图片示例	操作步骤
9		在"Software Options"中选择所需要的功能。本例使用默认选项
10		在"Languages"下的"Basic Dictionary"中选择"Chinese Dictionary",设置默认显示语言为中文,单击【Next】
11		确认所有选项无误后,单击【Finish】

续表 4.1

序号	图片示例	操作步骤
12	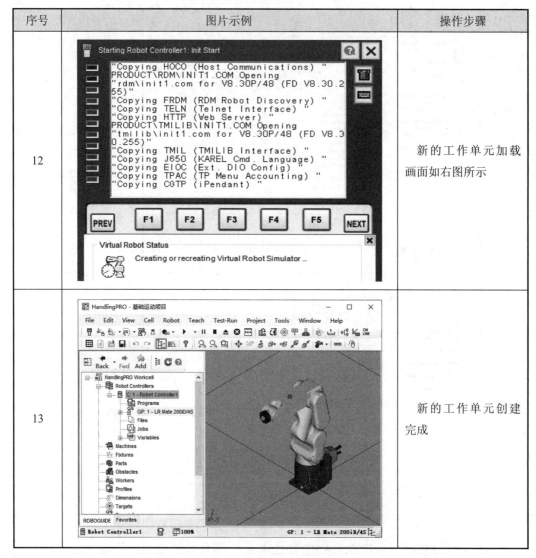	新的工作单元加载画面如右图所示
13		新的工作单元创建完成

4.4.2 应用系统配置

1. 实训台导入

固定的实训台和功能模块都属于工装,且在实际的生产中作为工件的载体。在 ROBOGUIDE 的仿真环境中,Fixtures 下的模型充当着工装的角色,辅助相应的工件完成离线编程与仿真。

本项目以带有基础模块和激光雕刻模块的技能考核实训台(专业版)为例,介绍 Fixture 属性下模型的拖拽移动方法,具体操作步骤见表 4.2。

表 4.2 工业机器人技能考核实训台（专业版）导入步骤

序号	图片示例	操作步骤
1	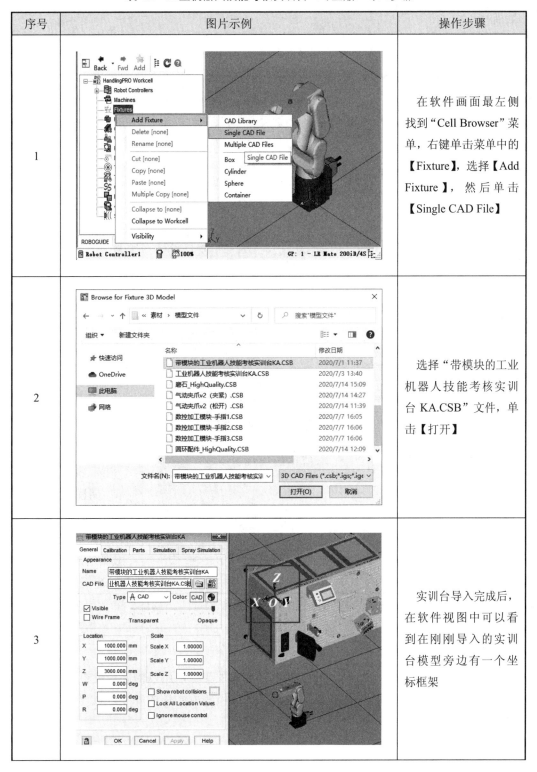	在软件画面最左侧找到"Cell Browser"菜单，右键单击菜单中的【Fixture】，选择【Add Fixture】，然后单击【Single CAD File】
2		选择"带模块的工业机器人技能考核实训台 KA.CSB"文件，单击【打开】
3		实训台导入完成后，在软件视图中可以看到在刚刚导入的实训台模型旁边有一个坐标框架

续表 4.2

序号	图片示例	操作步骤
4	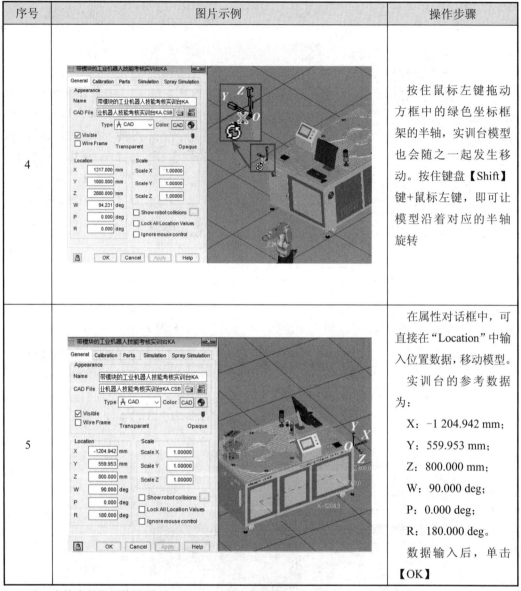	按住鼠标左键拖动方框中的绿色坐标框架的半轴，实训台模型也会随之一起发生移动。按住键盘【Shift】键+鼠标左键，即可让模型沿着对应的半轴旋转
5		在属性对话框中，可直接在"Location"中输入位置数据，移动模型。实训台的参考数据为： X：-1 204.942 mm； Y：559.953 mm； Z：800.000 mm； W：90.000 deg； P：0.000 deg； R：180.000 deg。 数据输入后，单击【OK】

注：表格中的位置数据是由 SolidWorks 的评估测量功能计算得出，仅供参考。

2. 机器人本体安装

由于机器人当前位置与实训台的位置不符合编程要求，所以需要改变机器人当前位置。本节将介绍拖拽移动机器人位置的方法，完成机器人本体的安装。机器人本体安装步骤见表 4.3。

表 4.3 机器人本体安装的操作步骤

序号	图片示例	操作步骤
1		在"Cell Browser"菜单中，依次展开【Robot Controllers】→【C:1-Robot Controllers1】，单击【GP:1-LR Mate 200iD/4S】，可以在软件视图中看到一个坐标框架
2		用鼠标拖动方框中的坐标框架移动机器人，将机器人位置调整至合适位置
3		用鼠标双击【GP:1-LR Mate 200iD/4S】，进入属性对话框，可以看到当前机器人在虚拟世界中的位置信息。也可直接在"Location"中输入位置数据，移动机器人。 机器人的参考数据为： X：0.000 mm； Y：0.000 mm； Z：812.000 mm； W：0.000 deg； P：0.000 deg； R：0.000 deg； 单击【OK】

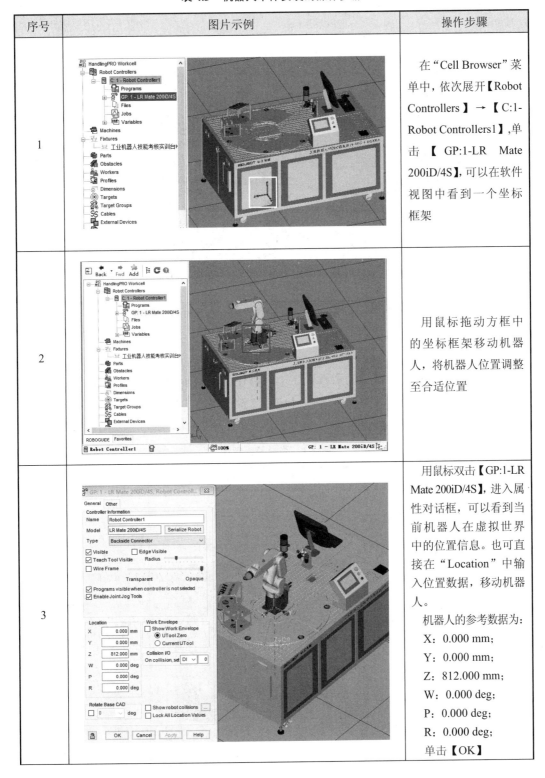

续表 4.3

序号	图片示例	操作步骤
4	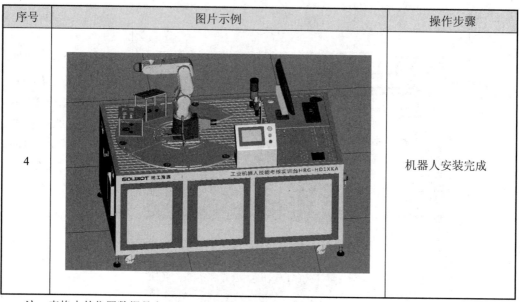	机器人安装完成

注：表格中的位置数据是由 SolidWorks 的评估测量功能计算得出，仅供参考。

4.4.3 主体程序设计

本项目的主体程序为路径的示教程序，可以使用虚拟示教器示教点位的方法，也可以选择"快速捕获"的示教方法。本项目使用"快速捕获"的示教方法，进行路径的创建，详细操作步骤见表 4.4。

表 4.4 路径编程步骤

序号	图片示例	操作步骤
1		在顶部菜单栏单击【🖳】按钮，打开虚拟示教器

续表 4.4

序号	图片示例	操作步骤
2	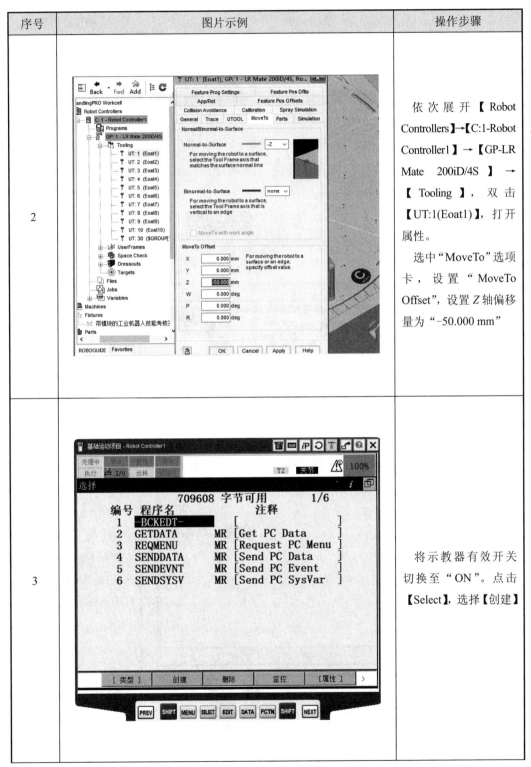	依次展开【Robot Controllers】→【C:1-Robot Controller1】→【GP-LR Mate 200iD/4S】→【Tooling】,双击【UT:1(Eoat1)】,打开属性。 选中"MoveTo"选项卡,设置"MoveTo Offset",设置Z轴偏移量为"-50.000 mm"
3		将示教器有效开关切换至"ON"。点击【Select】,选择【创建】

续表 4.4

序号	图片示例	操作步骤
4	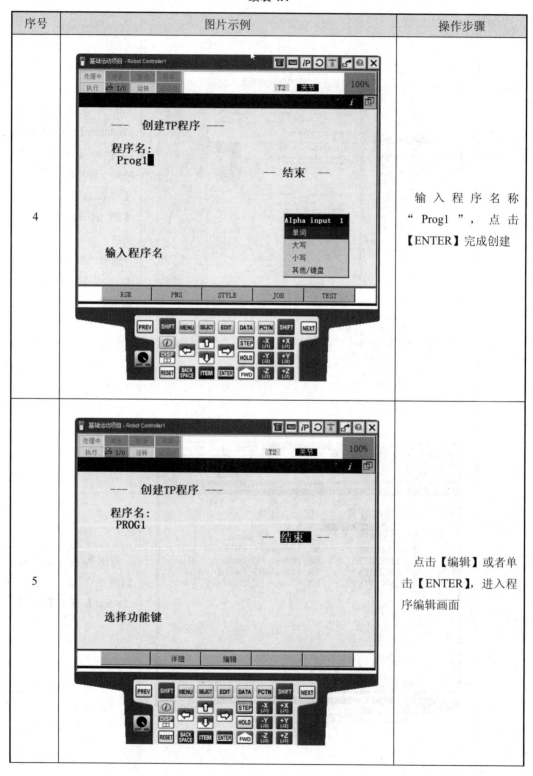	输入程序名称"Prog1",点击【ENTER】完成创建
5		点击【编辑】或者单击【ENTER】,进入程序编辑画面

续表 4.4

序号	图片示例	操作步骤
6		添加关节运动指令，设置 P[1] 点的关节坐标。 J1：0.000 deg； J2：0.000 deg； J3：0.000 deg； J4：0.000 deg； J5：-90.000 deg； J6：0.000 deg。 速度倍率为 50%
7		依次单击【View】→【Quick Bars】→【Move To】，打开 Move To 工具栏
8		单击【Edge】，获取方框边线上的点。单击鼠标左键，根据 Z 轴偏移量（-50 mm），使机器人移动至该点正上方 50 mm 处

续表 4.4

序号	图片示例	操作步骤
9		添加关节运动指令，记录当前点位
10	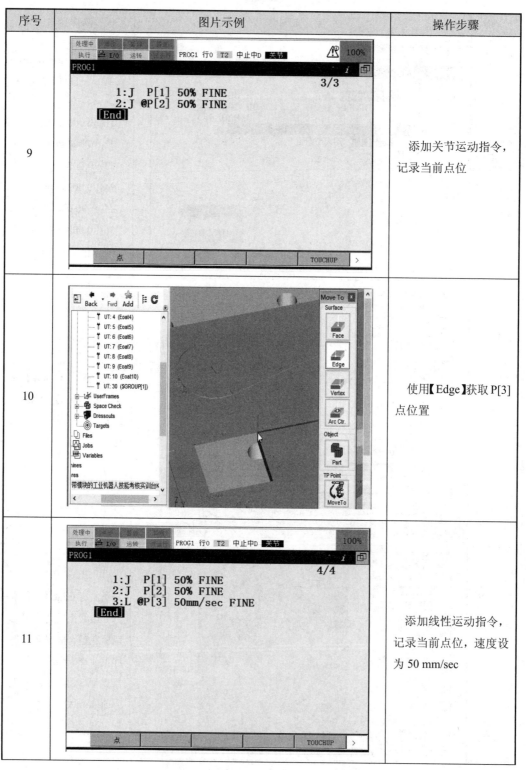	使用【Edge】获取 P[3] 点位置
11		添加线性运动指令，记录当前点位，速度设为 50 mm/sec

续表 4.4

序号	图片示例	操作步骤
12	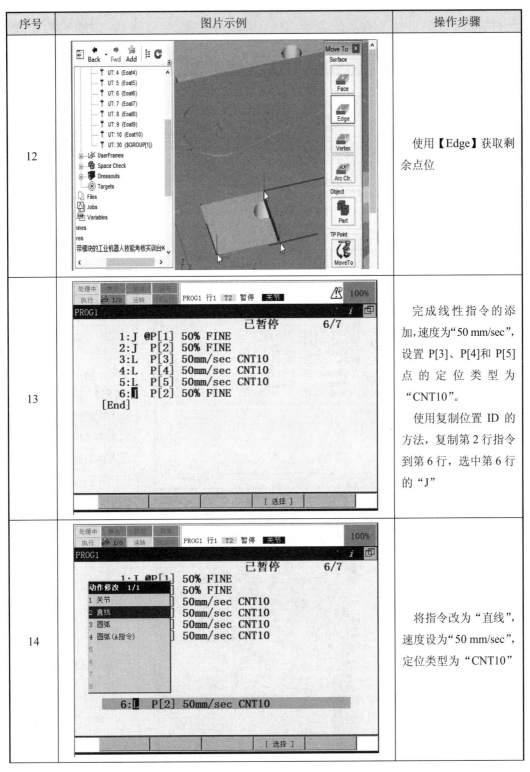	使用【Edge】获取剩余点位
13		完成线性指令的添加，速度为"50 mm/sec"，设置 P[3]、P[4]和 P[5]点的定位类型为"CNT10"。 使用复制位置 ID 的方法，复制第 2 行指令到第 6 行，选中第 6 行的"J"
14		将指令改为"直线"，速度设为"50 mm/sec"，定位类型为"CNT10"

续表 4.4

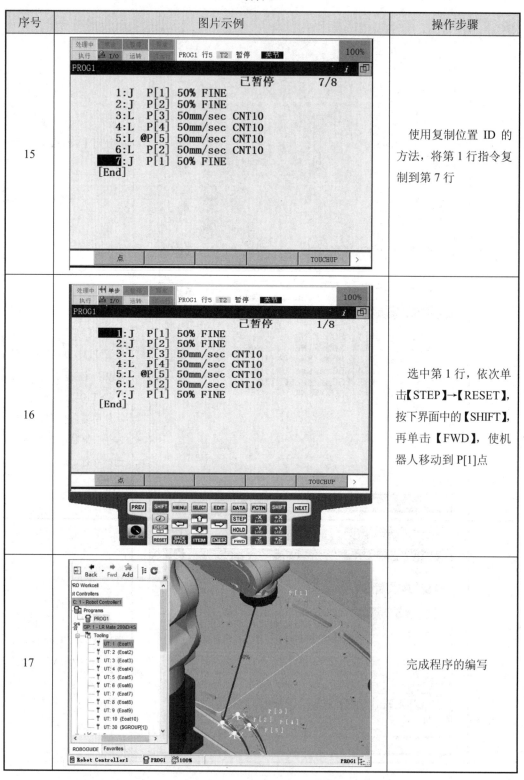

序号	图片示例	操作步骤
15		使用复制位置 ID 的方法，将第 1 行指令复制到第 7 行
16		选中第 1 行，依次单击【STEP】→【RESET】，按下界面中的【SHIFT】，再单击【FWD】，使机器人移动到 P[1]点
17		完成程序的编写

4.4.4 关联程序设计

本项目的关联程序用于调用路径程序,具体的步骤见表 4.5。

表 4.5 关联程序设计步骤

序号	图片示例	操作步骤
1	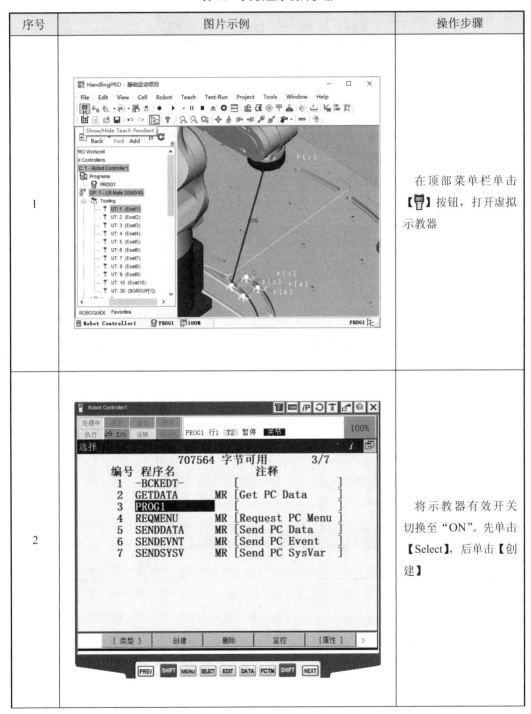	在顶部菜单栏单击【 】按钮,打开虚拟示教器
2		将示教器有效开关切换至"ON"。先单击【Select】,后单击【创建】

续表 4.5

序号	图片示例	操作步骤
3	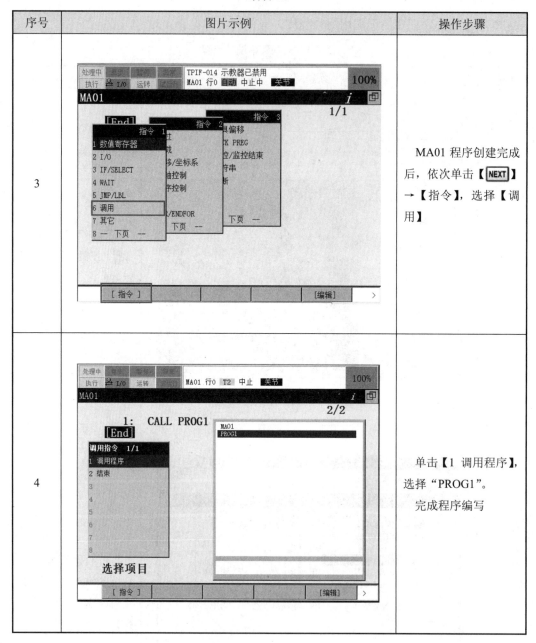	MA01 程序创建完成后，依次单击【NEXT】→【指令】，选择【调用】
4		单击【1 调用程序】，选择"PROG1"。完成程序编写

4.4.5 项目程序调试

完成路径创建后，即可进行仿真调试，仿真调试的操作与调试真实机器人程序的步骤类似。在 ROBOGUIDE 软件中仿真调试的步骤见表 4.6。

表 4.6 仿真运行步骤

序号	图片示例	操作步骤
1	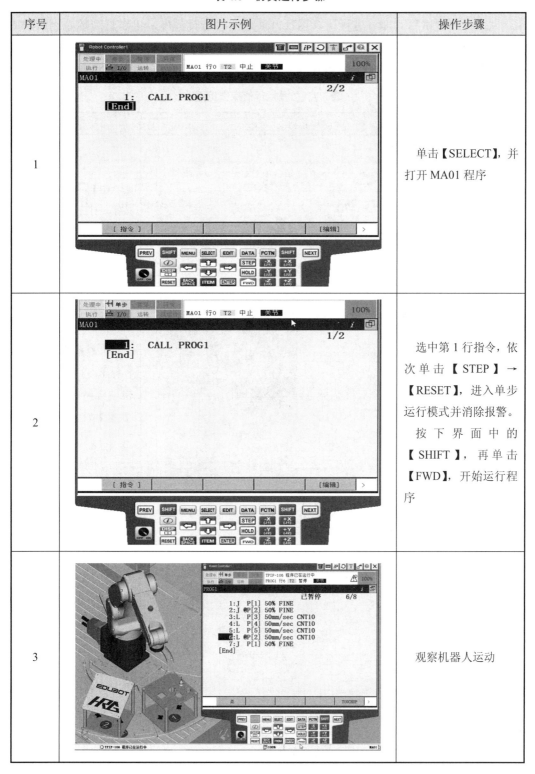	单击【SELECT】，并打开 MA01 程序
2		选中第 1 行指令，依次单击【STEP】→【RESET】，进入单步运行模式并消除报警。 按下界面中的【SHIFT】，再单击【FWD】，开始运行程序
3		观察机器人运动

4.4.6 项目总体运行

完成程序调试后,即可进行仿真运行。通过运行仿真程序,可以直观地看到机器人的运动情况,为后续的项目实施或者优化提供依据。仿真运行可以让机器人执行当前程序,沿着示教好的路径移动,在 ROBOGUIDE 软件中仿真运行的操作步骤见表4.7。

表4.7 仿真运行的操作步骤

序号	图片示例	操作步骤
1	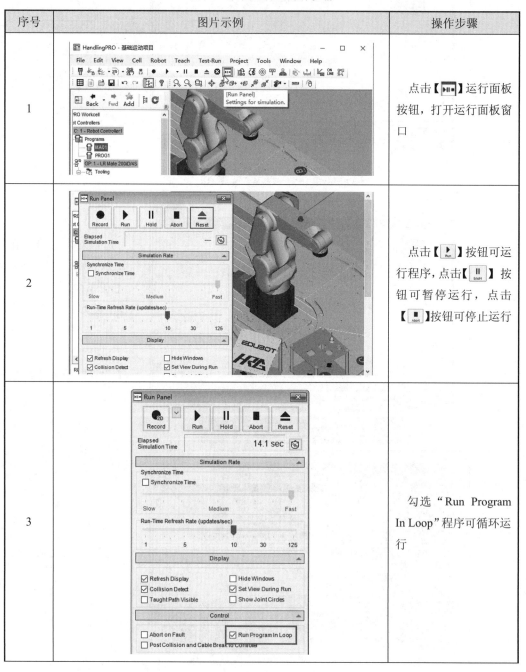	点击【▶Ⅱ■】运行面板按钮,打开运行面板窗口
2		点击【▶】按钮可运行程序,点击【Ⅱ】按钮可暂停运行,点击【■】按钮可停止运行
3		勾选"Run Program In Loop"程序可循环运行

续表 4.7

序号	图片示例	操作步骤
4	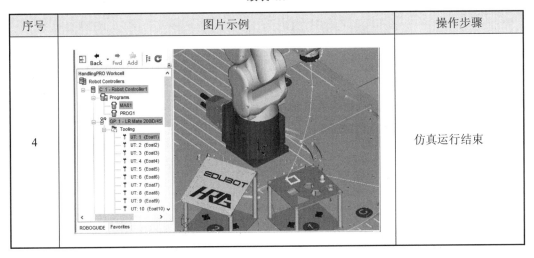	仿真运行结束

4.5 项目验证

4.5.1 效果验证

观察程序运行生成的 TCP 轨迹（图 4.10）是否达到预期效果。

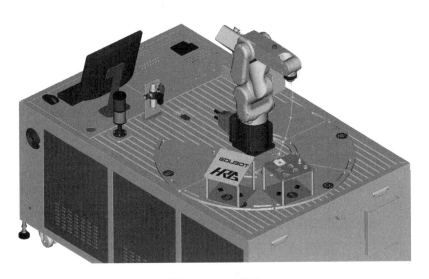

图 4.10 TCP 轨迹

4.5.2 数据验证

本项目 PROG1 程序中的点位是通过 Move To 功能示教的，可以查看各点位数据，观察数据是否在同一平面，是否构成方形，数据验证的操作步骤见表 4.8。

表 4.8 数据验证的操作步骤

序号	图片示例	操作步骤
1	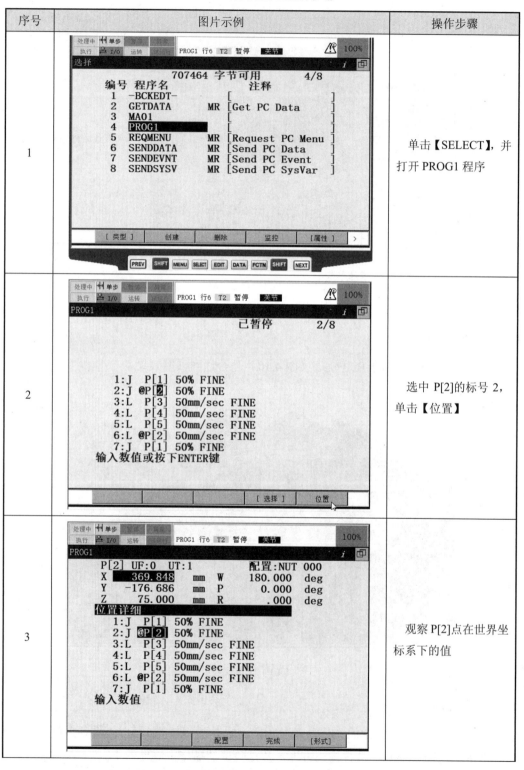	单击【SELECT】，并打开 PROG1 程序
2		选中 P[2]的标号 2，单击【位置】
3		观察 P[2]点在世界坐标系下的值

续表 4.8

序号	图片示例	操作步骤
4	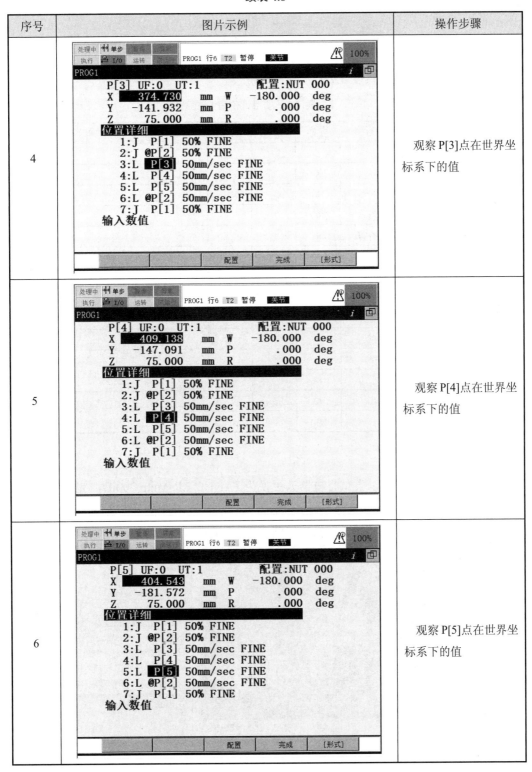	观察 P[3] 点在世界坐标系下的值
5		观察 P[4] 点在世界坐标系下的值
6		观察 P[5] 点在世界坐标系下的值

4.6 项目总结

4.6.1 项目评价

完成训练项目后，填写表 4.9 所示项目评价表。

表 4.9 项目评价表

项目指标		分值	自评	互评	评分说明
项目分析	1. 项目需求分析	6			
	2. 项目流程分析	6			
项目要点	1. 模型导入与设置	9			
	2. 路径生成工具	9			
	3. 机器人指令介绍	8			
项目步骤	1. 应用系统连接	8			
	2. 应用系统配置	10			
	3. 主体程序设计	8			
	4. 关联程序设计	8			
	5. 项目程序调试	8			
	6. 项目运行调试	8			
项目验证	1. 效果验证	6			
	2. 数据验证	6			
合计		100			

4.6.2 项目拓展

在完成本项目后，可以尝试将机器人更换为 FANUC LR Mate 200iD，完成基础运动项目，效果图如图 4.11（a）所示。更换机器人的方法是在属性中单击【Serialize Robot】，根据弹出的向导完成更换，机器人属性如图 4.11（b）所示。

（a）效果图

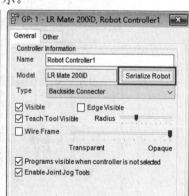
（b）机器人属性

图 4.11 拓展项目

第 5 章　物料搬运的数字孪生

5.1　项目概况

5.1.1　项目背景

使用机器人搬运物料，可按照要求完成对料袋、箱体等各种产品的搬运，能提高企业的生产效率和产量，减少人工搬运造成的错误；还可以全天候作业，节约大量人力资源成本。机器人搬运物料被广泛应用于化工、饮料、食品、啤酒和塑料等生产企业。通过数字孪生，ROBOGUIDE 软件可以规划机器人搬运的轨迹，降低停机时间，减少发生碰撞的可能性。机器人搬运实例如图 5.1 所示。

※　物料搬运项目目的

（a）工业场景

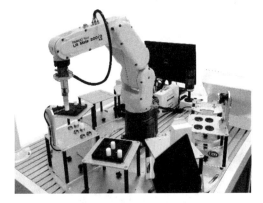

（b）教学场景

图 5.1　机器人搬运实例

5.1.2　项目需求

本章进行搬运实训仿真，任务是在供料模块上进行物料的搬运，示教一个位置，使用 FANUC 机器人的位置寄存器指令实现点位的偏移效果。供料模块顶板上有 9 个（三行三列）圆形槽，如图 5.2 所示。要完成本实训仿真任务，需要进行供料模块导入及安装、坐标系创建、搬运路径创建、仿真程序运行 4 个部分的操作。

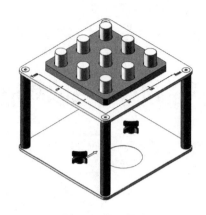

图 5.2 供料模块

5.1.3 项目目的

通过学习本项目，可以掌握以下内容：
（1）不同属性模型的关联使用。
（2）Parts 属性下模型的镜像功能。
（3）Parts 属性下模型的仿真效果设置。
（4）TP 程序与仿真程序的熟练运用。

5.2 项目分析

5.2.1 项目构架

搬运实训仿真任务要求机器人利用夹爪工具将搬运工件从一个孔槽搬运到另一个孔槽上。搬运效果如图 5.3 所示。

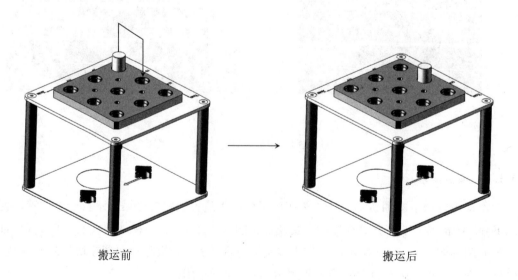

搬运前　　　　　　　　　　　　　搬运后

图 5.3 搬运效果

5.2.2　项目流程

本项目实施流程如图 5.4 所示。

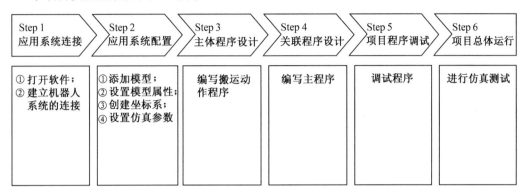

图 5.4　项目实施流程

5.3　项目要点

5.3.1　工具导入与定义

1. 工具的导入

※ 物料搬运项目要点

通过右击【Tooling】下方任意一个工具（UT），进入属性；在"General"选项卡中，单击【】，即可选择所要导入工具的 3D 文件，如图 5.5 所示。

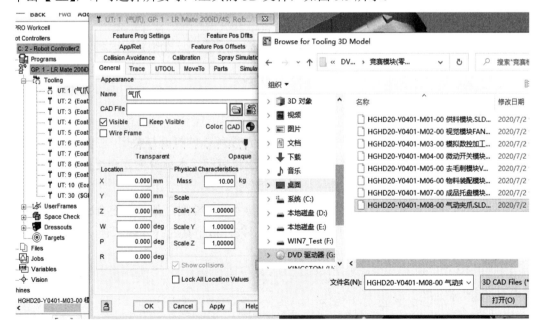

图 5.5　工具的导入

完成导入后,需要定义工具的类型,进入"Simulation"选项卡,选择对应的"Function",分为 4 类。

(1) Static Tool:固定工具。

(2) Material Handing-Clamp:使用夹爪搬运物料(搬运时闭合夹爪)。

(3) Material Handing-Vaccuum:使用吸盘搬运物料(搬运时打开吸盘)。

(4) Bin Picking:使用内撑式拾料工具。

属性设置如图 5.6 所示。

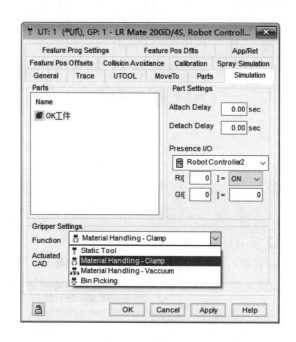

图 5.6　属性设置

2. 气动夹爪工具的仿真

本项目使用气动夹爪工具,在仿真过程中会涉及气爪的打开与关闭。在 ROBOGUIDE 中有 2 种状态的切换,模型的替代显示和虚拟电机驱动。本项目主要介绍模型的替代显示。

模型的替代显示是指工具的打开状态调用一个固定模型,工具的闭合状态调用另一个固定模型。利用软件对不同模型的隐藏和显示来模拟工具的打开和闭合。

气动夹爪工具的仿真,如图 5.7 所示。

第 5 章 物料搬运的数字孪生

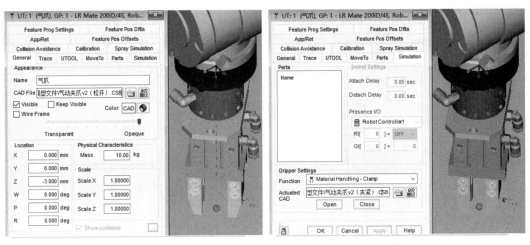

(a) 打开状态　　　　　　　　　　　　(b) 闭合状态

图 5.7　气动夹爪工具的仿真

5.3.2　Parts 模型的仿真

Parts 模型是指项目中使用的工件模型，一个仿真项目通常会用到多个工件，可以通过数组生成工件模型镜像。使用 Parts 的仿真功能实现物料的搬运模拟。

可以双击需要放置工件的 Fixture 模型，打开模型属性，在模型属性窗口中勾选所需放置的工件，然后在"Parts"选项卡中，单击【Add】按键，可以选择"Array"（数组）模式，生成模型镜像。可以根据工件的放置间隔（Location）、放置数量和层数（Parts Count），设置数组的参数，镜像设置界面如图 5.8 所示。

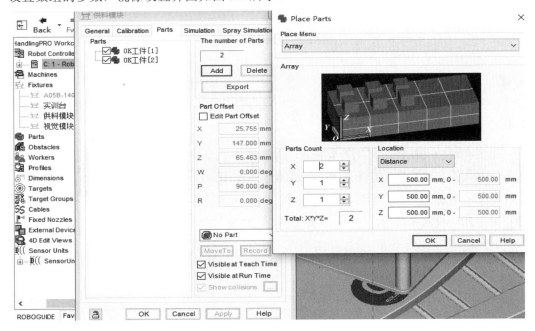

图 5.8　Parts 模型镜像设置界面

进入 Fixture 组件的"Simulation"选项卡,可以根据需要设置 Parts 模型镜像何时显示(Parts Simulation)、是否由 I/O 控制显示(Presence I/O)。本项目不需要设置显示控制。Parts 仿真设置如图 5.9 所示。

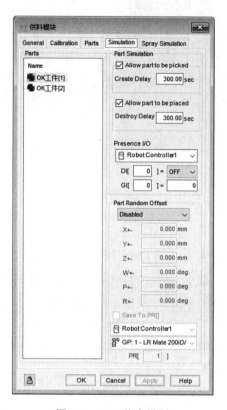

图 5.9　Parts 仿真设置

5.4　项目步骤

5.4.1　应用系统连接

想要实现仿真任务,首先需要搭建一个工作单元,完成与机器人系统的连接。打开 ROBOGUIDE 后,新建一个工作单元,名称为"物料搬运项目",如图 5.10 所示。本项目使用默认机器人选项。

❋　物料搬运项目步骤

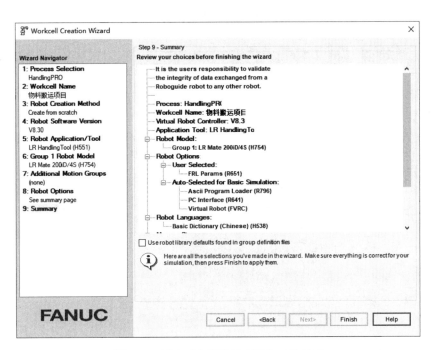

图 5.10 新建"物料搬运项目"工作单元

5.4.2 应用系统配置

1. 实训平台导入

本例相关模块是放在实训台上的,因此需要先导入实训台模型,该模型属于 Fixture 类型,具体操作步骤见表 5.1。

表 5.1 实训台的导入步骤

序号	图片示例	操作步骤
1		在软件界面最左侧找到"Cell Browser"菜单。右键单击菜单中的【Fixture】,选择【Add Fixture】,在弹出的菜单中选择"Single CAD File"

续表 5.1

序号	图片示例	操作步骤
2	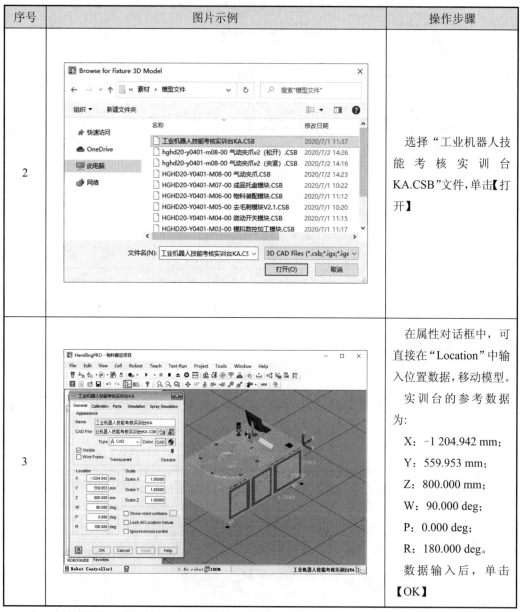	选择"工业机器人技能考核实训台KA.CSB"文件,单击【打开】
3		在属性对话框中,可直接在"Location"中输入位置数据,移动模型。实训台的参考数据为: X:-1 204.942 mm; Y:559.953 mm; Z:800.000 mm; W:90.000 deg; P:0.000 deg; R:180.000 deg。 数据输入后,单击【OK】

注:表格中的位置数据是由 SolidWorks 的评估测量功能计算得出,仅供参考。

2. 机器人本体安装

由于机器人当前位置与实训台的位置不符合编程要求,所以需要改变机器人当前位置。本节采用直接输入坐标的方法移动机器人,完成机器人本体安装,操作步骤见表 5.2。

表 5.2 机器人的安装步骤

序号	图片示例	操作步骤
1	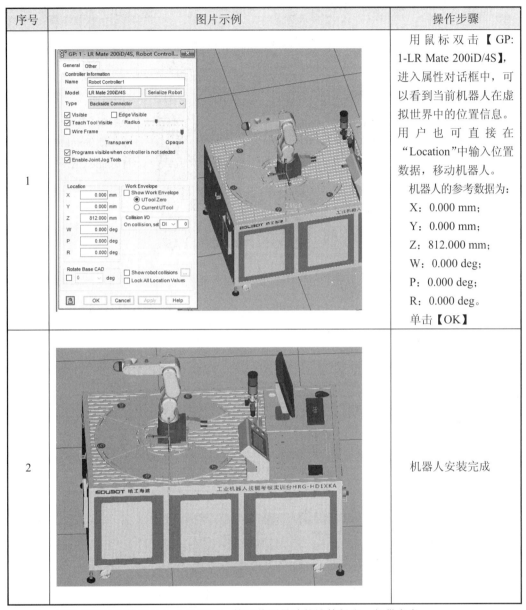	用鼠标双击【GP: 1-LR Mate 200iD/4S】，进入属性对话框中，可以看到当前机器人在虚拟世界中的位置信息。用户也可直接在"Location"中输入位置数据，移动机器人。机器人的参考数据为：X：0.000 mm；Y：0.000 mm；Z：812.000 mm；W：0.000 deg；P：0.000 deg；R：0.000 deg。单击【OK】
2		机器人安装完成

注：表格中的位置数据是由 SolidWorks 的评估测量功能计算得出，仅供参考。

3. 供料模块导入及安装

机器人安装完成后，接下来需要将涉及的供料模块三维模型加载到工作站中，导入及安装供料模块的操作步骤见表 5.3。

表 5.3 供料模块导入及安装步骤

序号	图片示例	操作步骤
1		右击【Fixture】，选中【Add Fixture】，单击【Single CAD File】
2		选择供料模块，单击【打开】
3		拖动模块的坐标框架，移动供料模块。也可以在模块属性的"Location"中输入位置数据，供料模块参考数据如下： X：406.670 mm； Y：134.046 mm； Z：816.995 mm； W：89.996 deg； P：0.000 deg； R：-68.000 deg。 单击【OK】完成设置

注：表格中的位置数据是由 SolidWorks 的评估测量功能计算得出，仅供参考。

4. 工具导入及安装

本项目使用夹爪工具,该夹爪工具的模型是将快换接口和夹爪气缸装配在一起的模型。为方便仿真,需要分别导入松开和夹紧两种状态的模型。工具导入及安装步骤见表5.4。

表5.4 工具导入及安装步骤

序号	图片示例	操作步骤
1	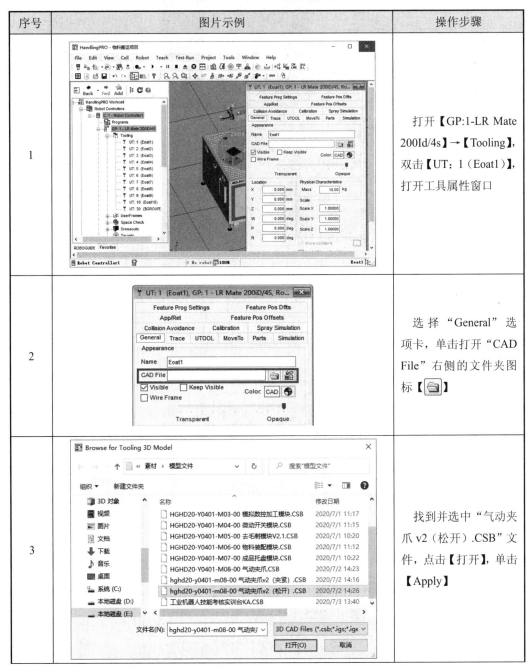	打开【GP:1-LR Mate 200Id/4s】→【Tooling】,双击【UT:1(Eoat1)】,打开工具属性窗口
2		选择"General"选项卡,单击打开"CAD File"右侧的文件夹图标【📁】
3		找到并选中"气动夹爪v2(松开).CSB"文件,点击【打开】,单击【Apply】

续表 5.4

序号	图片示例	操作步骤
4		单击选中工具模型，并移动至合适位置；还可在属性对话框中，直接在"Location"中输入位置数据，改变工具位置，参考数据为： X：0.000 mm； Y：0.000 mm； Z：-3.000 mm； W：0.000 deg； P：0.000 deg； R：0.000 deg
5		打开"Simulation"选项卡，将抓手设置（Gripper Settings）中的"Function"设置为"Material Handling-Clamp"

续表 5.4

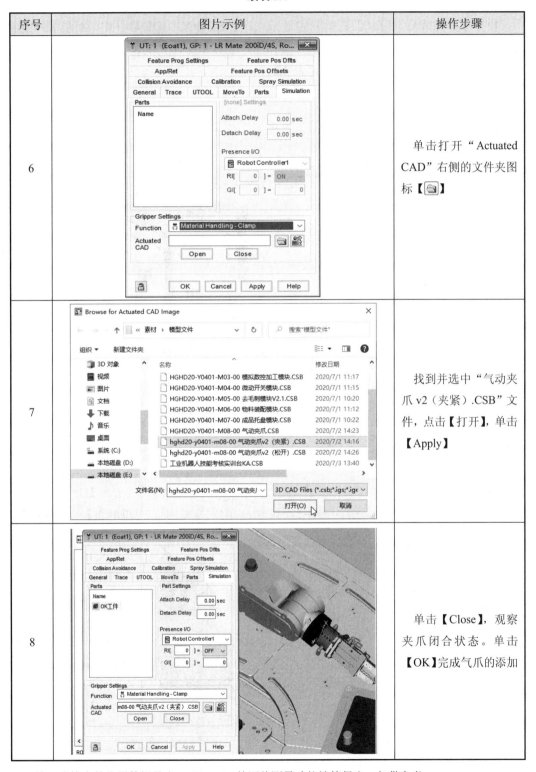

序号	图片示例	操作步骤
6		单击打开"Actuated CAD"右侧的文件夹图标【📁】
7		找到并选中"气动夹爪 v2（夹紧）.CSB"文件，点击【打开】，单击【Apply】
8		单击【Close】，观察夹爪闭合状态。单击【OK】完成气爪的添加

注：表格中的位置数据是由 SolidWorks 的评估测量功能计算得出，仅供参考。

5. 坐标系创建

模型添加完成后，可以创建相关的坐标系。在 ROBOGUIDE 软件中，可以采用坐标系拖动法或者直接输入法，快捷创建工具和用户坐标系。建立的工具坐标系与用户坐标系如图 5.11 所示。坐标系创建步骤见表 5.5。

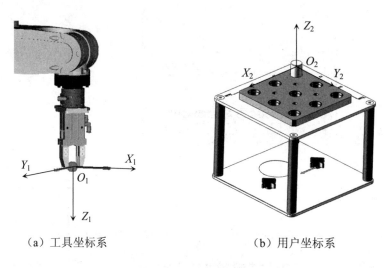

（a）工具坐标系　　　　　　　　　　　（b）用户坐标系

图 5.11　坐标系示意图

表 5.5　坐标系创建步骤

序号	图片示例	操作步骤
1		打开【GP:1-LR Mate 200Id/4s】→【Tooling】，双击【UT：1（EOAT1）】，选择"UTOOL"选项卡，勾选"Edit UTOOL"，将坐标框架从法兰盘中心拖动至夹爪手指中间，然后单击【Use Current Triad Location】，获取框架所在坐标数据值。最后单击【Apply】

续表 5.5

序号	图片示例	操作步骤
2		还可以从 SolidWorks 装配文件中获取相关位置数据，并填写在对话框中，参考数据如下： Z：149.800 mm； R：135.355 deg。 设置完成后先单击【Apply】，再单击【OK】
3		接下来创建用户坐标系。打开【GP:1-LR Mate 200Id/4s】→【UserFrame】，双击【UF:1(UFrame 1)】，勾选"Edit UFrame"，将坐标框架从世界坐标系原点位置移动到自定义的用户坐标系原点位置，单击【Apply】
4		还可以从 SolidWorks 装配文件中获取相关位置数据，并填写在对话框中，参考数据如下： X：336.843 mm； Y：41.385 mm； Z：−180.000 mm； W：0.000 deg； P：0.000 deg； R：22.000 deg。 单击【OK】完成设置

注：表格中的位置数据是由 SolidWorks 的评估测量功能计算得出，仅供参考。

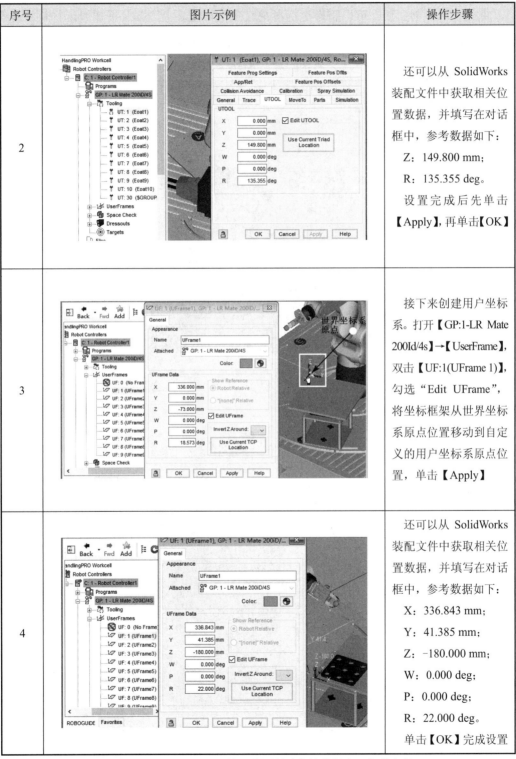

6. 搬运物料放置

完成坐标系创建后，可以将搬运物料关联到供料模块上，并且增加搬运物料的镜像模型，依次放在供料模块对应位置。搬运物料放置步骤见表5.6。

表 5.6 搬运物料放置步骤

序号	图片示例	操作步骤
1		在工作站左侧的"Cell Browser"菜单中，双击打开供料模块的属性界面
2		在属性界面中，打开"Parts"菜单，勾选"OK工件"，再勾选"Edit Part Offset"，移动工件，也可以直接设置偏移值。参考数据如下： X：25.755 mm； Y：147.000 mm； Z：65.463 mm； W：0.000 deg； P：0.000 deg； R：0.000 deg。 勾选"Visible at Teach Time"和"Visible at Run Time"

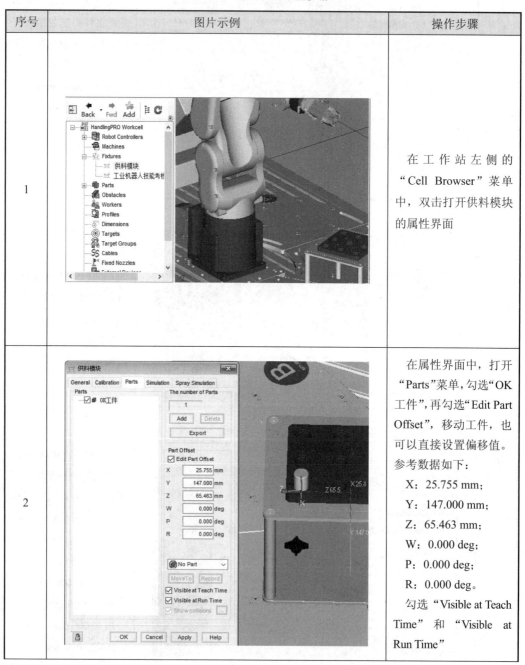

续表 5.6

序号	图片示例	操作步骤
3		单击【Add】
4		在弹出窗口中,设置物料的数量,以及每个物料间的距离。设置完成后,单击【OK】
5		设置"OK 工件[2]"默认不显示,选中"OK 工件[2]",取消勾选"Visible at Teach Time"和"Visible at Run Time"。完成后,单击【OK】,关闭窗口

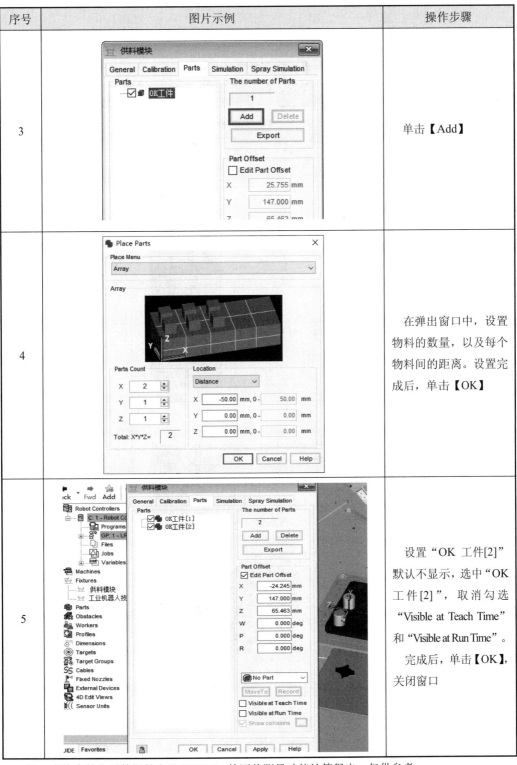

注:表格中的位置数据是由 SolidWorks 的评估测量功能计算得出,仅供参考。

7. 工件仿真设置

（1）工件抓取仿真。

工件抓取仿真设置步骤见表 5.7。

表 5.7　工件抓取仿真

序号	图片示例	操作步骤
1	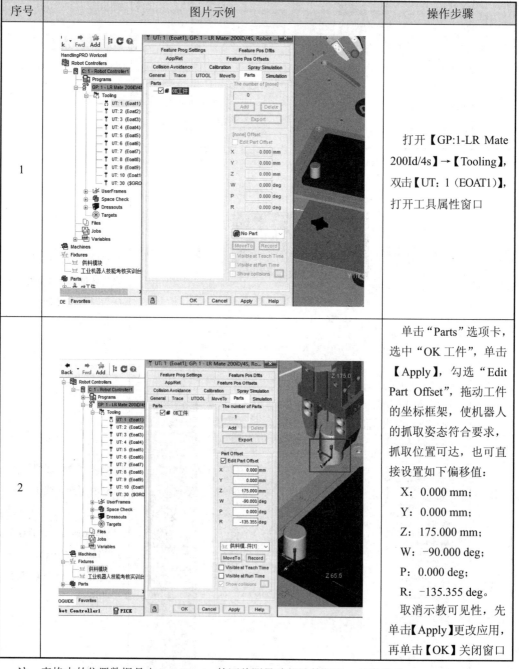	打开【GP:1-LR Mate 200Id/4s】→【Tooling】，双击【UT：1（EOAT1）】，打开工具属性窗口
2		单击"Parts"选项卡，选中"OK 工件"，单击【Apply】，勾选"Edit Part Offset"，拖动工件的坐标框架，使机器人的抓取姿态符合要求，抓取位置可达，也可直接设置如下偏移值： X：0.000 mm； Y：0.000 mm； Z：175.000 mm； W：−90.000 deg； P：0.000 deg； R：−135.355 deg。 取消示教可见性，先单击【Apply】更改应用，再单击【OK】关闭窗口

注：表格中的位置数据是由 SolidWorks 的评估测量功能计算得出，仅供参考。

（2）工件搬运仿真。

在供料单元属性的"Simulation"选项卡中，配置搬运工件的仿真效果，设置"Allow part to be picked"的"Create Delay"（工件再次创建的延时）和"Allow part to be placed"的"Destory Delay"（工件消失的延时），具体操作步骤见表5.8。

表5.8 工件搬运仿真步骤

序号	图片示例	操作步骤
1	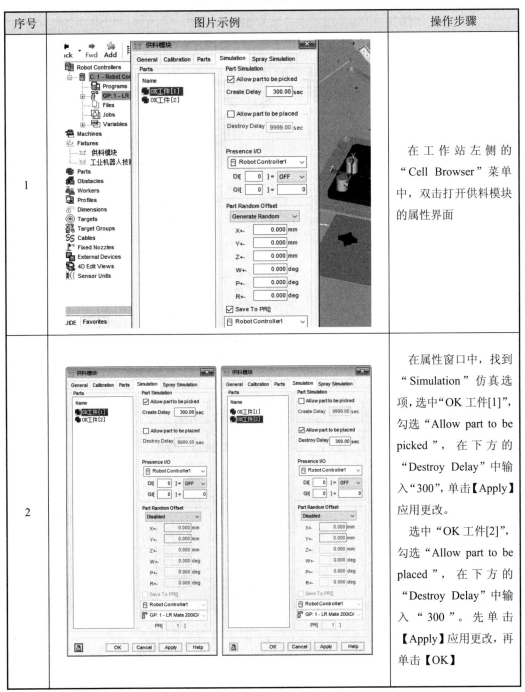	在工作站左侧的"Cell Browser"菜单中，双击打开供料模块的属性界面
2		在属性窗口中，找到"Simulation"仿真选项，选中"OK工件[1]"，勾选"Allow part to be picked"，在下方的"Destroy Delay"中输入"300"，单击【Apply】应用更改。选中"OK工件[2]"，勾选"Allow part to be placed"，在下方的"Destroy Delay"中输入"300"。先单击【Apply】应用更改，再单击【OK】

5.4.3 主体程序设计

在 ROBOGUIDE 软件中,仅使用示教器编写 TP 程序无法实现工件抓取、放置的仿真效果,本节将创建仿真程序,利用仿真程序中的指令实现抓取、放置的仿真效果,具体操作步骤见表 5.9。

表 5.9 创建仿真程序步骤

序号	图片示例	操作步骤
1	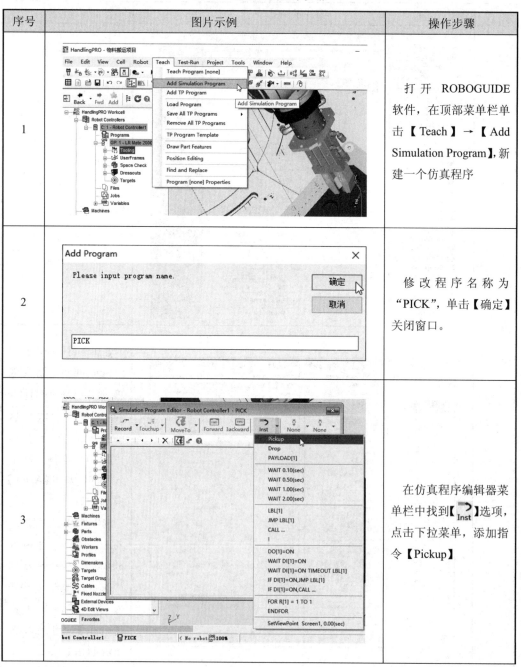	打开 ROBOGUIDE 软件,在顶部菜单栏单击【Teach】→【Add Simulation Program】,新建一个仿真程序
2		修改程序名称为"PICK",单击【确定】关闭窗口。
3		在仿真程序编辑器菜单栏中找到【Inst】选项,点击下拉菜单,添加指令【Pickup】

110

续表 5.9

序号	图片示例	操作步骤
4		进行如下设置：在"Pickup"下拉栏选择"OK 工件"；在"From"下拉栏选择"供料模块"；在"With"下拉栏选择"GP：1-UT：1（Eoat1）"。输入完成后，关闭窗口
5		在顶部菜单栏单击【Teach】→【Add Simulation Program】，再次新建一个仿真程序
6		修改程序名称为"PLACE"，单击【确定】关闭窗口

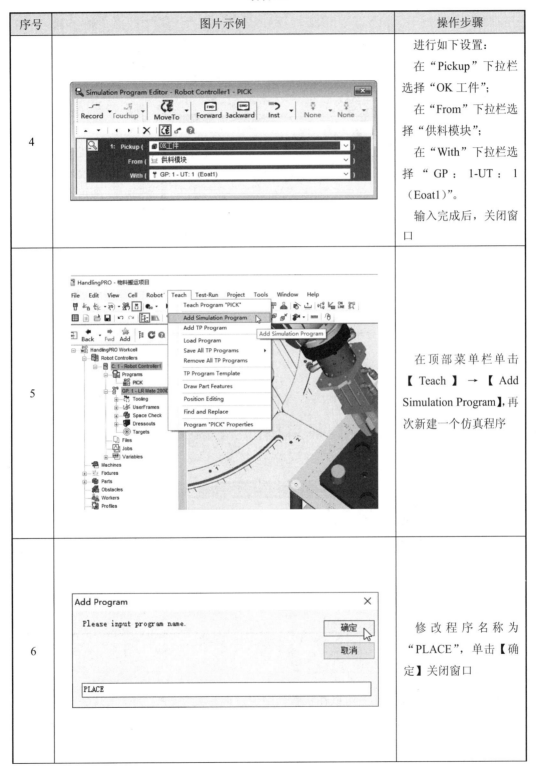

续表 5.9

序号	图片示例	操作步骤
7	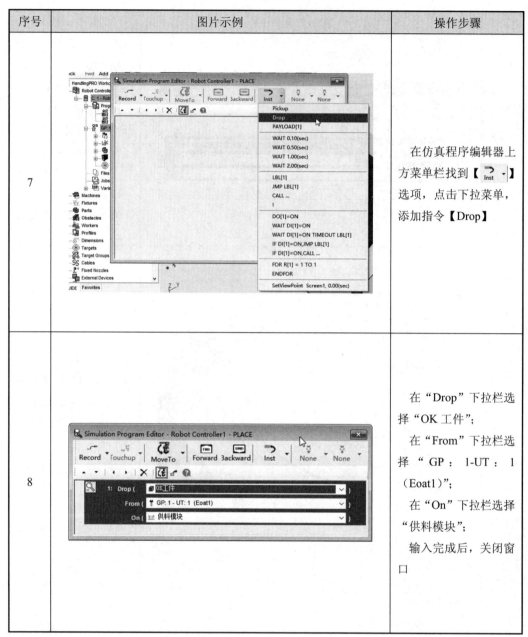	在仿真程序编辑器上方菜单栏找到【Inst】选项，点击下拉菜单，添加指令【Drop】
8		在"Drop"下拉栏选择"OK工件"； 在"From"下拉栏选择"GP：1-UT：1（Eoat1）"； 在"On"下拉栏选择"供料模块"； 输入完成后，关闭窗口

5.4.4 关联程序设计

完成主体程序的编写后，可以在示教器中通过编写关联 TP 程序，实现完整的搬运效果。本项目使用"快速捕捉"功能捕捉目标点，使用模型 Parts 选项中的"MoveTo"功能获取放置目标点，具体步骤见表 5.10。

表 5.10 创建 TP 程序步骤

序号	图片示例	操作步骤
1		在顶部菜单栏单击【】按钮，打开虚拟示教器
2	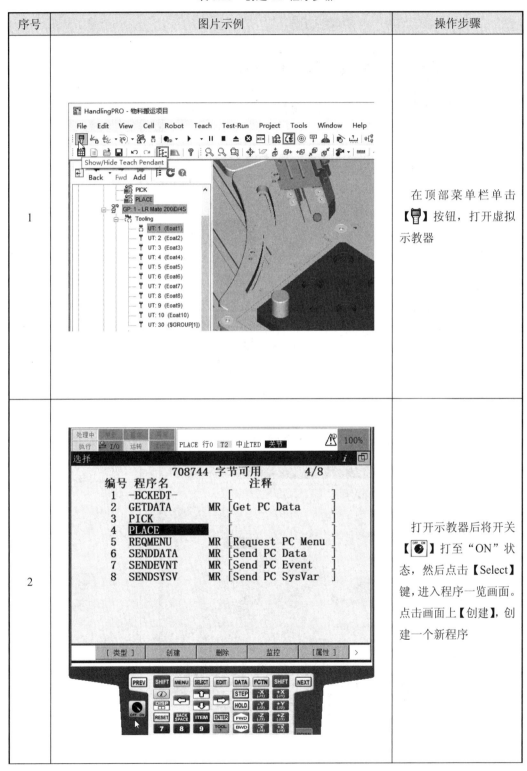	打开示教器后将开关【】打至"ON"状态，然后点击【Select】键，进入程序一览画面。点击画面上【创建】，创建一个新程序

续表 5.10

序号	图片示例	操作步骤
3	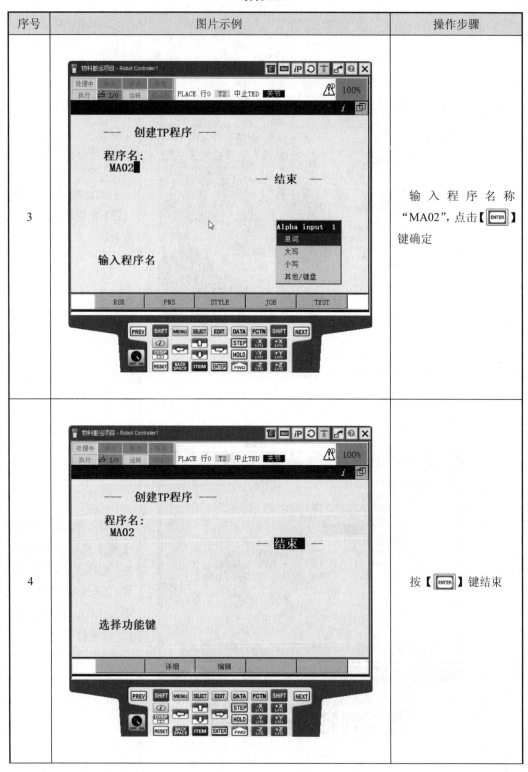	输入程序名称"MA02",点击【ENTER】键确定
4		按【ENTER】键结束

续表 5.10

序号	图片示例	操作步骤
5		进入"MA04"程序。依次单击【>】→【指令】→【下页】→【偏移/坐标系】,添加坐标系设置指令
6		设置用户坐标系为1号,设置工具坐标系为1号
7		添加关节运动指令,修改 P[1]点的坐标为关节坐标系,设置关节坐标。 J1:0.000 deg; J2:0.000 deg; J3:0.000 deg; J4:0.000 deg; J5:-90.000 deg; J6:0.000 deg。 设置完成后,单击【完成】

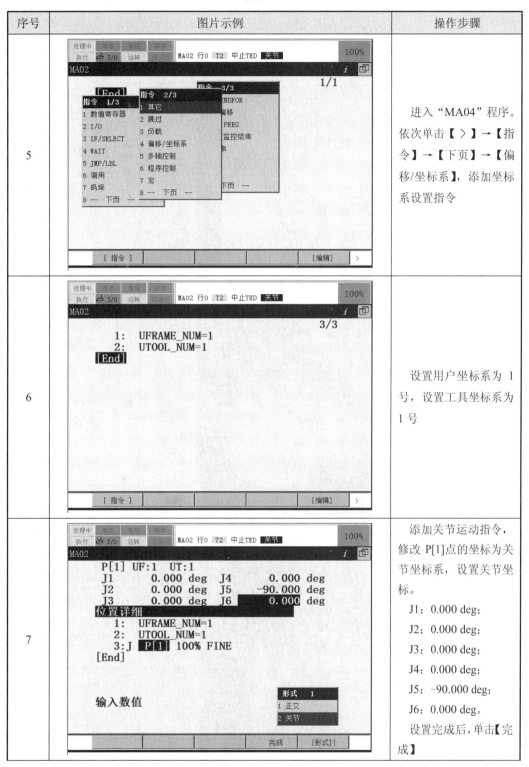

续表 5.10

序号	图片示例	操作步骤
8	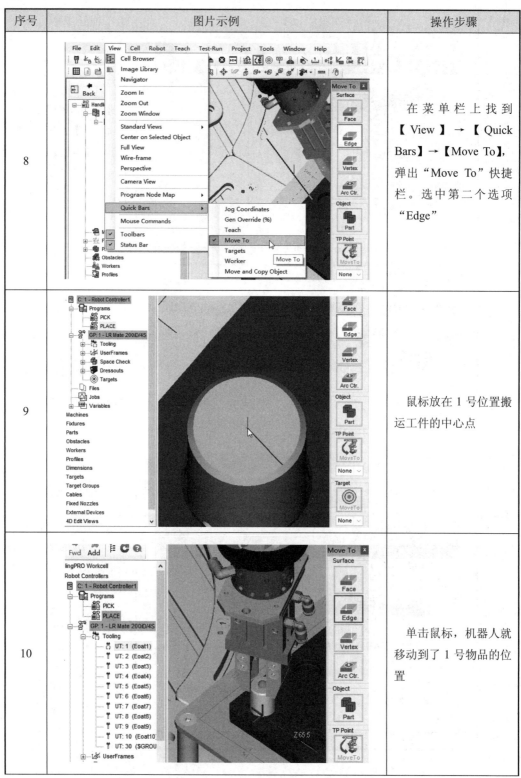	在菜单栏上找到【View】→【Quick Bars】→【Move To】,弹出"Move To"快捷栏。选中第二个选项"Edge"
9		鼠标放在 1 号位置搬运工件的中心点
10		单击鼠标,机器人就移动到了 1 号物品的位置

续表 5.10

序号	图片示例	操作步骤
11		机器人坐标系切换为关节坐标系，单击图上绿点，选中 Z 轴向下拖动，在右侧出现的输入框中，填入"10"，使机器人抓取位置向下偏移 10 mm
12		在"MA02"程序中，单击【点】，选择"直线运动指令"，将机器人的当前位置示教下来，并将速度改为 50%
13		单击【>】→【编辑】→【插入】，插入一行

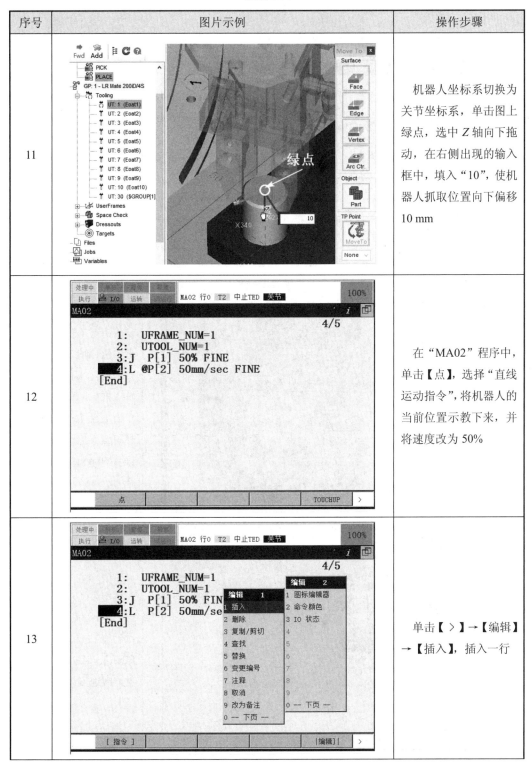

续表 5.10

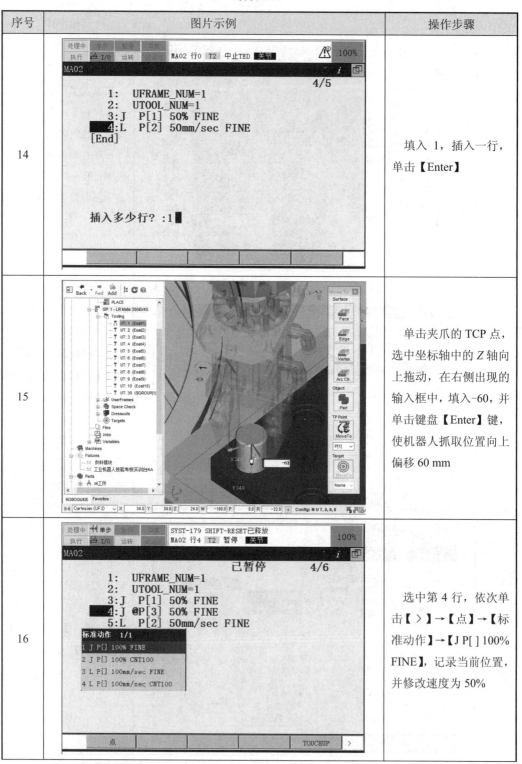

序号	图片示例	操作步骤
14		填入 1，插入一行，单击【Enter】
15		单击夹爪的 TCP 点，选中坐标轴中的 Z 轴向上拖动，在右侧出现的输入框中，填入-60，并单击键盘【Enter】键，使机器人抓取位置向上偏移 60 mm
16		选中第 4 行，依次单击【>】→【点】→【标准动作】→【J P[ ] 100% FINE】，记录当前位置，并修改速度为 50%

续表 5.10

序号	图片示例	操作步骤
17		单击【End】→【>】→【编辑】→【调用】，添加一个"调用"指令
18		选择调用"PICK"程序，然后单击【End】，选中程序末尾
19		双击供料模块，打开属性，单击"Parts"选项，选中"OK工件[2]"，再单击【MoveTo】，机器人移动到放置位置

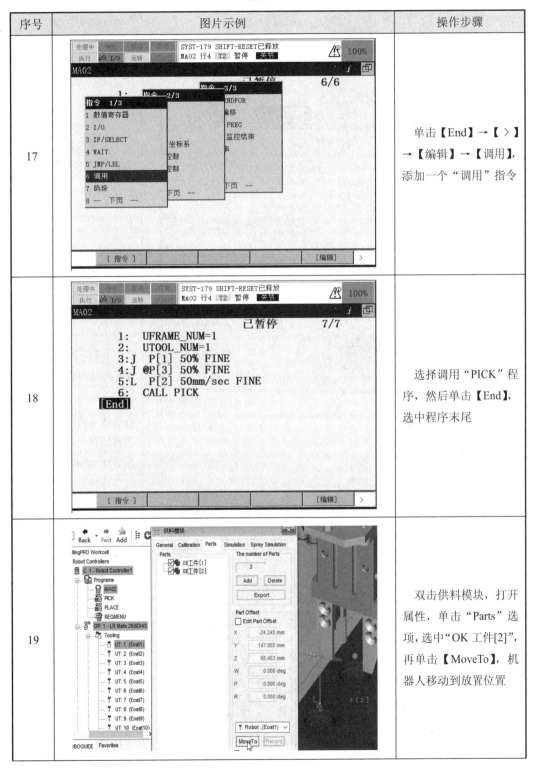

续表 5.10

序号	图片示例	操作步骤
20		单击【编辑】→【插入】，插入两行
21		单击第 8 行，然后依次单击【>】→【点】→【标准动作】→【L P[ ] 100mm /sec FINE】，插入直线运动指令，记录当前位置，并修改速度为 50 mm/sec
22	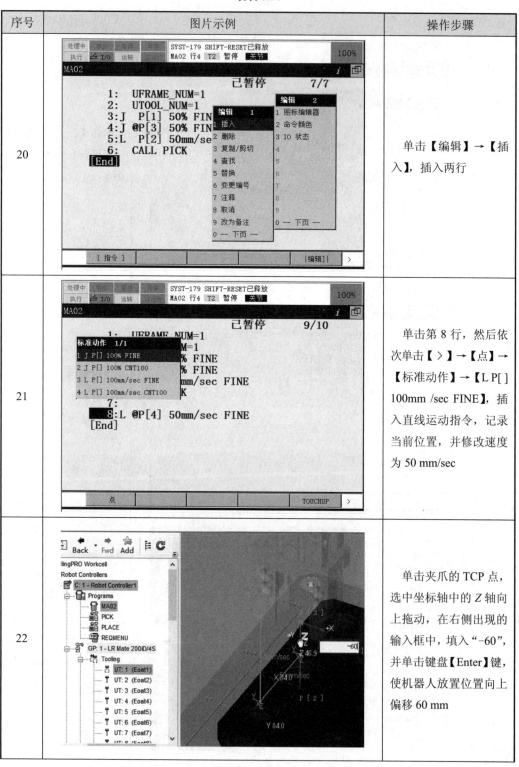	单击夹爪的 TCP 点，选中坐标轴中的 Z 轴向上拖动，在右侧出现的输入框中，填入"-60"，并单击键盘【Enter】键，使机器人放置位置向上偏移 60 mm

续表 5.10

序号	图片示例	操作步骤
23		在第 7 行添加直线运动指令，记录当前点位
24		选中第 4 行，依次单击【编辑】→【复制/剪切】，复制第 4 行指令
25		依次单击【选择】→【复制】→【粘贴】，出现左图画面，然后选中第 7 行，并单击【位置ID】

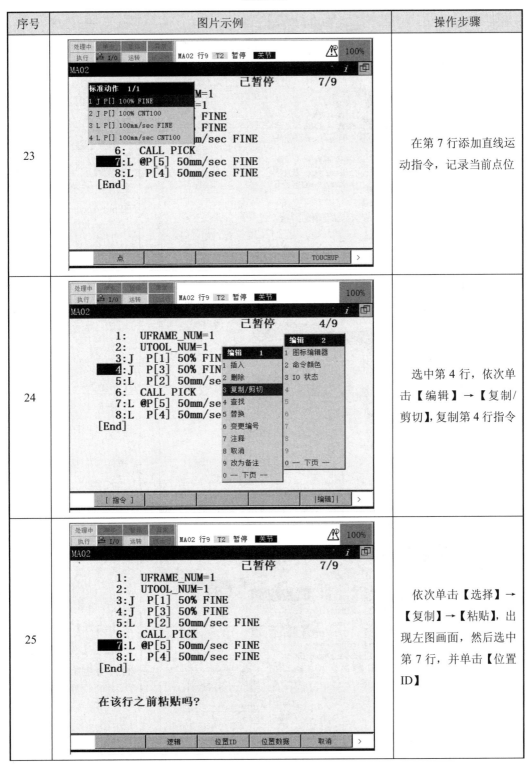

续表 5.10

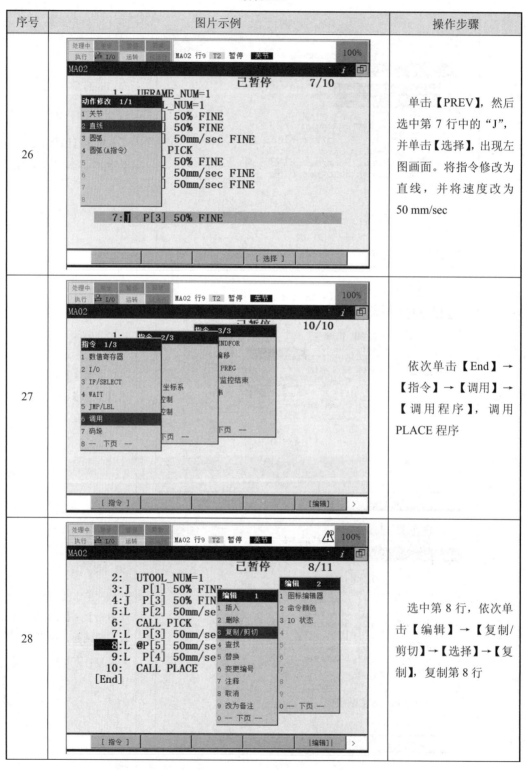

序号	图片示例	操作步骤
26		单击【PREV】，然后选中第 7 行中的"J"，并单击【选择】，出现左图画面。将指令修改为直线，并将速度改为 50 mm/sec
27		依次单击【End】→【指令】→【调用】→【调用程序】，调用 PLACE 程序
28		选中第 8 行，依次单击【编辑】→【复制/剪切】→【选择】→【复制】，复制第 8 行

续表 5.10

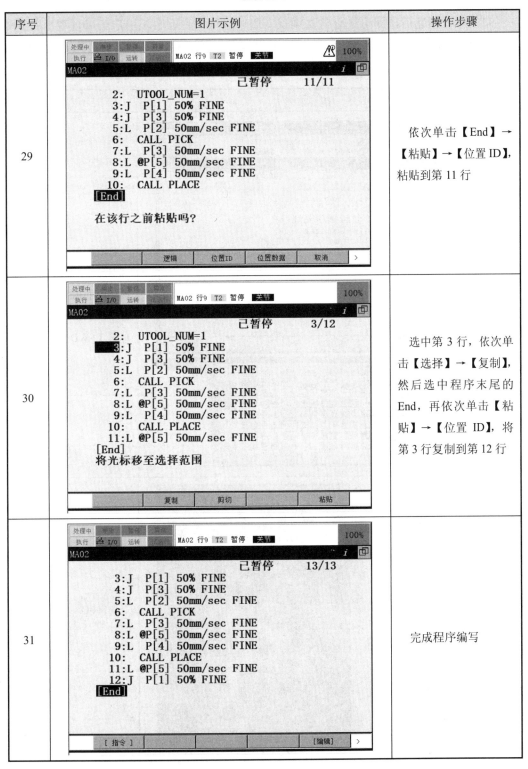

序号	图片示例	操作步骤
29		依次单击【End】→【粘贴】→【位置 ID】，粘贴到第 11 行
30		选中第 3 行，依次单击【选择】→【复制】，然后选中程序末尾的 End，再依次单击【粘贴】→【位置 ID】，将第 3 行复制到第 12 行
31		完成程序编写

5.4.5 项目程序调试

完成路径创建后，即可进行仿真调试。通过运行仿真程序，用户可以直观地看到机器人的运动情况，为后续的项目实施或者优化提供依据。项目程序调试步骤见表5.11。

表 5.11 项目程序调试步骤

序号	图片示例	操作步骤
1	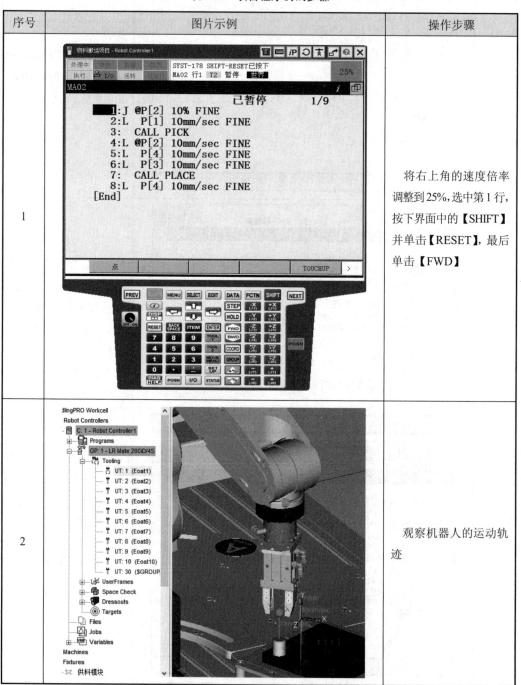	将右上角的速度倍率调整到25%，选中第1行，按下界面中的【SHIFT】并单击【RESET】，最后单击【FWD】
2		观察机器人的运动轨迹

5.4.6 项目总体运行

仿真运行可以让机器人执行当前程序，沿着示教好的路径移动。在 ROBOGUIDE 软件中项目总体运行仿真的步骤见表 5.12。

表 5.12 项目总体运动仿真的步骤

序号	图片示例	操作步骤
1	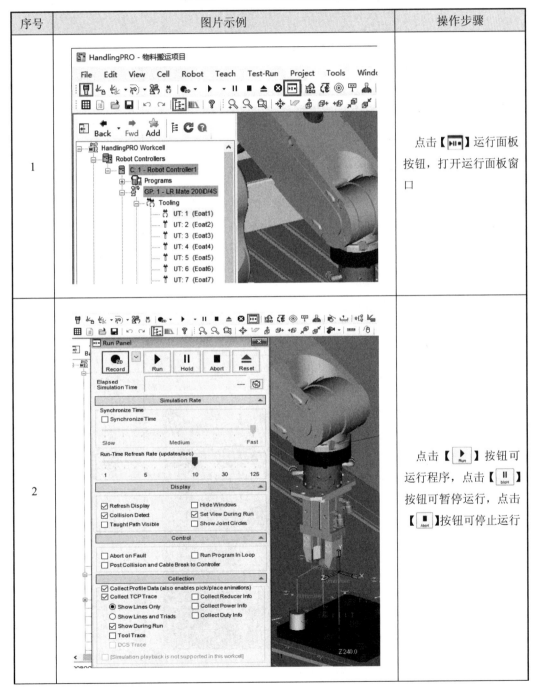	点击【▶Ⅱ■】运行面板按钮，打开运行面板窗口
2		点击【▶】按钮可运行程序，点击【Ⅱ】按钮可暂停运行，点击【■】按钮可停止运行

续表 5.12

序号	图片示例	操作步骤
3	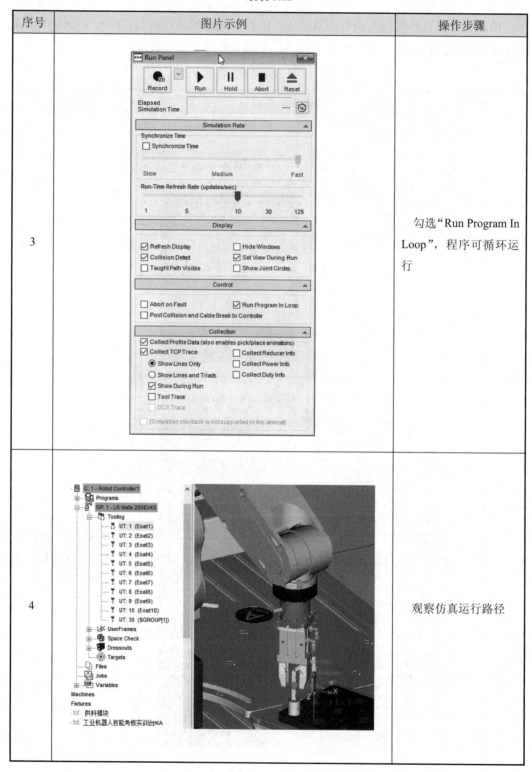	勾选"Run Program In Loop",程序可循环运行
4		观察仿真运行路径

5.5 项目验证

5.5.1 效果验证

在运行结束后,程序会生成 TCP 轨迹,如图 5.12 所示,从中可以观察仿真效果是否与预期一致。

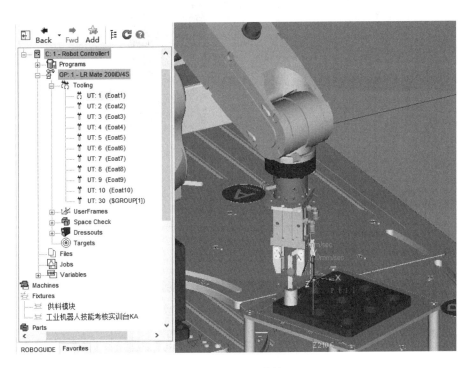

图 5.12　TCP 轨迹

5.5.2 数据验证

本项目 MA02 程序中物料的抓取点 P[1]点,是通过"快速捕获"的功能来获取表面点位的方式进行示教的,可以使用工具属性中的"MoveTo"功能直接移动到供料模块的抓取点位,通过单击示教器的【POSN】按钮,观察两者的偏差。数据验证的操作步骤见表 5.13。

表 5.13 数据验证的操作步骤

序号	图片示例	操作步骤
1	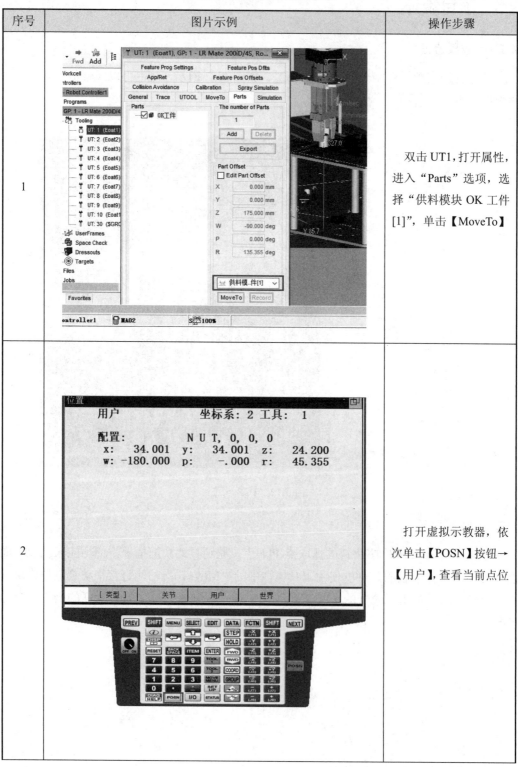	双击 UT1，打开属性，进入"Parts"选项，选择"供料模块 OK 工件 [1]"，单击【MoveTo】
2		打开虚拟示教器，依次单击【POSN】按钮→【用户】，查看当前点位

续表 5.13

序号	图片示例	操作步骤
3	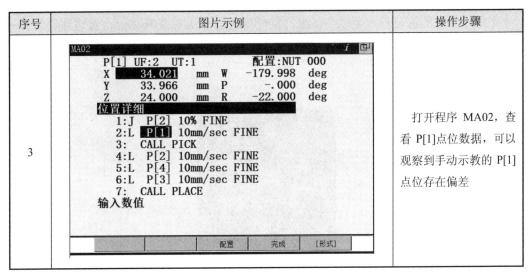	打开程序 MA02，查看 P[1]点位数据，可以观察到手动示教的 P[1]点位存在偏差

5.6 项目总结

5.6.1 项目评价

完成训练项目后，填写表 5.14 所示的项目评价表。

表 5.14 项目评价表

项目评价表		自评	互评	完成情况说明
项目分析	1. 项目需求分析	8		
	2. 项目流程分析	8		
项目要点	1. 工具导入与定义	9		
	2. Parts 模块的仿真	9		
项目步骤	1. 应用系统连接	9		
	2. 应用系统配置	9		
	3. 主体程序设计	9		
	4. 关联程序设计	9		
	5. 项目程序调试	9		
	6. 项目运行调试	9		
项目验证	1. 效果验证	5		
	2. 数据验证	5		
合计		100		

5.6.2 项目拓展

完成本项目的练习后，可以尝试练习供料模块的 9 宫格循环搬运，搬运路径为 1→2→3→4→5→6→7→8→9，物料标号如图 5.13 所示。

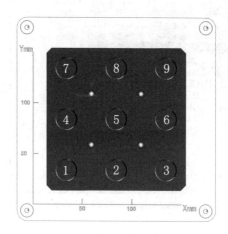

图 5.13 供料模块的物料标号

第 6 章 物料加工的数字孪生

6.1 项目概况

6.1.1 项目背景

随着工业机器人向更深、更广方向的发展以及机器人智能化水平的提高,机器人的应用范围还在不断地扩大,工业机器人自动上下料机构作为数控机床辅助部件,越来越受到重视。由于数控机床结构复杂,空间狭小,示教点位难度大、时间长,而通过数字孪生软件,可以降低示教的时间,快速便捷地规划轨迹。物料加工实例如图 6.1 所示。

※ 物料加工项目目的

(a)工业场景

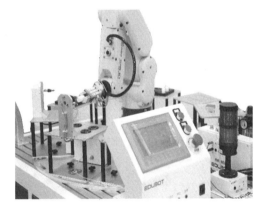

(b)教学场景

图 6.1 物料加工实例

6.1.2 项目需求

本项目需要通过供料模块、模拟数控加工、去毛刺模块及夹爪的使用,模拟机器人配合数控机床,实现上下料动作,效果图如图 6.2(a)所示。数控加工模块拥有一个三爪气缸,用于模拟机床固定物料,模块如图 6.2(b)所示。

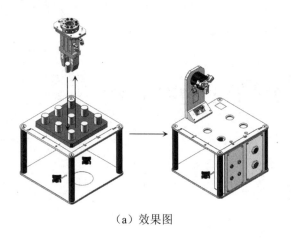
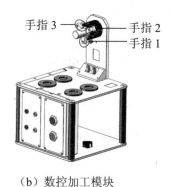

(a) 效果图 (b) 数控加工模块

图 6.2 项目需求

6.1.3 项目目的

通过学习本项目，可以掌握以下内容：

（1）夹爪手指运动件的建立方法。

（2）仿真 I/O 信号的建立方法。

（3）FANUC I/O 指令的使用。

6.2 项目分析

6.2.1 项目构架

物料加工项目的模块由供料模块、数控加工模块和 FANUC 机器人组成，任务要求机器人利用夹爪工具将物料从供料模块搬运到数控加工模块，并通过气缸固定物料。为了实现气缸固定物料，数控加工模块的气缸手指部件使用运动件方式仿真，搬运效果如图 6.3 所示。

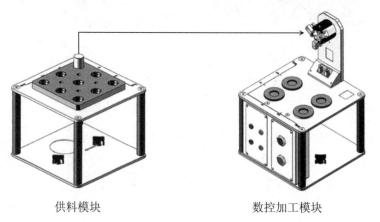

供料模块   数控加工模块

图 6.3 搬运效果

6.2.2 项目流程

本项目实施流程，如图 6.4 所示。

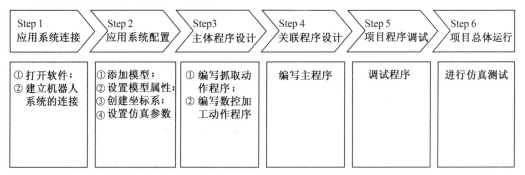

图 6.4　项目实施流程

6.3　项目要点

6.3.1　运动件的建立

运动件（Link）是 Machine 模型中用于运动仿真的部件。本项目中的运动件是指将气爪的手指作为一个 Link 连接件，通过 Motion 运动仿真，完成线性运动，仿真夹爪的闭合动作。Link 的建立如图 6.5 所示。

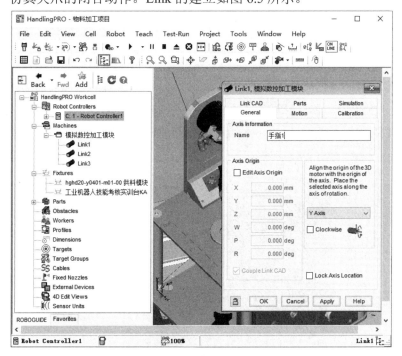

图 6.5　Link 的建立

主要设置的内容为"Link"属性中的"Motion"选项。在"Motion"选项卡中，需要设置运动控制的类型（Motion Control Type）、运动轴的类型（Axis Type）、速度（Speed）和用于运动控制的输入信号（Inputs），本项目的设置内容如图 6.6 所示。

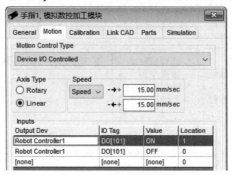

图 6.6　运动件的设置

6.3.2　仿真 I/O 信号

ROBOGUIDE 可以使用 I/O 面板显示 I/O 的状态，甚至可以仿真 I/O 信号。如果想要运行 I/O 面板功能，可以在主菜单的【Tools】菜单下选择【I/O Panel Utility】，"I/O Panel"（I/O 面板）界面如图 6.7 所示。

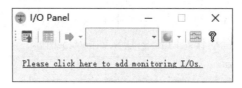

图 6.7　"I/O Panel"界面

打开该窗口后，可以添加所要监视的 I/O 信号。I/O 信号的添加界面如图 6.8 所示。例如想要添加 DI[1]，只需要在"Add I/O Signals"栏目中，选择信号名称（Name）为"DI"，信号的编号（Number）为"1"，由于本例不需要添加连续的信号，所以信号范围（Length）选择为"1"。

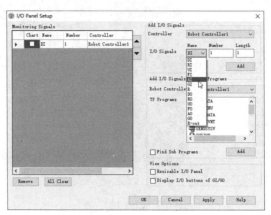

图 6.8　I/O 信号的添加界面

6.4 项目步骤

6.4.1 应用系统连接

想要实现仿真任务,首先需要搭建一个工作单元,完成与机器人系统的连接。打开 ROBOGUIDE 后,新建一个工作单元,名称为"物料加工项目"。项目创建概览如图 6.9 所示。

※ 物料加工项目步骤

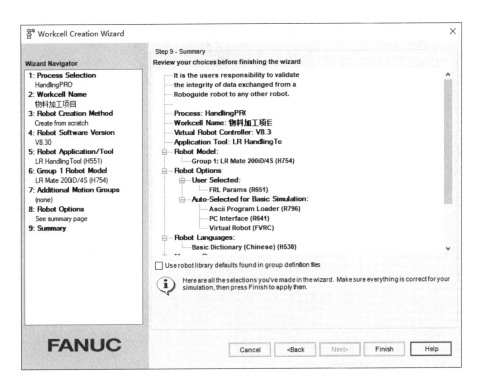

图 6.9 项目创建概览

6.4.2 应用系统配置

1. Fixture 模型导入与安装

本项目中的 Fixture 模型主要有实训台和供料模块。Fixture 模型导入步骤见表 6.1。

表 6.1　Fixture 模型导入步骤

序号	图片示例	操作步骤
1	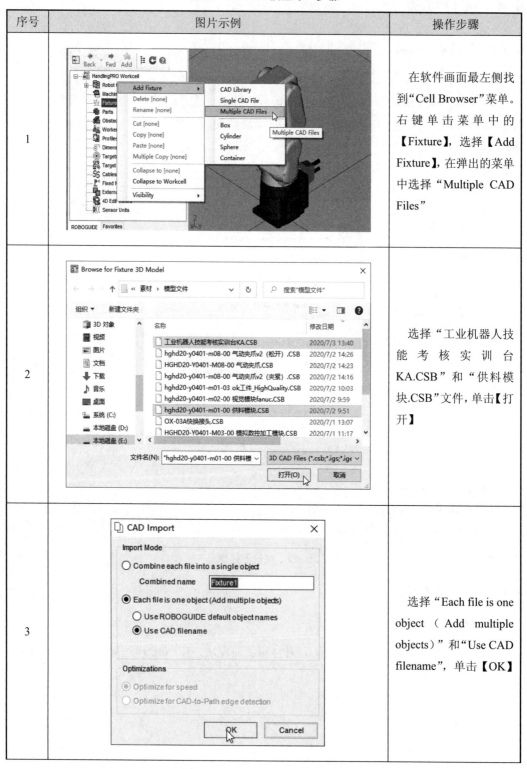	在软件画面最左侧找到"Cell Browser"菜单。右键单击菜单中的【Fixture】,选择【Add Fixture】,在弹出的菜单中选择"Multiple CAD Files"
2		选择"工业机器人技能考核实训台KA.CSB"和"供料模块.CSB"文件,单击【打开】
3		选择"Each file is one object(Add multiple objects)"和"Use CAD filename",单击【OK】

续表 6.1

序号	图片示例	操作步骤
4		单击【X】，关闭属性窗口
5		双击【Fixtures】中的实训台，打开属性对话框，可直接在"Location"中输入位置数据，移动模型。 实训台的参考数据为： X：−1 204.942 mm； Y：559.953 mm； Z：800.000 mm； W：90.000 deg； P：0.000 deg； R：180.000 deg。 数据输入后，单击【OK】
6		双击【Fixtures】中的供料模块，打开属性对话框，直接在"Location"中输入位置数据，移动供料模块。 供料模块参考数据为： X：406.670 mm； Y：134.046 mm； Z：816.995 mm； W：89.996 deg； P：0.000 deg； R：−68.000 deg。 单击【OK】完成设置

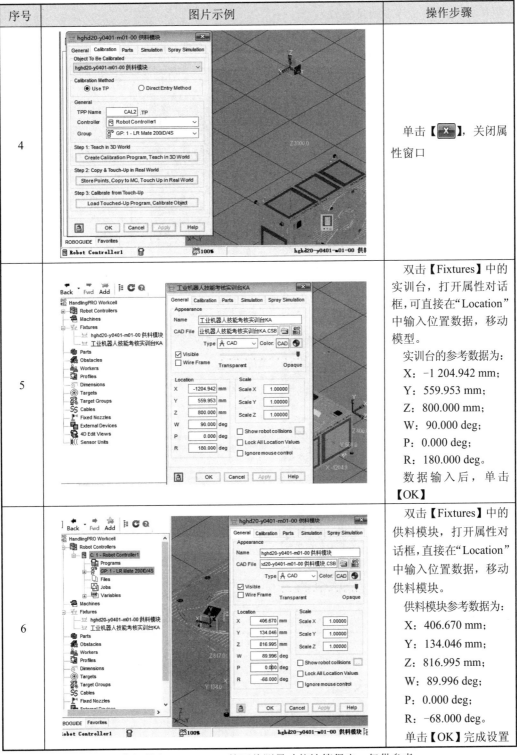

注：表格中的位置数据是由 SolidWorks 的评估测量功能计算得出，仅供参考。

2. 机器人本体安装

机器人本体安装步骤见表 6.2。

表 6.2 机器人本体安装步骤

序号	图片示例	操作步骤
1	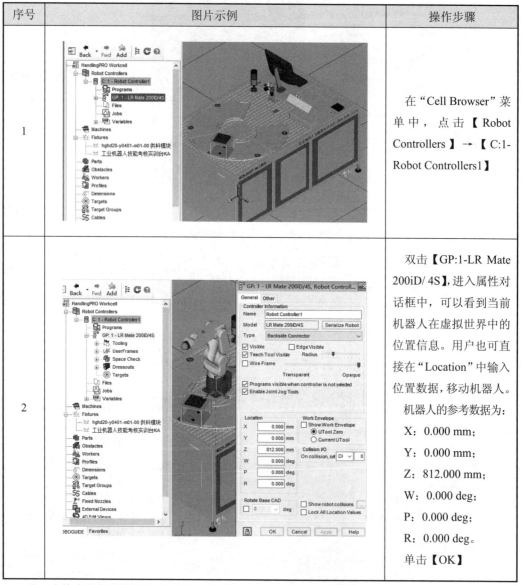	在"Cell Browser"菜单中,点击【Robot Controllers】→【C:1-Robot Controllers1】
2		双击【GP:1-LR Mate 200iD/ 4S】,进入属性对话框中,可以看到当前机器人在虚拟世界中的位置信息。用户也可直接在"Location"中输入位置数据,移动机器人。机器人的参考数据为: X:0.000 mm; Y:0.000 mm; Z:812.000 mm; W:0.000 deg; P:0.000 deg; R:0.000 deg。 单击【OK】

注:表格中的位置数据是由 SolidWorks 的评估测量功能计算得出,仅供参考。

3. Machine 模型导入及安装

本项目中使用数控加工模块,需要仿真气爪的打开与闭合。

第 6 章 物料加工的数字孪生

(1) 数控加工模块的导入。

需要将数控加工模块导入 Machine 类别中,数控加工模块导入及安装步骤见表 6.3。

表 6.3 数控加工模块导入及安装步骤

序号	图片示例	操作步骤
1	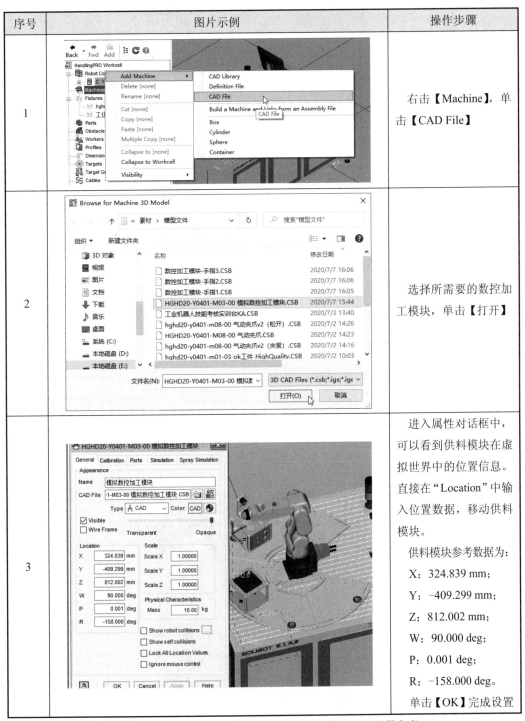	右击【Machine】,单击【CAD File】
2		选择所需要的数控加工模块,单击【打开】
3		进入属性对话框中,可以看到供料模块在虚拟世界中的位置信息。直接在"Location"中输入位置数据,移动供料模块。 供料模块参考数据为: X:324.839 mm; Y:−409.299 mm; Z:812.002 mm; W:90.000 deg; P:0.001 deg; R:−158.000 deg。 单击【OK】完成设置

注:表格中的位置数据是由 SolidWorks 的评估测量功能计算得出,仅供参考。

（2）气爪手指运动件的创建。

气爪手指运动件的创建步骤见表 6.4。

表 6.4 气爪手指运动件的创建步骤

序号	图片示例	操作步骤
1		在软件画面最左侧找到"Cell Browser"菜单。右键单击"Machines"列表下的【模拟数控加工模块】，选择【Add Link】，在弹出的菜单中选择【CAD File】
2		依次添加"数控加工模块-手指1.CSB""数控加工模块-手指2.CSB"和"数控加工模块-手指3.CSB"，单击【打开】
3		完成气缸手指的导入

续表 6.4

序号	图片示例	操作步骤
4		双击【Link1】，打开属性，修改"Name"为"手指1"，控制轴选择"Y Axis"，单击【Apply】
5		进入"Motion"选项卡，设置运动控制类型为"Device I/O Controlled"，设置"Axis Type"为"Linear"。设置如下输入信号： | IO Tag | Value | Location | |---|---|---| | DO[101] | ON | 1 | | DO[101] | OFF | 0 |

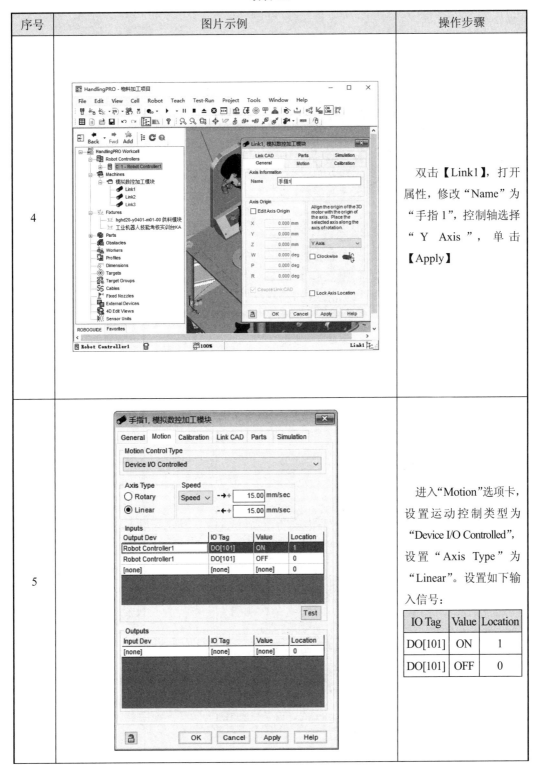

续表 6.4

序号	图片示例	操作步骤
6	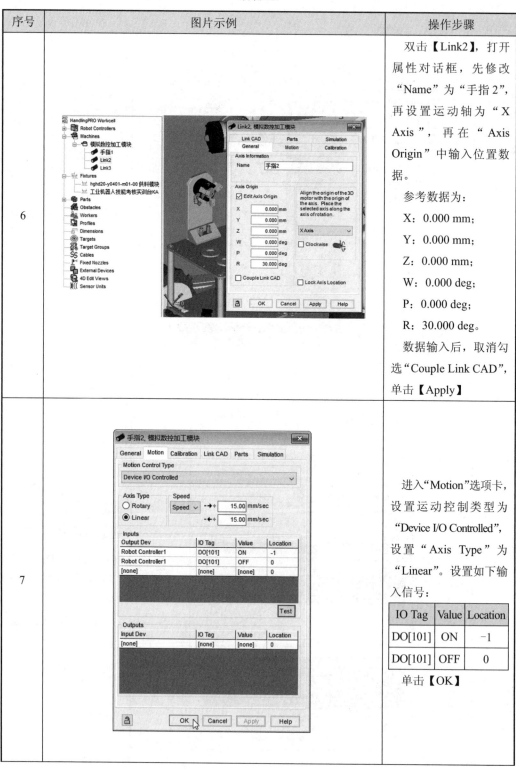	双击【Link2】，打开属性对话框，先修改"Name"为"手指2"，再设置运动轴为"X Axis"，再在"Axis Origin"中输入位置数据。 参考数据为： X：0.000 mm； Y：0.000 mm； Z：0.000 mm； W：0.000 deg； P：0.000 deg； R：30.000 deg。 数据输入后，取消勾选"Couple Link CAD"，单击【Apply】
7		进入"Motion"选项卡，设置运动控制类型为"Device I/O Controlled"，设置"Axis Type"为"Linear"。设置如下输入信号： | IO Tag | Value | Location | |---|---|---| | DO[101] | ON | -1 | | DO[101] | OFF | 0 | 单击【OK】

续表 6.4

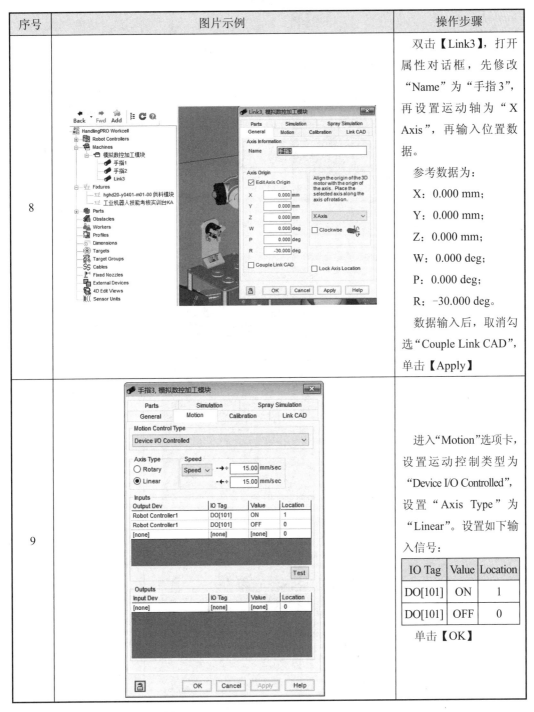

序号	图片示例	操作步骤
8		双击【Link3】,打开属性对话框,先修改"Name"为"手指3",再设置运动轴为"X Axis",再输入位置数据。参考数据为:X:0.000 mm;Y:0.000 mm;Z:0.000 mm;W:0.000 deg;P:0.000 deg;R:-30.000 deg。数据输入后,取消勾选"Couple Link CAD",单击【Apply】
9		进入"Motion"选项卡,设置运动控制类型为"Device I/O Controlled",设置"Axis Type"为"Linear"。设置如下输入信号:

IO Tag	Value	Location
DO[101]	ON	1
DO[101]	OFF	0

单击【OK】

4. 工具导入及安装

工具导入及安装步骤见表 6.5。

表 6.5 工具导入及安装步骤

序号	图片示例	操作步骤
1	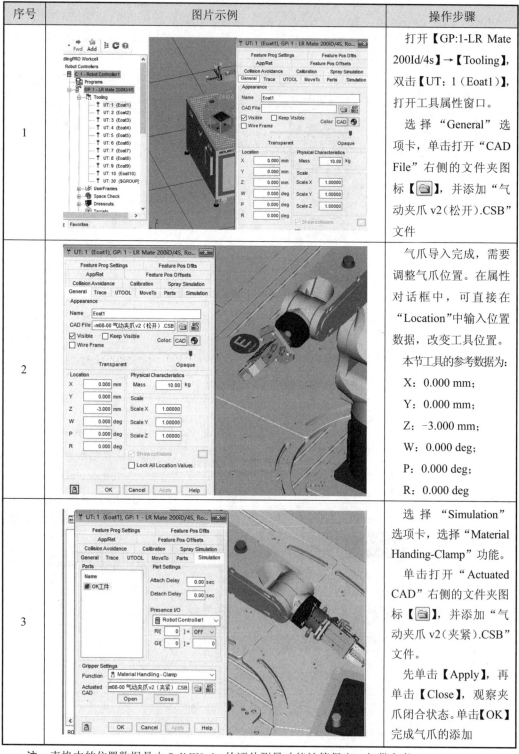	打开【GP:1-LR Mate 200Id/4s】→【Tooling】，双击【UT：1（Eoat1）】，打开工具属性窗口。选择"General"选项卡，单击打开"CAD File"右侧的文件夹图标【📁】，并添加"气动夹爪 v2（松开）.CSB"文件
2		气爪导入完成，需要调整气爪位置。在属性对话框中，可直接在"Location"中输入位置数据，改变工具位置。本节工具的参考数据为：X：0.000 mm；Y：0.000 mm；Z：-3.000 mm；W：0.000 deg；P：0.000 deg；R：0.000 deg
3		选择"Simulation"选项卡，选择"Material Handing-Clamp"功能。单击打开"Actuated CAD"右侧的文件夹图标【📁】，并添加"气动夹爪 v2（夹紧）.CSB"文件。先单击【Apply】，再单击【Close】，观察夹爪闭合状态。单击【OK】完成气爪的添加

注：表格中的位置数据是由 SolidWorks 的评估测量功能计算得出，仅供参考。

5. 坐标系创建

工具添加完成后可以创建相关的坐标系,为后续的编程示教操作做准备。本项目需要创建工具坐标系、供料模块用户坐标系和数控加工模块用户坐标系。建立的坐标系如图 6.10 所示,坐标系创建步骤见表 6.6。

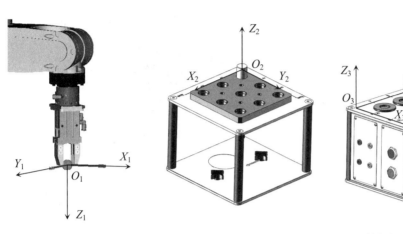

(a)工具坐标系　　(b)供料模块用户坐标系　　(c)数控加工模块户坐标系

图 6.10　建立的坐标系示意图

表 6.6　坐标系创建步骤

序号	图片示例	操作步骤
1	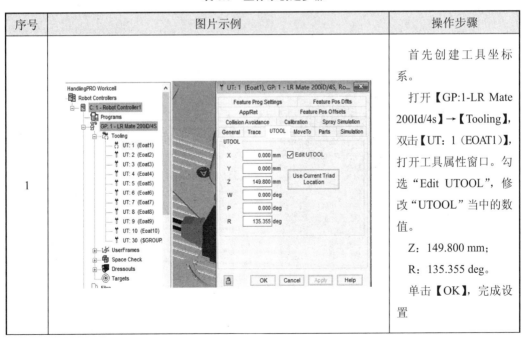	首先创建工具坐标系。 打开【GP:1-LR Mate 200Id/4s】→【Tooling】,双击【UT:1(EOAT1)】,打开工具属性窗口。勾选"Edit UTOOL",修改"UTOOL"当中的数值。 Z:149.800 mm; R:135.355 deg。 单击【OK】,完成设置

续表 6.6

序号	图片示例	操作步骤
2	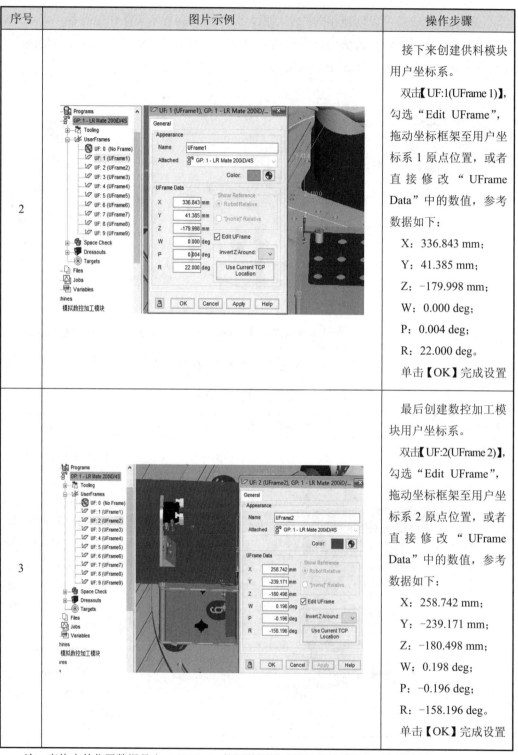	接下来创建供料模块用户坐标系。 双击【UF:1(UFrame 1)】，勾选"Edit UFrame"，拖动坐标框架至用户坐标系 1 原点位置，或者直接修改"UFrame Data"中的数值，参考数据如下： X：336.843 mm； Y：41.385 mm； Z：−179.998 mm； W：0.000 deg； P：0.004 deg； R：22.000 deg。 单击【OK】完成设置
3		最后创建数控加工模块用户坐标系。 双击【UF:2(UFrame 2)】，勾选"Edit UFrame"，拖动坐标框架至用户坐标系 2 原点位置，或者直接修改"UFrame Data"中的数值，参考数据如下： X：258.742 mm； Y：−239.171 mm； Z：−180.498 mm； W：0.198 deg； P：−0.196 deg； R：−158.196 deg。 单击【OK】完成设置

注：表格中的位置数据是由 SolidWorks 的评估测量功能软件计算得出，仅供参考。

6. 物料放置与搬运仿真

在完成坐标系创建后,需要将物料添加到 Parts 模型中,然后将物料依次放置到供料模块、数控加工模块以及去毛刺模块对应的位置上,并设置对应模块上物料的搬运仿真。搬运工件放置步骤见表 6.7。

表 6.7 搬运工件放置步骤

序号	图片示例	操作步骤
1	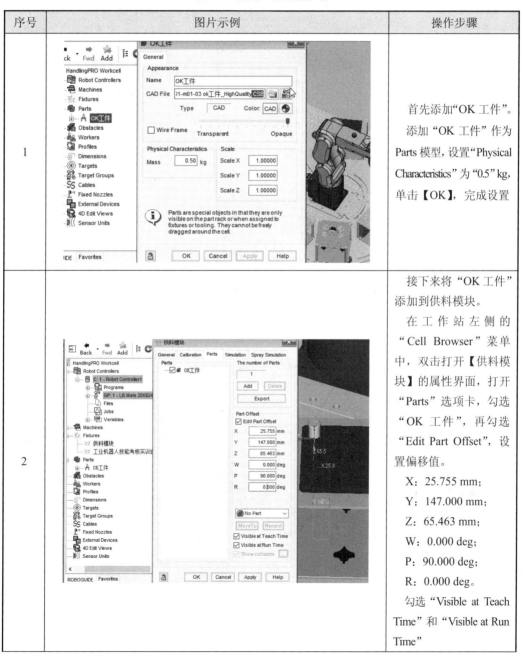	首先添加"OK 工件"。添加"OK 工件"作为 Parts 模型,设置"Physical Characteristics"为"0.5"kg,单击【OK】,完成设置
2		接下来将"OK 工件"添加到供料模块。 在工作站左侧的"Cell Browser"菜单中,双击打开【供料模块】的属性界面,打开"Parts"选项卡,勾选"OK 工件",再勾选"Edit Part Offset",设置偏移值。 X:25.755 mm; Y:147.000 mm; Z:65.463 mm; W:0.000 deg; P:90.000 deg; R:0.000 deg。 勾选"Visible at Teach Time"和"Visible at Run Time"

续表 6.7

序号	图片示例	操作步骤
3	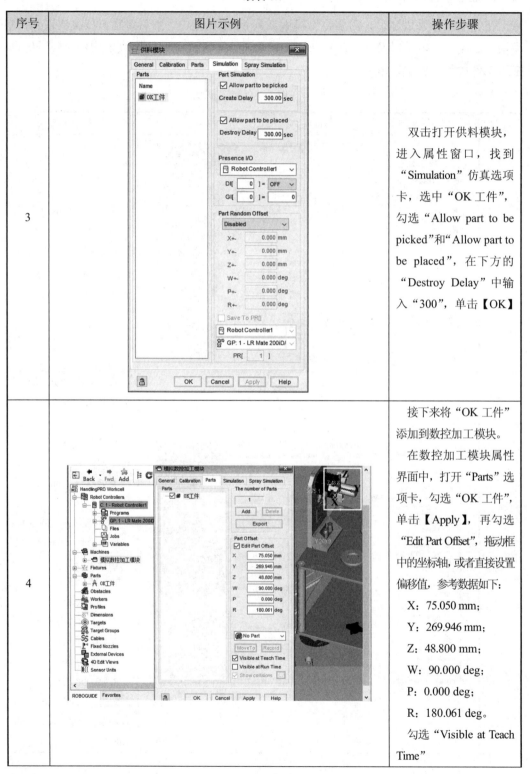	双击打开供料模块，进入属性窗口，找到"Simulation"仿真选项卡，选中"OK工件"，勾选"Allow part to be picked"和"Allow part to be placed"，在下方的"Destroy Delay"中输入"300"，单击【OK】
4		接下来将"OK工件"添加到数控加工模块。 在数控加工模块属性界面中，打开"Parts"选项卡，勾选"OK工件"，单击【Apply】，再勾选"Edit Part Offset"，拖动框中的坐标轴，或者直接设置偏移值，参考数据如下： X：75.050 mm； Y：269.946 mm； Z：48.800 mm； W：90.000 deg； P：0.000 deg； R：180.061 deg. 勾选"Visible at Teach Time"

续表 6.7

序号	图片示例	操作步骤
5	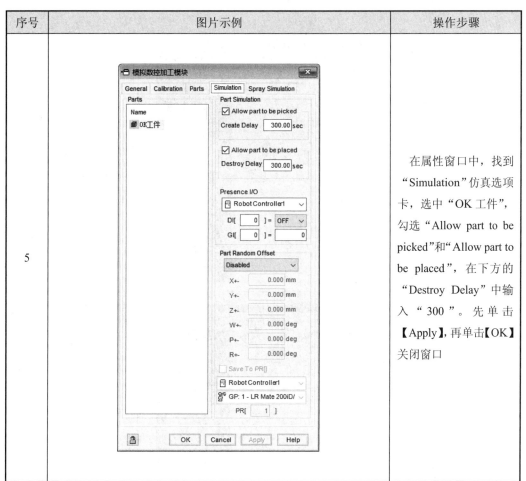	在属性窗口中，找到"Simulation"仿真选项卡，选中"OK 工件"，勾选"Allow part to be picked"和"Allow part to be placed"，在下方的"Destroy Delay"中输入"300"。先单击【Apply】，再单击【OK】关闭窗口

注：表格中的位置数据是由 SolidWorks 的评估测量功能计算得出，仅供参考。

7. 工件仿真设置

设置完各 Fixture 模型上的物料位置与仿真后，需要设置机器人抓取物料的仿真，将物料放置到夹爪的对应位置。工件抓取仿真设置步骤见表 6.8。

表6.8 工件抓取仿真设置步骤

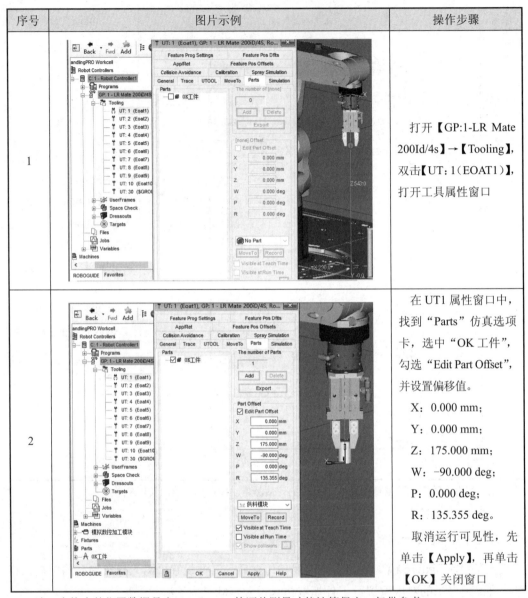

序号	图片示例	操作步骤
1		打开【GP:1-LR Mate 200Id/4s】→【Tooling】,双击【UT:1(EOAT1)】,打开工具属性窗口
2		在UT1属性窗口中,找到"Parts"仿真选项卡,选中"OK工件",勾选"Edit Part Offset",并设置偏移值。 X:0.000 mm; Y:0.000 mm; Z:175.000 mm; W:-90.000 deg; P:0.000 deg; R:135.355 deg。 取消运行可见性,先单击【Apply】,再单击【OK】关闭窗口

注:表格中的位置数据是由SolidWorks的评估测量功能计算得出,仅供参考。

6.4.3 主体程序设计

本项目的主体程序是夹爪工具的抓取与放置仿真程序、数控加工模块的动作程序。

1. 抓取与放置仿真程序

本节将创建仿真程序,利用仿真程序中的指令实现抓取、放置的仿真效果,创建仿真程序步骤见表6.9。

表 6.9 创建仿真程序步骤

序号	图片示例	操作步骤
1		打开 ROBOGUIDE 软件，在顶部菜单栏单击【Teach】→【Add Simulation Program】，新建一个仿真程序
2		程序名为"GL_PICK"，进行如下设置： 在"Pickup"下拉栏选择"OK 工件"； 在"From"下拉栏选择"供料模块"； 在"With"下拉栏选择"GP：1-UT：1（Eoat1）"； 输入完成后，关闭窗口
3		程序名为"GL_PLACE"，进行如下设置： 在"Drop"下拉栏选择"OK 工件"； 在"From"下拉栏选择"GP：1-UT：1（Eoat1）"； 在"On"下拉栏选择"供料模块"； 输入完成后，关闭窗口
4		程序名为"SK_PICK"，进行如下设置： 在"Pickup"下拉栏选择"OK 工件"； 在"From"下拉栏选择"模拟数控加工模块"； 在"With"下拉栏选择"GP：1-UT：1（Eoat1）"； 输入完成后，关闭窗口

续表 6.9

序号	图片示例	操作步骤
5	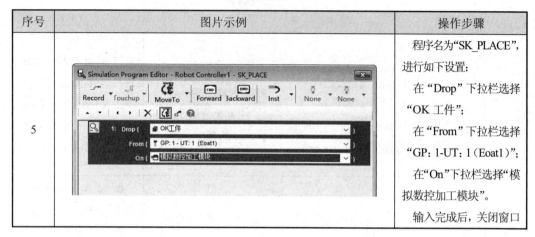	程序名为"SK_PLACE"，进行如下设置： 在"Drop"下拉栏选择"OK 工件"； 在"From"下拉栏选择"GP：1-UT：1（Eoat1）"； 在"On"下拉栏选择"模拟数控加工模块"。 输入完成后，关闭窗口

2. 动作程序

按照流程完成物料抓取后，进行模拟数控加工，接下来需要编写数控加工动作程序。数控加工动作程序名称为"SHUKONG"。"SHUKONG"程序内容见表 6.10。

表 6.10　SHUKONG 程序内容

程序指令	功能说明
1: UFRAME_NUM=2	使用数控模块用户坐标系
2: UTOOL_NUM=1	使用 1 号工具坐标系（夹爪）
3: J P[2] 50% FINE	运动到数控加工模块放置位置 Y 轴负方向 100 mm（在用户坐标系 2 下拖动机器人）
4: L P[1] 50mm/sec FINE	运动到数控加工模块放置位置
5: DO[101]=ON	闭合模块上的气爪
6: WAIT .30(sec)	延时 0.3 s
7: CALL SK_PLACE	放置物料
8: L P[2] 50mm/sec FINE	回到数控加工模块放置位置 Y 轴负方向 100 mm
9: L P[1] 50mm/sec FINE	运动到数控加工模块放置位置
10: CALL SK_PICK	调用数控抓取程序
11: DO[101]=OFF	打开模块上的气爪
12: WAIT .30(sec)	延时 0.3 s
13: L P[2] 50mm/sec FINE	回到数控加工模块放置位置 Y 轴负方向 100 mm

编写完程序后,需要修改点位配置,程序中 P[1]和 P[2]点采用 FUT 000 配置,即需要翻腕,姿态配置操作步骤见表 6.11。

表 6.11 姿态配置操作步骤

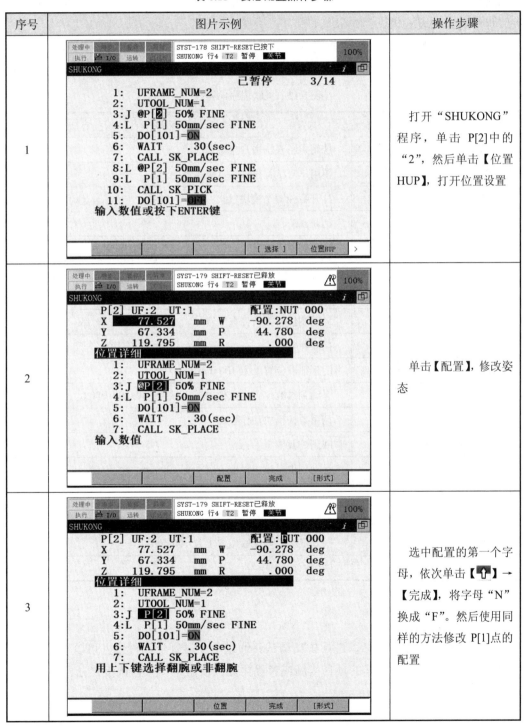

序号	图片示例	操作步骤
1		打开"SHUKONG"程序,单击 P[2]中的"2",然后单击【位置HUP】,打开位置设置
2		单击【配置】,修改姿态
3		选中配置的第一个字母,依次单击【↑】→【完成】,将字母"N"换成"F"。然后使用同样的方法修改 P[1]点的配置

6.4.4 关联程序设计

本项目的关联程序为主程序,用于搬运物料完成项目要求的动作。机器人将物料按要求路径依次搬运,搬运路径为供料模块→数控加工模块→供料模块。程序名称为 MA03,关联程序内容见表 6.12。

注:点位关节坐标"[]"中的数据依次为 J1、J2、J3、J4、J5、J6 的角度值,且使用供料模块用户坐标系和 1 号工具坐标系(夹爪)。

表 6.12 关联程序内容

程序指令	功能说明
1: UFRAME_NUM=1	使用供料模块用户坐标系
2: UTOOL_NUM=1	使用 1 号工具坐标系(夹爪)
3: DO[101]=OFF	打开数控加工模块气缸
4: WAIT .30(sec)	延时 0.3 s
4: J P[1] 50% FINE	运动到原点位置,点位关节坐标为[0,0,0,0,-90,0]
5: J P[3] 50% FINE	运动到供料模块抓取位置上方 100 mm(在用户坐标系 1 下拖动机器人)
6: L P[2] 50mm/sec FINE	运动到供料模块抓取位置
7: CALL GL_PICK	抓取物料
8: L P[3] 50mm/sec FINE	回到抓取位置上方 100 mm
9: J P[4] 50% FINE	运动到过渡位置,点位关节坐标为[-30,0,0,0,-90,0]
9: CALL SHUKONG	调用数控模块动作程序
10: J P[4] 50% FINE	回到过渡位置
12: J P[3] 50% FINE	运动到供料模块抓取位置上方 100 mm
13: L P[2] 50mm/sec FINE	运动到供料模块抓取位置
14: CALL GL_PLACE	放置物料
15: L P[3] 50mm/sec FINE	回到供料模块抓取位置上方 100 mm
16: J P[1] 50% FINE	回到原点位置

6.4.5 项目程序调试

在完成路径创建后,可以进行仿真调试。通过单步运行仿真程序,可以直观地看到机器人的运动情况,为后续的项目实施或者优化提供依据。程序调试步骤见表 6.13。

表 6.13 程序调试步骤

序号	图片示例	操作步骤
1	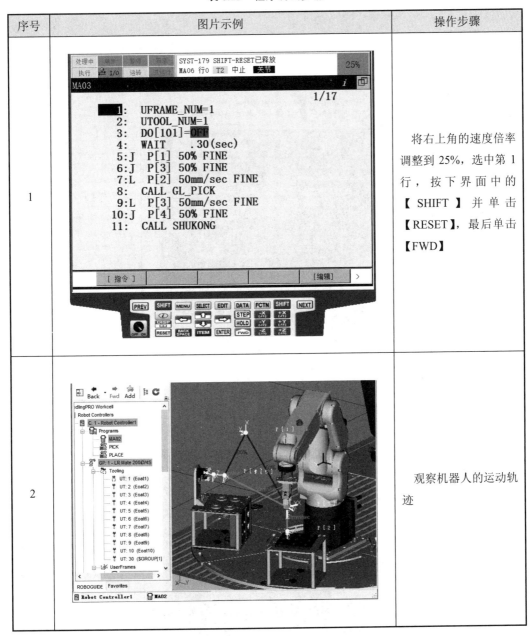	将右上角的速度倍率调整到 25%，选中第 1 行，按下界面中的【SHIFT】并单击【RESET】，最后单击【FWD】
2		观察机器人的运动轨迹

6.4.6 项目总体运行

仿真运行可以让机器人执行当前程序，沿着示教好的路径移动。在 ROBOGUIDE 软件中仿真运行的步骤见表 6.14。

表 6.14 仿真运行步骤

序号	图片示例	操作步骤
1	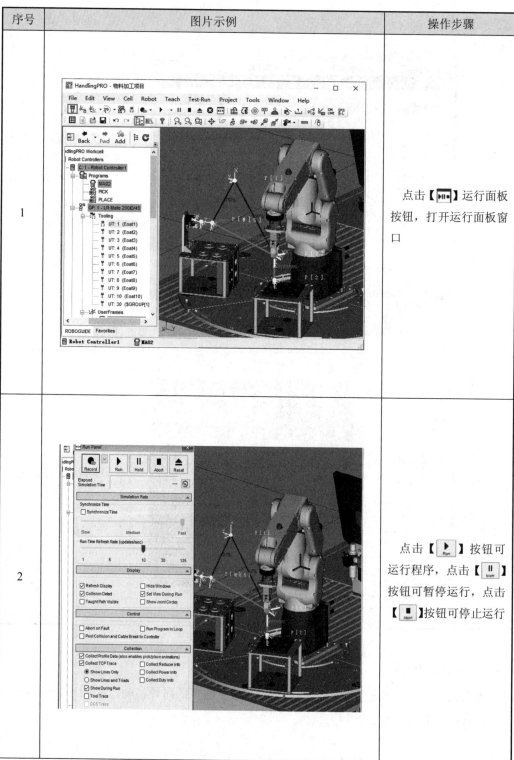	点击【▶Ⅱ】运行面板按钮，打开运行面板窗口
2		点击【▶】按钮可运行程序，点击【Ⅱ】按钮可暂停运行，点击【■】按钮可停止运行

续表 6.14

序号	图片示例	操作步骤
3		勾选"Run Program In Loop"，程序可循环运行
4		观察仿真运行路径

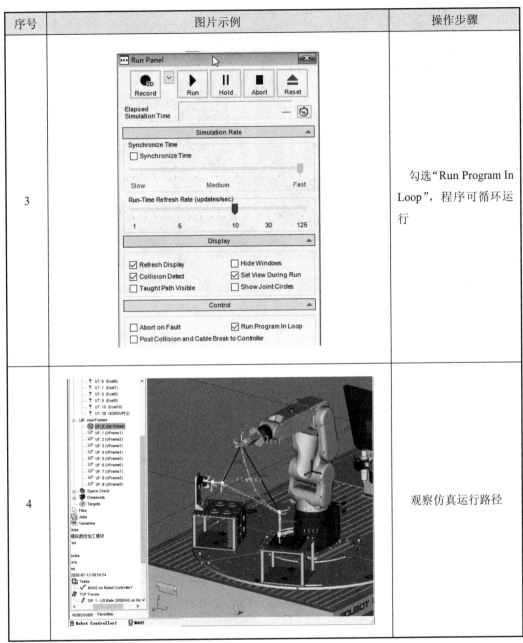

6.5 项目验证

6.5.1 效果验证

观察生成的 TCP 轨迹是否与预期一致，TCP 轨迹如图 6.11 所示。

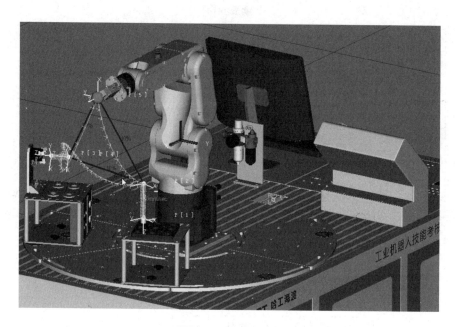

图 6.11　TCP 轨迹

6.5.2　数据验证

运行过程中，可以运行【Tools】中的【I/O Panel Utility】，如图 6.12 所示。单击"I/O Panel"上的【Setup】，添加"DO101"，如图 6.13 所示，观察数控加工夹爪的 I/O 状态。当"DO101"状态变为"1"时，I/O 面板中对应指示灯变为绿色，数控加工模块夹紧工件。

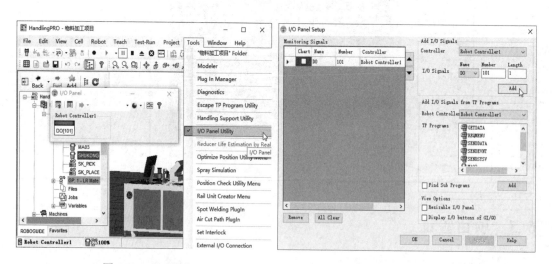

图 6.12　I/O 面板　　　　　　　图 6.13　添加 DO101

6.6 项目总结

6.6.1 项目评价

完成训练项目后，填写表 6.15 所示项目评价表。

表 6.15 项目评价表

项目评价表		自评	互评	完成情况说明
项目分析	1. 项目需求分析	8		
	2. 项目流程分析	8		
项目要点	1. 运动件的建立	9		
	2. 仿真 I/O 信号	9		
项目步骤	1. 应用系统连接	9		
	2. 应用系统配置	9		
	3. 主体程序设计	9		
	4. 关联程序设计	9		
	5. 项目程序调试	9		
	6. 项目运行调试	9		
项目验证	1. 效果验证	6		
	2. 数据验证	6		
合计		100		

6.6.2 项目拓展

完成本项目后，可以结合 Parts 的镜像功能，尝试完成多个物料的加工。Parts 镜像设置如图 6.14 所示。

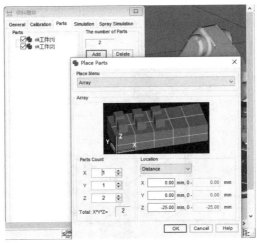

图 6.14 Parts 镜像设置

第 7 章 物料打磨的数字孪生

7.1 项目概况

7.1.1 项目背景

※ 物料打磨项目目的

机器人去毛刺和抛光对于制造型企业而言既能提高生产力，又能应对劳动力短缺问题。机器人打磨工艺要求打磨轨迹通常比较复杂，手动示教难度大，所以需要通过 ROBOGUIDE 软件，将实物孪生到虚拟环境中，完成打磨轨迹的规划。机器人打磨实例如图 7.1 所示。

图 7.1 机器人打磨实例

7.1.2 项目需求

本项目需要使用去毛刺模块，通过该模块模拟工业机器人手持物料，实现物料的去毛刺动作。去毛刺模块包含一个磨石和电机，3D 模型如图 7.2 所示。

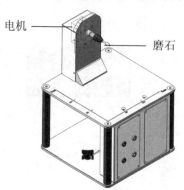

图 7.2 去毛刺模块 3D 模型

7.1.3 项目目的

通过学习本项目,可以掌握以下内容:

(1)仿真电机的设置方法。

(2)仿真 I/O 信号的建立方法。

(3)位置寄存器的使用。

7.2 项目分析

7.2.1 项目构架

物料打磨项目的模块由供料模块、数控加工模块、去毛刺模块和 FANUC 机器人组成,任务要求机器人利用夹爪工具将物料从供料模块,搬运到数控加工模块,并通过气缸固定物料,然后抓取加工后的物料,搬运至去毛刺模块,完成打磨动作。为了实现气缸固定物料,气缸的手指部件使用运动件方式仿真,搬运效果如图 7.3 所示。

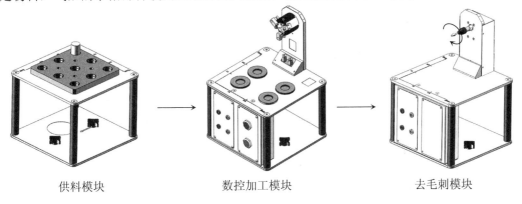

图 7.3　搬运效果

7.2.2 项目流程

本项目实施流程如图 7.4 所示。

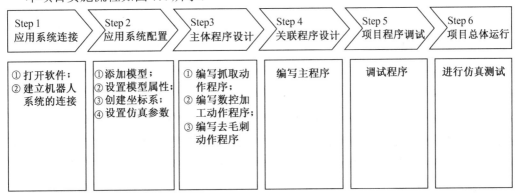

图 7.4　项目实施流程

7.3 项目要点

7.3.1 坐标系的偏移

坐标系偏移可以分为两类，用户坐标系偏移和工具坐标系偏移。

※ 物料打磨项目要点

1. 坐标系偏移的介绍

（1）用户坐标系偏移。

用户坐标系偏移下使用 PR[]寄存器，其示例通常为：

L P[1] 100 mm/sec FINE, Offset PR[1]

P[1]表示机器人的一个点，它是 TCP（工具中心点）在用户坐标系 1 中的位置。其原理图如图 7.5 所示，PR[1]代表着偏移量。执行指令的效果：用户坐标系经过 Offset PR[1]偏移后，到了 UF'的位置，这是机器人新的位置。TCP'和 UF'的相对位置与 TCP 和原用户坐标系相对位置不变。

该偏移方法通常用于机器人抓取工装上的工件，应用场景如图 7.6 所示。

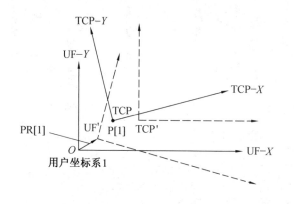

图 7.5 用户坐标系偏移原理图

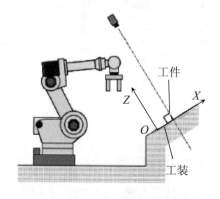

图 7.6 用户坐标系偏移应用场景

（2）工具坐标系偏移。

工具坐标系偏移下使用 PR[]寄存器，其示例通常为：

L P[1] 100 mm/sec FINE, Tool_Offset PR[1]

P[1]表示机器人的一个点，它是 TCP 在用户坐标系 1 中的位置。其原理图如图 7.7 所示，PR[1]代表着偏移量。执行指令的效果：TCP 经过 Tool_Offset PR[1]偏移（图中箭头所示）后，到了 TCP'的位置。机器人新的位置 TCP'与原来 TCP 相对位置的变化的表达形式就是 PR[1]。

该偏移方法通常用于确认机器人抓取工件的姿态，应用场景如图 7.8 所示。

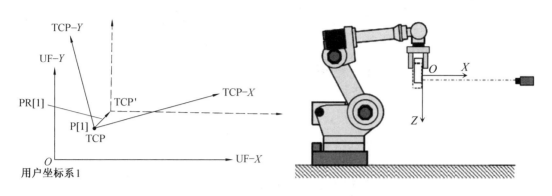

图 7.7 工具坐标系偏移原理图　　图 7.8 工具坐标系偏移应用场景

2. 项目中的坐标系偏移

本项目使用用户坐标系偏移进行去毛刺动作仿真，要求 TCP 在物料轴线上。该坐标系偏移是在去毛刺模块用户坐标系的 XOZ 平面上进行的，Y 轴不用偏移，即偏移量 PR[i] 中的 Y 取值为 0（i 为选择的位置寄存器编号），只需计算 X 轴和 Z 轴的偏移量。转动平面如图 7.9 所示。计算偏移量需要磨石与物料的尺寸数据，尺寸图如图 7.10 所示。

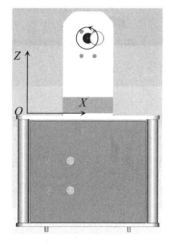

图 7.9 转动平面

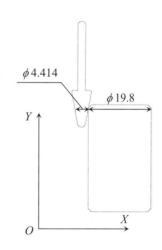

图 7.10 尺寸图（单位：mm）

7.3.2 打磨电机的设置

本项目中使用打磨电机，为了仿真磨石转动，可以将去毛刺模块添加为 Machine 模型，并将磨石设为模块的 Link。在 Link 属性中，可以将磨石的运动属性设为转动（Rotary），并设置 DO 信号控制电机转动，打磨电机的设置如图 7.11 所示。

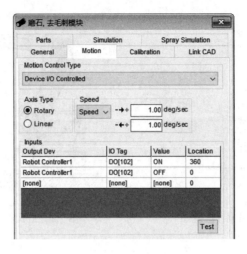

图 7.11　打磨电机的设置

7.4　项目步骤

7.4.1　应用系统连接

想要实现仿真任务，首先需要搭建一个工作单元，完成与机器人系统的连接。打开 ROBOGUIDE 后，新建一个工作单元，组件选择"ChamferringPRO"，名称为"物料打磨项目"，物料打磨项目概览如图 7.12 所示。项目新建步骤与之前类似，本项目使用默认机器人选项。

※ 物料打磨项目步骤

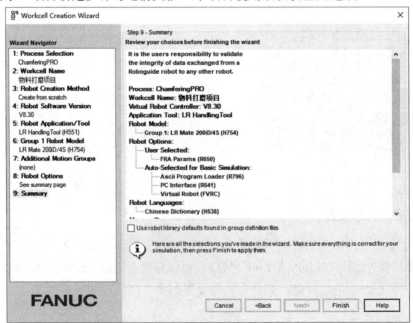

图 7.12　物料打磨项目概览

7.4.2 应用系统配置

1. Obstacle 模型导入与安装

本项目中的 Obstacle 模型主要为实训台模块。Obstacle 模型导入操作步骤见表 7.1，表格中的位置数据是由 SolidWorks 的评估测量功能计算得出。

表 7.1　Obstacle 模型导入操作步骤

序号	图片示例	操作步骤
1	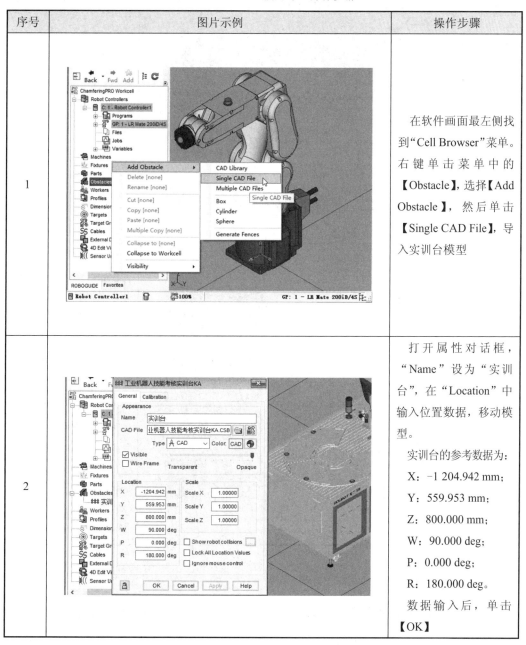	在软件画面最左侧找到"Cell Browser"菜单。右键单击菜单中的【Obstacle】，选择【Add Obstacle】，然后单击【Single CAD File】，导入实训台模型
2		打开属性对话框，"Name"设为"实训台"，在"Location"中输入位置数据，移动模型。 实训台的参考数据为： X：-1 204.942 mm； Y：559.953 mm； Z：800.000 mm； W：90.000 deg； P：0.000 deg； R：180.000 deg。 数据输入后，单击【OK】

2. Fixture 模型导入与安装

本项目中的 Fixture 模型主要为供料模块。Fixture 模型导入步骤见表 7.2，表格中的位置数据是由 SolidWorks 的评估测量功能计算得出。

表 7.2　Fixture 模型导入步骤

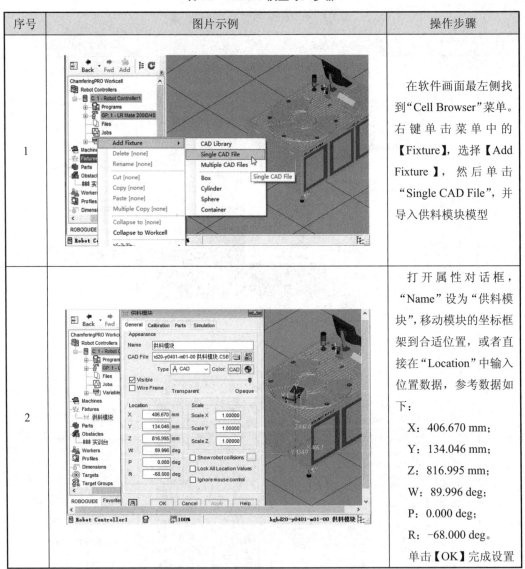

序号	图片示例	操作步骤
1		在软件画面最左侧找到"Cell Browser"菜单。右键单击菜单中的【Fixture】，选择【Add Fixture】，然后单击"Single CAD File"，并导入供料模块模型
2		打开属性对话框，"Name"设为"供料模块"，移动模块的坐标框架到合适位置，或者直接在"Location"中输入位置数据，参考数据如下： X：406.670 mm； Y：134.046 mm； Z：816.995 mm； W：89.996 deg； P：0.000 deg； R：-68.000 deg。 单击【OK】完成设置

3. 机器人本体安装

机器人本体安装步骤见表 7.3，表格中的位置数据是由 SolidWorks 的评估测量功能计算得出。

表 7.3 机器人本体安装步骤

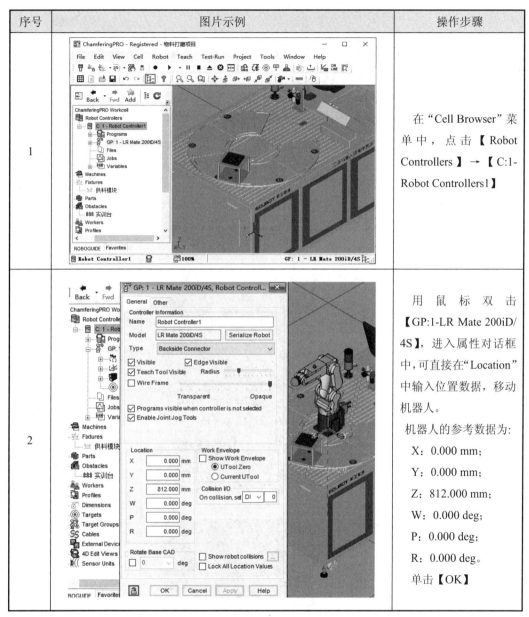

序号	图片示例	操作步骤
1		在"Cell Browser"菜单中,点击【Robot Controllers】→【C:1-Robot Controllers1】
2		用鼠标双击【GP:1-LR Mate 200iD/4S】,进入属性对话框中,可直接在"Location"中输入位置数据,移动机器人。 机器人的参考数据为: X:0.000 mm; Y:0.000 mm; Z:812.000 mm; W:0.000 deg; P:0.000 deg; R:0.000 deg。 单击【OK】

4. Machine 模块导入及安装

本项目中使用的 Machine 模块有数控加工模块和去毛刺模块,数控加工模块需要仿真气爪的打开与闭合,去毛刺模块需要仿真磨石的转动。

(1)模块的导入。

需要将该模块定义为"Machine",数控加工模块导入及安装步骤见表 7.4,表格中的位置数据是由 SolidWorks 的评估测量功能计算得出。

表 7.4 数控加工模块导入及安装步骤

序号	图片示例	操作步骤
1	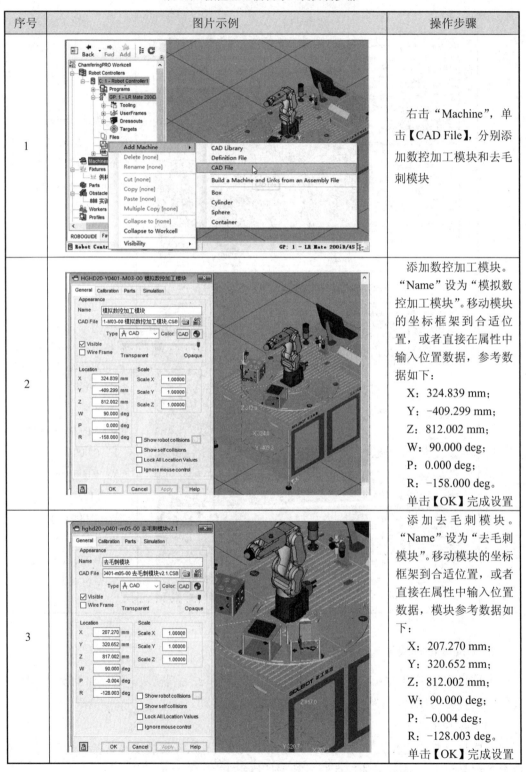	右击"Machine",单击【CAD File】,分别添加数控加工模块和去毛刺模块
2		添加数控加工模块。"Name"设为"模拟数控加工模块"。移动模块的坐标框架到合适位置,或者直接在属性中输入位置数据,参考数据如下: X:324.839 mm; Y:-409.299 mm; Z:812.002 mm; W:90.000 deg; P:0.000 deg; R:-158.000 deg。 单击【OK】完成设置
3		添加去毛刺模块。"Name"设为"去毛刺模块"。移动模块的坐标框架到合适位置,或者直接在属性中输入位置数据,模块参考数据如下: X:207.270 mm; Y:320.652 mm; Z:812.002 mm; W:90.000 deg; P:-0.004 deg; R:-128.003 deg。 单击【OK】完成设置

第 7 章 物料打磨的数字孪生目

（2）气爪手指运动件的创建。

手指运动件的创建步骤见表 7.5。

表 7.5 手指运动件的创建步骤

序号	图片示例	操作步骤
1	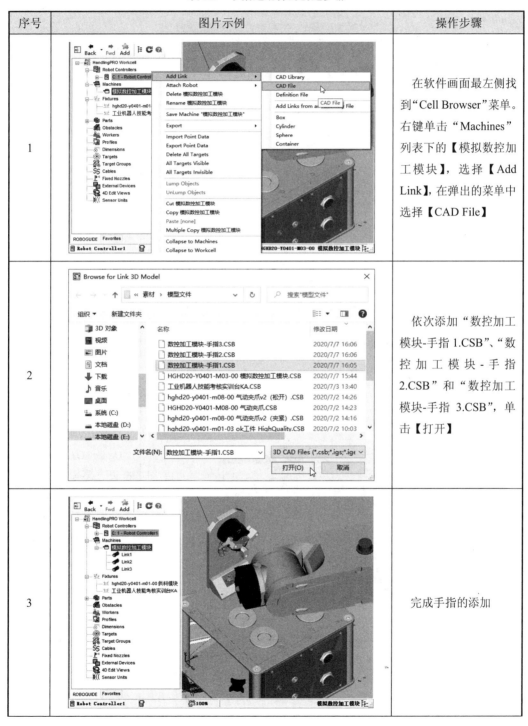	在软件画面最左侧找到"Cell Browser"菜单。右键单击"Machines"列表下的【模拟数控加工模块】，选择【Add Link】，在弹出的菜单中选择【CAD File】
2		依次添加"数控加工模块-手指1.CSB"、"数控加工模块-手指2.CSB"和"数控加工模块-手指3.CSB"，单击【打开】
3		完成手指的添加

续表 7.5

序号	图片示例	操作步骤
4		双击【Link1】，打开属性，修改"Name"为"手指1"，控制轴选择"Y Axis"，单击【Apply】
5		进入"Motion"选项卡，设置"运动控制类型（Motion Control Type）"为"Device I/O Controlled"，设置"Axis Type"为"Linear"。设置如下输入信号： | IO Tag	Value	Location
DO[101]	ON	1
DO[101]	OFF	0	

续表 7.5

序号	图片示例	操作步骤
6	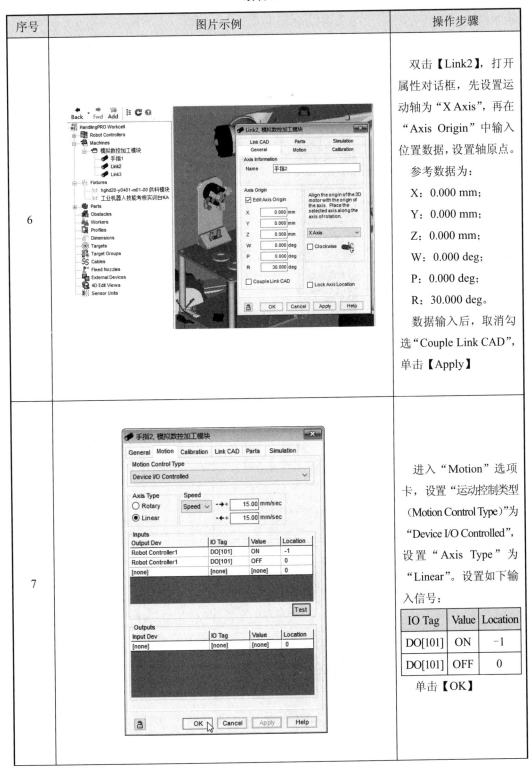	双击【Link2】，打开属性对话框，先设置运动轴为"X Axis"，再在"Axis Origin"中输入位置数据，设置轴原点。参考数据为：X：0.000 mm；Y：0.000 mm；Z：0.000 mm；W：0.000 deg；P：0.000 deg；R：30.000 deg。数据输入后，取消勾选"Couple Link CAD"，单击【Apply】
7		进入"Motion"选项卡，设置"运动控制类型（Motion Control Type）"为"Device I/O Controlled"，设置"Axis Type"为"Linear"。设置如下输入信号： | IO Tag | Value | Location | |---|---|---| | DO[101] | ON | −1 | | DO[101] | OFF | 0 | 单击【OK】

续表 7.5

序号	图片示例	操作步骤
8	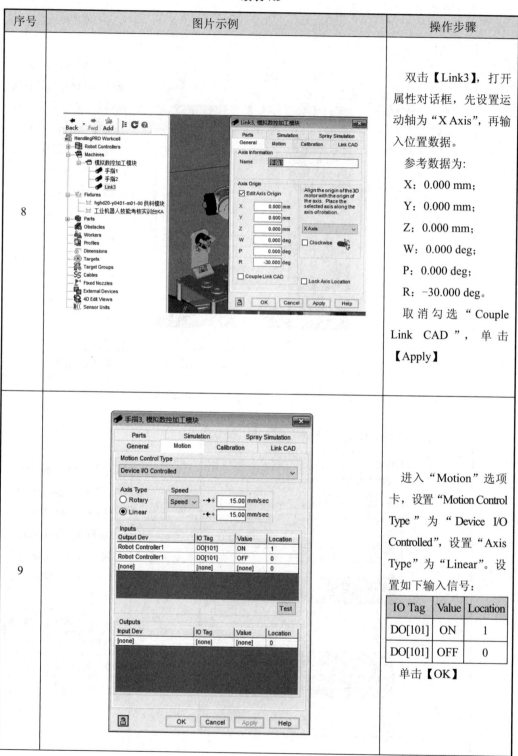	双击【Link3】，打开属性对话框，先设置运动轴为"X Axis"，再输入位置数据。 参考数据为： X：0.000 mm； Y：0.000 mm； Z：0.000 mm； W：0.000 deg； P：0.000 deg； R：-30.000 deg。 取消勾选"Couple Link CAD"，单击【Apply】
9		进入"Motion"选项卡，设置"Motion Control Type"为"Device I/O Controlled"，设置"Axis Type"为"Linear"。设置如下输入信号： | IO Tag | Value | Location | |---|---|---| | DO[101] | ON | 1 | | DO[101] | OFF | 0 | 单击【OK】

(3) 磨石的转动仿真步骤见表 7.6。

表 7.6 磨石的转动仿真步骤

序号	图片示例	操作步骤
1	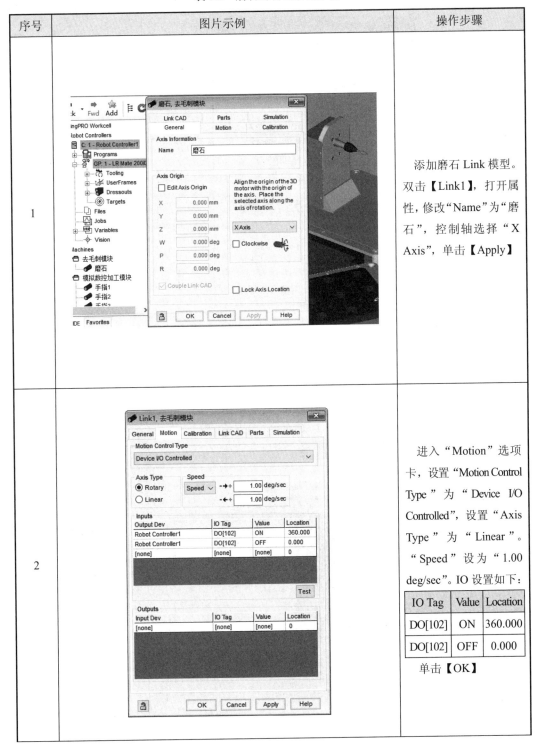	添加磨石 Link 模型。双击【Link1】，打开属性，修改"Name"为"磨石"，控制轴选择"X Axis"，单击【Apply】
2		进入"Motion"选项卡，设置"Motion Control Type"为"Device I/O Controlled"，设置"Axis Type"为"Linear"。"Speed"设为"1.00 deg/sec"。IO 设置如下： | IO Tag | Value | Location | |---|---|---| | DO[102] | ON | 360.000 | | DO[102] | OFF | 0.000 | 单击【OK】

续表 7.6

序号	图片示例	操作步骤
3	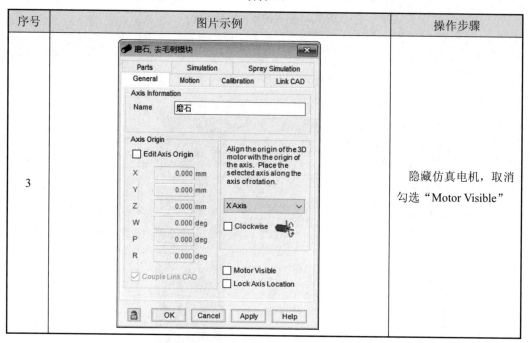	隐藏仿真电机，取消勾选"Motor Visible"

5. 工具导入及安装

（1）气爪的添加。

气爪导入及安装步骤见表 7.7。

表 7.7　气爪导入及安装步骤

序号	图片示例	操作步骤
1	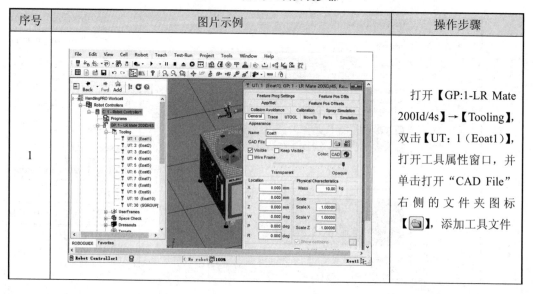	打开【GP:1-LR Mate 200Id/4s】→【Tooling】，双击【UT：1（Eoat1）】，打开工具属性窗口，并单击打开"CAD File"右侧的文件夹图标【🗁】，添加工具文件

续表 7.7

序号	图片示例	操作步骤
2	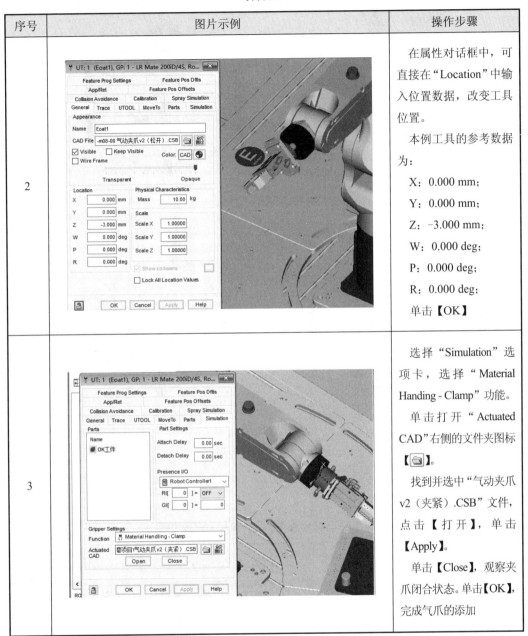	在属性对话框中，可直接在"Location"中输入位置数据，改变工具位置。 本例工具的参考数据为： X：0.000 mm； Y：0.000 mm； Z：−3.000 mm； W：0.000 deg； P：0.000 deg； R：0.000 deg； 单击【OK】
3		选择"Simulation"选项卡，选择"Material Handing - Clamp"功能。 单击打开"Actuated CAD"右侧的文件夹图标【📁】。 找到并选中"气动夹爪v2（夹紧）.CSB"文件，点击【打开】，单击【Apply】。 单击【Close】，观察夹爪闭合状态。单击【OK】，完成气爪的添加

注：表格中的位置数据是由 SolidWorks 的评估测量功能计算得出，仅供参考。

6. 坐标系创建

工作站创建完成后可以创建相关的坐标系，为后续的编程示教操作做准备。本项目需要创建工具坐标系、供料模块用户坐标系、数控加工模块用户坐标系和去毛刺模块用户坐标系。坐标系示意图如图 7.13 所示。

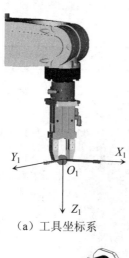
(a)工具坐标系

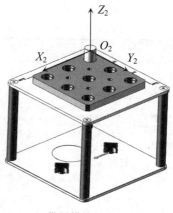
(b)供料模块用户坐标系

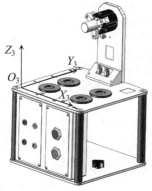
(c)数控加工模块用户坐标系

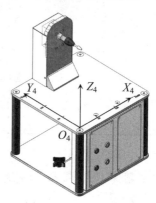
(d)去毛刺模块用户坐标系

图 7.13　坐标系示意图

了解各坐标系的正方向后,可以根据表 7.8 的工具坐标系和用户坐标系设置步骤,完成坐标系的创建。

表 7.8　工具坐标系和用户坐标系设置步骤

序号	图片示例	操作步骤
1	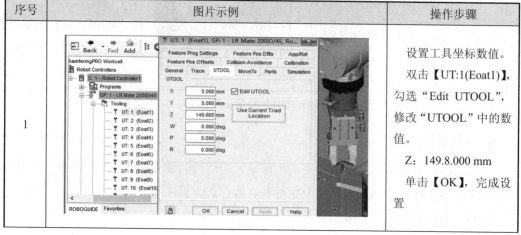	设置工具坐标数值。双击【UT:1(Eoat1)】,勾选"Edit UTOOL",修改"UTOOL"中的数值。 Z:149.8.000 mm 单击【OK】,完成设置

续表 7.8

序号	图片示例	操作步骤
2	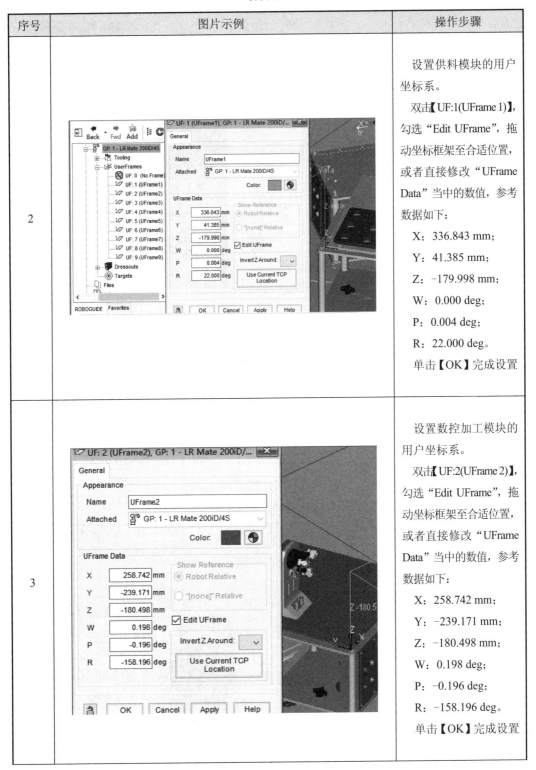	设置供料模块的用户坐标系。 双击【UF:1(UFrame 1)】，勾选"Edit UFrame"，拖动坐标框架至合适位置，或者直接修改"UFrame Data"当中的数值，参考数据如下： X：336.843 mm； Y：41.385 mm； Z：-179.998 mm； W：0.000 deg； P：0.004 deg； R：22.000 deg。 单击【OK】完成设置
3		设置数控加工模块的用户坐标系。 双击【UF:2(UFrame 2)】，勾选"Edit UFrame"，拖动坐标框架至合适位置，或者直接修改"UFrame Data"当中的数值，参考数据如下： X：258.742 mm； Y：-239.171 mm； Z：-180.498 mm； W：0.198 deg； P：-0.196 deg； R：-158.196 deg。 单击【OK】完成设置

续表 7.8

序号	图片示例	操作步骤
4	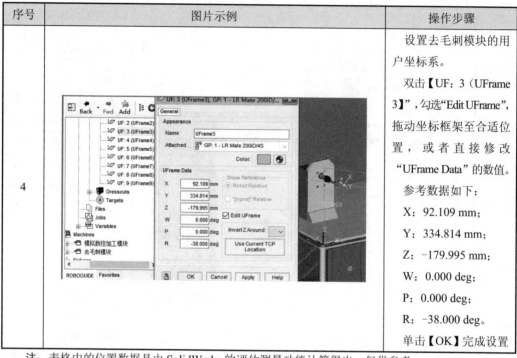	设置去毛刺模块的用户坐标系。双击【UF：3（UFrame 3）】，勾选"Edit UFrame"，拖动坐标框架至合适位置，或者直接修改"UFrame Data"的数值。参考数据如下：X：92.109 mm；Y：334.814 mm；Z：-179.995 mm；W：0.000 deg；P：0.000 deg；R：-38.000 deg。单击【OK】完成设置

注：表格中的位置数据是由 SolidWorks 的评估测量功能计算得出，仅供参考。

7. 物料放置与搬运仿真

在完成坐标系创建后，需要将物料添加到 Parts 模型中，然后将物料依次放置到供料模块、数控加工模块以及去毛刺模块对应的位置上，并设置对应模块上物料的搬运仿真。搬运工件放置步骤见表 7.9。

表 7.9 搬运工件放置步骤

序号	图片示例	操作步骤
1		首先添加"OK 工件"。作为 Parts 模型，设置"Physical Characteristics"为"0.50"kg，单击【OK】完成设置

续表 7.9

序号	图片示例	操作步骤
2	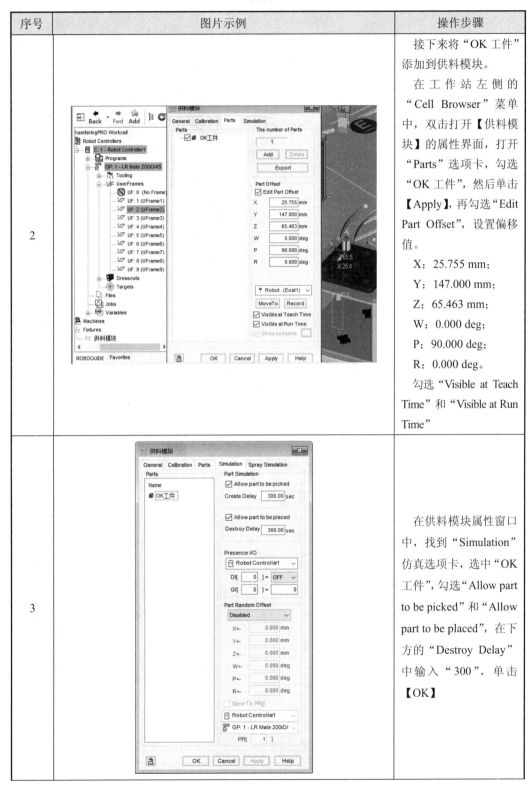	接下来将"OK 工件"添加到供料模块。 在工作站左侧的"Cell Browser"菜单中，双击打开【供料模块】的属性界面，打开"Parts"选项卡，勾选"OK 工件"，然后单击【Apply】，再勾选"Edit Part Offset"，设置偏移值。 X：25.755 mm； Y：147.000 mm； Z：65.463 mm； W：0.000 deg； P：90.000 deg； R：0.000 deg。 勾选"Visible at Teach Time"和"Visible at Run Time"
3		在供料模块属性窗口中，找到"Simulation"仿真选项卡，选中"OK 工件"，勾选"Allow part to be picked"和"Allow part to be placed"，在下方的"Destroy Delay"中输入"300"，单击【OK】

续表 7.9

序号	图片示例	操作步骤
4	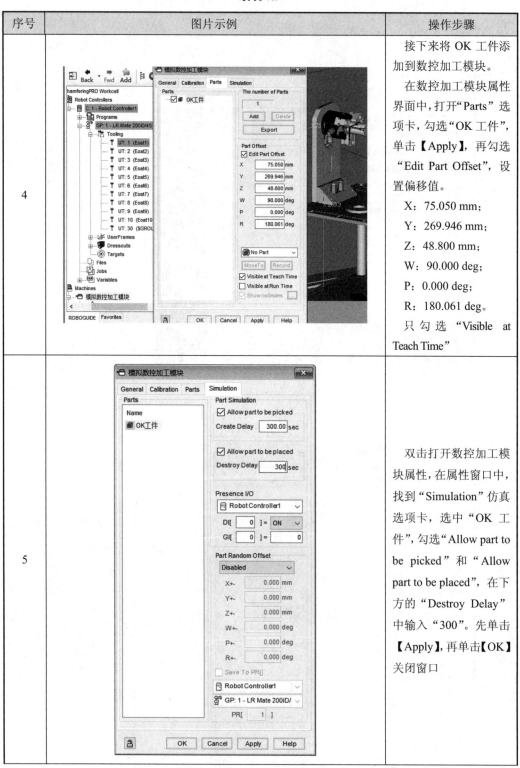	接下来将 OK 工件添加到数控加工模块。 在数控加工模块属性界面中，打开"Parts"选项卡，勾选"OK 工件"，单击【Apply】，再勾选"Edit Part Offset"，设置偏移值。 X：75.050 mm； Y：269.946 mm； Z：48.800 mm； W：90.000 deg； P：0.000 deg； R：180.061 deg。 只勾选"Visible at Teach Time"
5		双击打开数控加工模块属性，在属性窗口中，找到"Simulation"仿真选项卡，选中"OK 工件"，勾选"Allow part to be picked"和"Allow part to be placed"，在下方的"Destroy Delay"中输入"300"。先单击【Apply】，再单击【OK】关闭窗口

续表 7.9

序号	图片示例	操作步骤
6	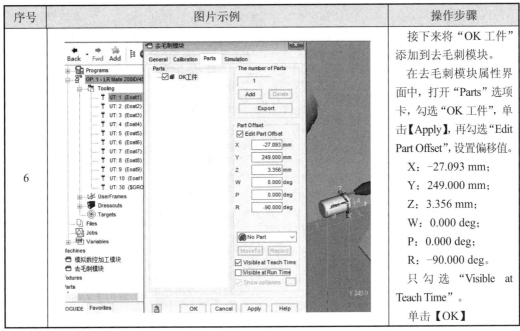	接下来将"OK 工件"添加到去毛刺模块。 在去毛刺模块属性界面中，打开"Parts"选项卡，勾选"OK 工件"，单击【Apply】，再勾选"Edit Part Offset"，设置偏移值。 X：-27.093 mm； Y：249.000 mm； Z：3.356 mm； W：0.000 deg； P：0.000 deg； R：-90.000 deg。 只勾选"Visible at Teach Time"。 单击【OK】

注：表格中的位置数据是由 SolidWorks 的评估测量功能计算得出，仅供参考。

8. 工件仿真设置

设置完各 Fixture 模型上的物料位置与仿真后，需要设置机器人抓取物料的仿真，将物料放置到夹爪的对应位置。工件抓取仿真设置步骤见表 7.10。

表 7.10 工件抓取仿真设置步骤

序号	图片示例	操作步骤
1	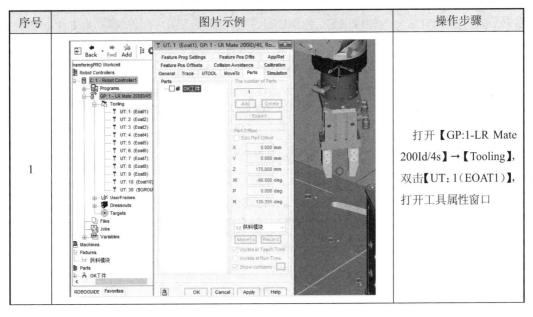	打开【GP:1-LR Mate 200Id/4s】→【Tooling】，双击【UT:1（EOAT1）】，打开工具属性窗口

续表 7.10

序号	图片示例	操作步骤
2	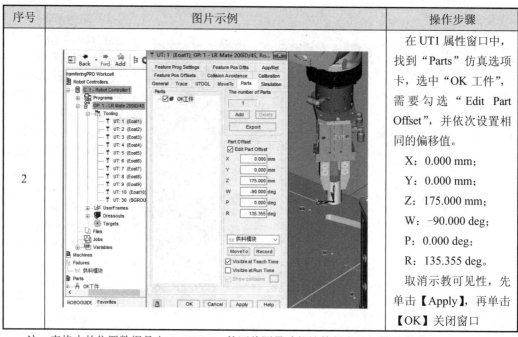	在 UT1 属性窗口中，找到"Parts"仿真选项卡，选中"OK 工件"，需要勾选"Edit Part Offset"，并依次设置相同的偏移值。 X：0.000 mm； Y：0.000 mm； Z：175.000 mm； W：-90.000 deg； P：0.000 deg； R：135.355 deg。 取消示教可见性，先单击【Apply】，再单击【OK】关闭窗口

注：表格中的位置数据是由 SolidWorks 的评估测量功能计算得出，仅供参考。

7.4.3 主体程序设计

本项目的主体程序是夹爪工具的抓取与放置仿真程序、各模块的动作程序。

1. 抓取与放置程序的创建

抓取与放置程序的创建，创建次序为供料模块物料抓取（GL_PICK）、数控加工模块物料放置（SK_PICK）与抓取（SK_PLACE）、装配模块的圆环配件抓取（ZP_PLACE）、成品模块的成品放置（CP_PLACE）。抓取与放置程序的创建步骤见表 7.11。

表 7.11 抓取与放置程序的创建步骤

序号	图片示例	操作步骤
1		程序名为"GL_PICK"，进行如下设置： 在"Pickup"下拉栏选择"OK 工件"； 在"From"下拉栏选择"供料模块"； 在"With"下拉栏选择"GP：1-UT：1（Eoat1）"； 输入完成后，关闭窗口

续表 7.11

序号	图片示例	操作步骤
2	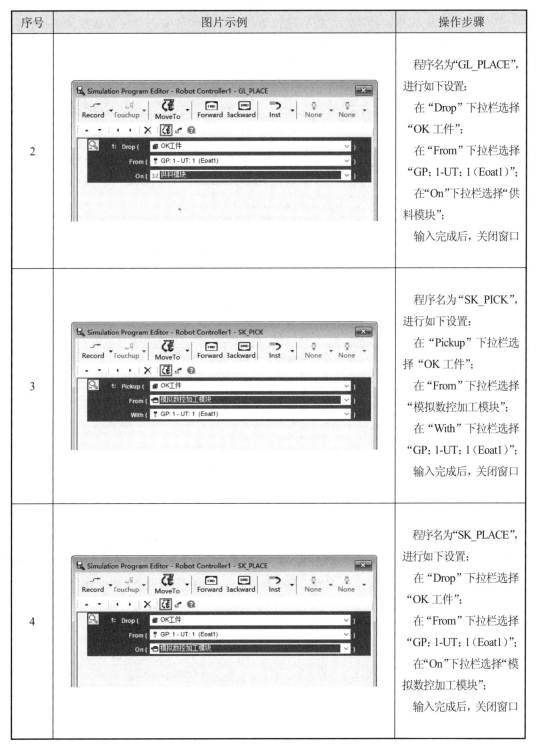	程序名为"GL_PLACE"，进行如下设置： 在"Drop"下拉栏选择"OK工件"； 在"From"下拉栏选择"GP：1-UT：1（Eoat1）"； 在"On"下拉栏选择"供料模块"； 输入完成后，关闭窗口
3		程序名为"SK_PICK"，进行如下设置： 在"Pickup"下拉栏选择"OK工件"； 在"From"下拉栏选择"模拟数控加工模块"； 在"With"下拉栏选择"GP：1-UT：1（Eoat1）"； 输入完成后，关闭窗口
4		程序名为"SK_PLACE"，进行如下设置： 在"Drop"下拉栏选择"OK工件"； 在"From"下拉栏选择"GP：1-UT：1（Eoat1）"； 在"On"下拉栏选择"模拟数控加工模块"； 输入完成后，关闭窗口

2. 数控加工动作程序

按照流程,完成物料检测后,进行模拟数控加工,接下来需要编写数控加工动作程序。SHUKONG 程序内容见表 7.12。

表 7.12 SHUKONG 程序内容

程序指令	功能说明
1: UFRAME_NUM=2	使用数控模块用户坐标系
2: UTOOL_NUM=1	使用 1 号工具坐标系(夹爪)
3: J P[2] 50% FINE	运动到数控加工模块放置位置 Y 轴负方向 100 mm(在用户坐标系 2 下拖动机器人)
4: L P[1] 50mm/sec FINE	运动到数控加工模块放置位置
5: DO[101]=ON	闭合模块上的气爪
6: WAIT .30(sec)	延时 0.3 s
7: CALL SK_PLACE	放置物料
8: L P[2] 50mm/sec FINE	回到数控加工模块放置位置 Y 轴负方向 100 mm
9: L P[1] 50mm/sec FINE	运动到数控加工模块放置位置
10: CALL SK_PICK	调用数控抓取程序
11: DO[101]=OFF	打开模块上的气爪
12: WAIT .30(sec)	延时 0.3 s
13: L P[2] 50mm/sec FINE	回到数控加工模块放置位置 Y 轴负方向 100 mm

3. 去毛刺动作程序

完成模拟数控加工后,进行去毛刺动作程序的编写。程序使用偏移指令完成,首先设置位置寄存器,依次单击选择【MENU】→【下页】→【数据】→【位置寄存器】,打开寄存器设置,需要设置 3 个位置寄存器,PR[1]表示 P1 运动到 P2 的偏移;PR[2]表示 P2 运动到 P3 的偏移;PR[3]表示 P3 运动到 P4 的偏移。位置寄存器设置见表 7.13。

表 7.13 位置寄存器设置

寄存器编号	位置寄存器设置	位置示意图
PR[1]	PR[1] UF:F UT:F 配置:NDB 000 X -12.107 mm W 0.000 deg Y 0.000 mm P 0.000 deg Z 12.107 mm R 0.000 deg	
PR[2]	PR[2] UF:F UT:F 配置:NDB 000 X -24.214 mm W 0.000 deg Y 0.000 mm P 0.000 deg Z 0.000 mm R 0.000 deg	
PR[3]	PR[3] UF:F UT:F 配置:NDB 000 X -12.107 mm W 0.000 deg Y 0.000 mm P 0.000 deg Z -12.107 mm R 0.000 deg	

设置完寄存器后，开始编写程序，具体程序见表 7.14，程序名称为"QUMAOCI"。

表 7.14 QUMAOCI 程序

程序指令	功能说明
1: UFRAME_NUM=3	使用数控模块用户坐标系
2: UTOOL_NUM=1	使用 1 号工具坐标系（夹爪）
3: DO[102]=ON	启动电机
4: WAIT .30(sec)	延时 0.3 s
5: J P[2] 50% FINE	运动到去毛刺的开始点位置 X 轴正方向 100 mm（在用户坐标系 3 下拖动机器人）
6: L P[1] 50mm/sec FINE	运动到去毛刺的开始点位置
7: C P[1] OFFSET PR[1] : P[1] 50mm/sec FINE Offset,PR[2]	转动第 1 段圆弧
8: C P[1] OFFSET PR[3] : P[1] 50mm/sec FINE	转动第 2 段圆弧
9: L P[2] 50mm/sec FINE	回到去毛刺的开始点位置 X 轴正方向 100 mm

7.4.4 关联程序设计

本项目的关联程序为主程序，用于搬运物料完成项目要求的动作。机器人将物料按要求路径依次搬运，搬运路径为供料模块→数控加工模块→去毛刺模块→供料模块。程序名称为 MA04，关联程序内容见表 7.15。

注：点位关节坐标"[]"中的数据依次为 J1、J2、J3、J4、J5、J6 的角度值，且使用供料模块用户坐标系和 1 号工具坐标系（夹爪）。

表 7.15 关联程序内容

程序指令	功能说明
1: UFRAME_NUM=1	使用供料模块用户坐标系
2: UTOOL_NUM=1	使用 1 号工具坐标系（夹爪）
3: DO[101]=OFF	打开数控加工模块气缸
4: DO[102]=OFF	关闭去毛刺电机
5: J P[1] 50% FINE	运动到原点位置，点位关节坐标为[0,0,0,0,-90,0]
6: J P[3] 50% FINE	运动到供料模块抓取位置上方 100 mm（在用户坐标系 1 下拖动机器人）
7: L P[2] 50 mm/sec FINE	运动到供料模块抓取位置
8: CALL GL_PICK	抓取物料
9: L P[3] 50 mm/sec FINE	回到抓取位置上方 100 mm
10: J P[4] 50% FINE	运动到过渡位置，点位关节坐标为[-30,0,0,0,-90,0]
11: CALL SHUKONG	调用数控模块动作程序
12: J P[4] 50% FINE	回到过渡位置，点位关节坐标为[-30,0,0,0,-90,0]
13: J P[5] 50% FINE	运动到过渡位置，点位关节坐标为[35,0,0,0,-90,0]
14: CALL QUMAOCI	调用去毛刺模块动作程序
15: J P[5] 50% FINE	回到过渡位置，点位关节坐标为[35,0,0,0,-90,0]
16: J P[3] 50% FINE	运动到抓取位置上方 100 mm
17: L P[2] 50 mm/sec FINE	运动到供料模块抓取位置
18: CALL GL_PLACE	放置物料
19: L P[3] 50 mm/sec FINE	回到抓取位置上方 100 mm
20: J P[1] 50% FINE	回到原点位置

7.4.5 项目程序调试

在完成路径创建后，可以进行仿真调试。通过单步运行仿真程序，可以直观地看到机器人的运动情况，为后续的项目实施或者优化提供依据。程序调试步骤见表 7.16。

表 7.16 程序调试步骤

序号	图片示例	操作步骤
1	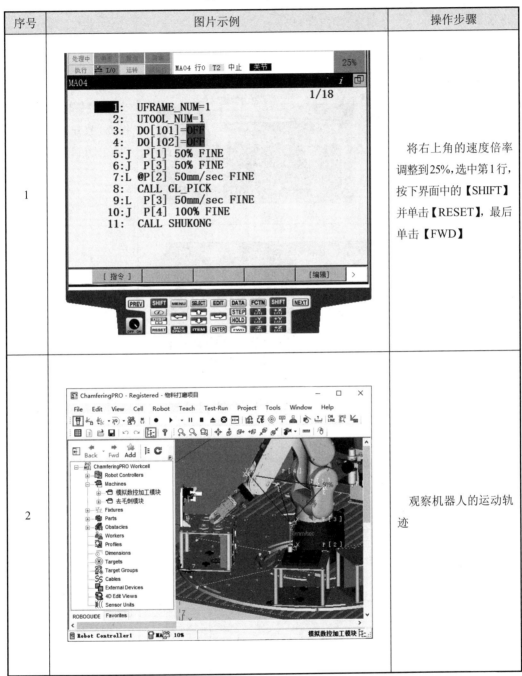	将右上角的速度倍率调整到25%,选中第1行,按下界面中的【SHIFT】并单击【RESET】,最后单击【FWD】
2		观察机器人的运动轨迹

7.4.6 项目总体运行

调试完成后,可以进行运行演示。总体运行步骤见表 7.17。

表 7.17 总体运行步骤

序号	图片示例	操作步骤
1		点击【▶Ⅱ■】运行面板按钮，打开运行面板窗口
2		点击【▶】按钮可运行程序，点击【Ⅱ】按钮可暂停运行，点击【■】按钮可停止运行
3		勾选"Run Program In Loop"程序可循环运行

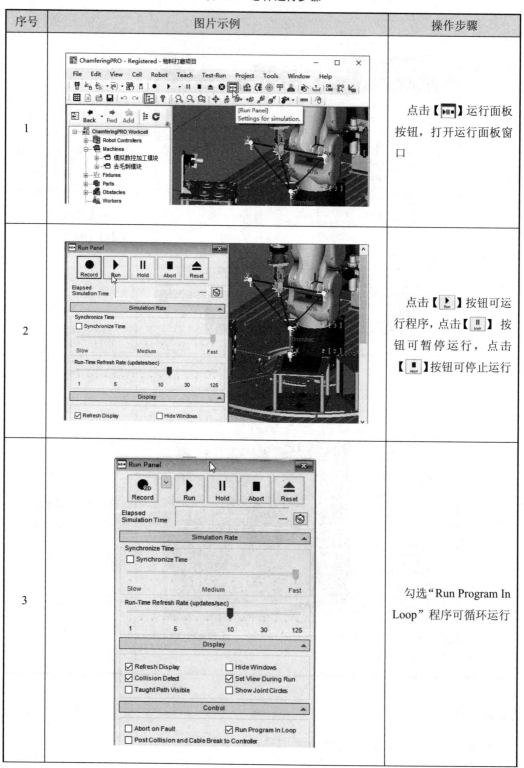

续表 7.17

序号	图片示例	操作步骤
4	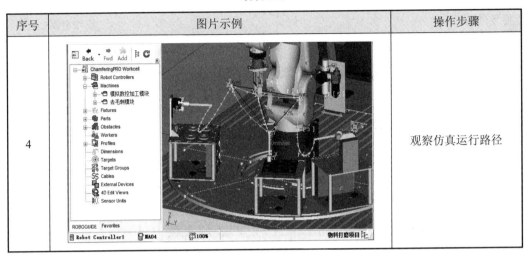	观察仿真运行路径

7.5 项目验证

7.5.1 效果验证

在总体运行后,ROBOGUIDE 软件会生成 TCP 轨迹曲线,TCP 轨迹效果图如图 7.14 所示,从中可以观察仿真效果是否与预期一致,是否有位置会发生碰撞。

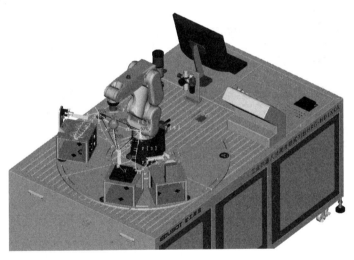

图 7.14 TCP 轨迹效果图

7.5.2 数据验证

本项目使用位置寄存器和偏移指令完成去毛刺动作,需要观察 PR 位置寄存器的设置值。数据验证步骤见表 7.18。

表 7.18 数据验证步骤

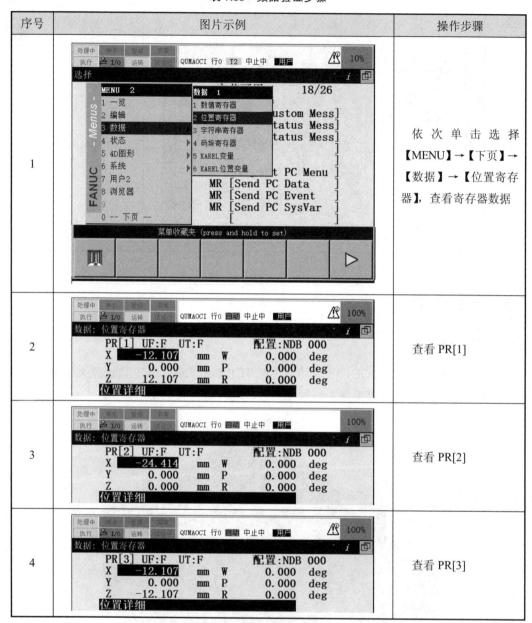

序号	图片示例	操作步骤
1		依次单击选择【MENU】→【下页】→【数据】→【位置寄存器】，查看寄存器数据
2		查看 PR[1]
3		查看 PR[2]
4		查看 PR[3]

7.6 项目总结

7.6.1 项目评价

完成训练项目后，填写表 7.19 所示的项目评价表。

表 7.19 项目评价表

项目评价表		自评	互评	完成情况说明
项目分析	1. 项目需求分析	8		
	2. 项目流程分析	8		
项目要点	1. 坐标系的偏移	9		
	2. 打磨电机的设置	9		
项目步骤	1. 应用系统连接	9		
	2. 应用系统配置	9		
	3. 主体程序设计	9		
	4. 关联程序设计	9		
	5. 项目程序调试	9		
	6. 项目运行调试	9		
项目验证	1. 效果验证	6		
	2. 数据验证	6		
合计		100		

7.6.2 项目拓展

完成本项目后,可以尝试使用 A 圆弧指令并设置多个 PR 寄存器,完成去毛刺动作,A 圆弧指令的示例如图 7.15 所示。

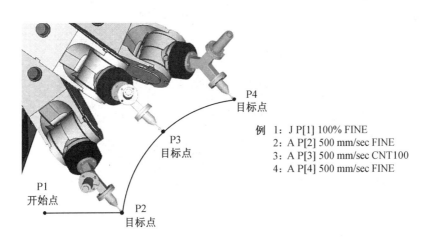

图 7.15 A 圆弧指令的示例

第 8 章 视觉检测的数字孪生

8.1 项目概况

8.1.1 项目背景

在传统工业领域，对零部件进行检查时，主要是通过人眼来完成，不仅工作强度大，而且工作效率低，不能实现连续作业，稳定性相对差。与人眼视觉系统相比，机器人视觉系统能够长时间稳定工作，测量数据更具可靠性。目前机器人视觉系统广泛应用于工业、农业、国防、交通、医疗、金融甚至体育、娱乐等行业，图 8.1 展示的场景是通过机器人视觉系统完成工件打磨位置的定位。

※ 视觉检测项目目的

图 8.1 机器人视觉检测场景

8.1.2 项目需求

本项目使用的机器人视觉系统是 FANUC iRVision 视觉系统。通过 ROBOGUIDE 仿真功能，导入供料模块、数控加工模块和视觉模块，模拟 SONY XC-56 相机的功能，实现物料搬运与视觉定位抓取，使用的模块如图 8.2 所示。

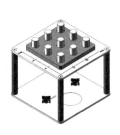  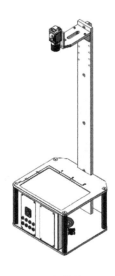

（a）供料模块　　　　　（b）数控加工模块　　　　　（c）视觉模块

图 8.2　使用的模块

8.1.3　项目目的

通过学习本项目，可以掌握以下内容：
(1) 机器人视觉坐标系偏移方法。
(2) iRVision 的简单设置。
(3) 视觉程序的基本编写方法。

8.2　项目分析

8.2.1　项目构架

视觉检测项目的模块由供料模块、数控加工模块、视觉模块和 FANUC 机器人组成，任务要求机器人利用夹爪工具将物料从供料模块，搬运到数控加工模块，并通过气缸固定物料，然后抓取加工后的物料，搬运至视觉模块，完成视觉检测，最后放回供料模块，搬运效果如图 8.3 所示。

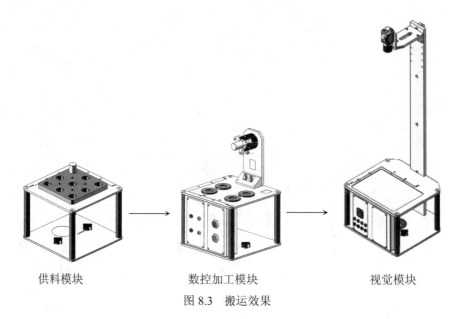

图 8.3 搬运效果

8.2.2 项目流程

本项目实施流程如图 8.4 所示。

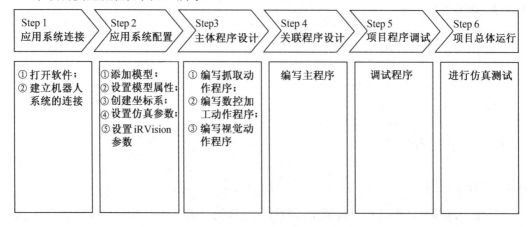

图 8.4 项目实施流程

8.3 项目要点

8.3.1 iRVision 设置

iRVision 的设置界面如图 8.5 所示,可以依次单击示教器上的【MENU】→【iRVision】→【示教和试验】,进入该界面。

※ 视觉检测项目要点

针对版本为 V8.3 的控制器系统,iRVision 的设置流程主要有 3 步:设置相机、设置相机校准、设置视觉处理程序,其中最重要的环节是设置相机校准。相机的校准是通过相机识别点阵板,从而建立坐标系的过程。点阵板如图 8.6 所示。

第 8 章 视觉检测的数字孪生

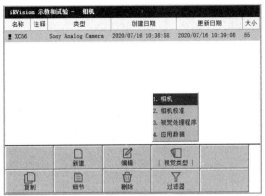

图 8.5　iRVision 设置界面

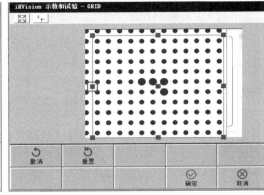

图 8.6　点阵板

1. 相机校准的类型

相机校准的类型主要有 3 种：针对机器人手持相机的校准、针对机器人手持点阵板的校准和针对固定相机与点阵板的校准，见表 8.1。本项目主要介绍针对固定相机的校准。

表 8.1　相机校准的类型

校准类型	基准坐标系类型	标定板坐标系类型	校正板数量	示例图片
针对机器人手持相机的校准	用户坐标系	用户坐标系	1 板/2 板	
针对机器人手持点阵板的校准	用户坐标系	工具坐标系	1 板/2 板	
针对固定相机与点阵板的校准	用户坐标系	用户坐标系	只支持 1 板	

2. 固定相机的校准

固定相机的校准是指相机与点阵板均固定的情况下，与预先设定点阵板坐标系重合，进而完成相机的校准，其中点阵板坐标系的 X 轴与 Y 轴如图 8.7 所示，3 个大圆方向为 X 轴，2 个大圆方向为 Y 轴。

相机校准的界面如图 8.8 所示，可以在进入"示教和试验"界面后，依次单击【视觉类型】→【相机校准】→【新建】，选择"Grid Pattern Calibration Tool"并确定，进而进入该界面。

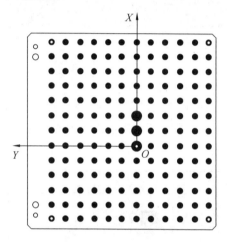

图 8.7　点阵板坐标系

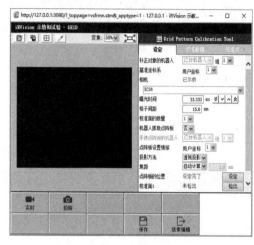

图 8.8　校准设置界面

在校准界面中，需要设置以下项目。

（1）相机：选择设置好的相机。

（2）基准坐标系：选择一个平面，代表了工件偏移的平面。

（3）格子间距：设置点阵板中两个点之间的距离。

（4）校准面的数量：只支持 1 板法。

（5）机器人抓取点阵板：选择否。

（6）点阵板设置情报：选择对应的点阵板坐标系。

（7）焦距：输入镜头的焦距的理论长度，本项目使用 12 mm 的镜头。

（8）设定点阵板的位置：按下【设定】按钮后，表示已选定相应坐标系。

（9）检出校准面：按下【检出】按钮后，开始校准。

8.3.2　视觉程序的创建

1. 视觉处理程序

iRVision 视觉处理程序按照相机类型分，可以分为 2D、2.5D 和 3D；按照视野数量分，可分为单视野和多视野，两者的区别在于多视野在识别时需要拍摄多张不同位置的相片，再由处理程序合成为一张相片。

视觉处理程序中常用的有以下几种：

（1）2D 单视野检测（2D Single View）。

（2）2D 多视野检测（2D Multi View）。

（3）2.5D 单视野检测（2.5D Single View / Depalletization）。

（4）3D 单视野检测（3D Single View）。

（5）3D 多视野检测（3D Multi View）。

2. 视觉工具

在 iRVision 中选择视觉处理程序的类型并打开后，需要选择视觉工具，iRVision 支持众多相机工具，主要分为位置检出、检查与测量、计算与逻辑、其他等类别。各类别的典型工具有以下几种。

（1）位置检出。

位置检出的典型工具是图案匹配工具（GPM Locator Tool）。该工具是 iRVision 的核心图片处理工具，是从相机拍摄图片中检出与预示教的样板图案相同的图案，并输出其位置的检出工具。

（2）检查与测量。

检查与测量的典型工具是直方图工具（Histogram Tool）。该工具是检测图片亮度的工具。在图案匹配工具等检出工具的下层配置直方图工具后，直方图工具的检测区域会根据母检出工具的检出结果发生动态移动。

（3）计算与逻辑。

计算与逻辑的典型工具是计数工具（Count Tool）。该工具是对同层次中的检出工具所检出的对象物体个数进行计数的工具，可对检出工具所检出的对象物体个数进行计数，也可对特定类型编号的对象物体个数进行计数。

（4）其他。

其他类别的典型工具是窗口切换工具（Multi-Window Tool）。该工具是根据机器人寄存器的设置值对执行搜索窗口进行切换的工具。

3. 坐标系偏移方法

FANUC 机器人的视觉坐标系偏移方法有两种，一是使用 PR[]位置寄存器与 OFFSET 偏移指令，二是使用 VR[]视觉寄存器与 VOFFSET 视觉补偿指令。

（1）PR[]寄存器。

PR[]寄存器的使用示例通常为：L P[1] 2 000 mm/sec FINE, Offset PR[1]。

（2）VR[]视觉寄存器。

VR[]寄存器的使用示例通常为：L P[3] 100 mm/sec FINE,VOFFSET,VR[1]。

4. 视觉程序

视觉程序的示例见表 8.2。其中视觉指令位于"指令"菜单的"视觉"类别中,用户报警指令(UALM)位于"其他"类别中,结束指令(END)位于"调用"类别中。

表 8.2 视觉程序示例

指令	说明
1:UFRAME_NUM=1	设置视觉用户坐标系
2:UTOOL_NUM=1	选择使用的工具坐标系
3:J P[1] 50% FINE	移动到拍摄等待点 P[1]
4:VISION RUN_FIND 'PROG'	运行视觉程序(PROG 为视觉处理程序名称)
5:VISION GET_OFFSET 'PROG' VR[1], JMP LBL[99]	视觉检出并输出位置补偿数据,未检出跳转至 LBL[99]
6:CALL HANDOPEN	调用打开手爪程序
7:L P[2] 100mm/sec FINE,VOFFSET,VR[1]	根据 VR[1]偏移值与 P[2]位置数据,直线运动到偏移后的抓取点
8:CALL HANDCLOSE	调用关闭手爪程序
9:L P[3] 100mm/sec FINE,VOFFSET,VR[1]	根据 VR[1]偏移值与 P[3]位置数据,直线运动到偏移后的离开点
10:END	调用程序停止指令
11:LBL[99]	LBL[99]标签位置
12:UALM[1]	显示用户报警[1]

8.4 项目步骤

8.4.1 应用系统连接

想要实现仿真任务,首先需要搭建一个工作单元,完成与机器人系统的连接。打开 ROBOGUIDE 后,新建一个工作单元,名称为"视觉检测项目",如图 8.9 所示。需要注意本项目必须在机器人选项中,选择 iRVision 的相关选项(R685 和 J871),才能开启视觉仿真。

※ 视觉检测项目步骤

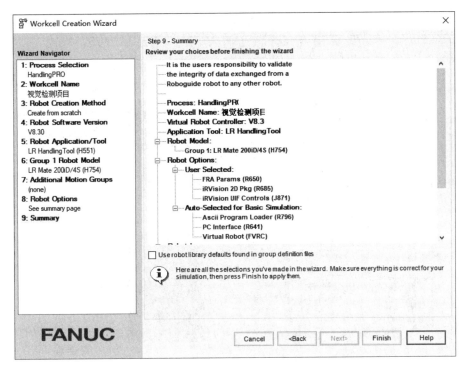

图 8.9　视觉检测项目

8.4.2　应用系统配置

1. 安装实训台和机器人模块

本项目中的实训台模块为 Obstacle 模型。安装实训台和机器人模块导入操作步骤见表 8.3。

表 8.3　安装实训台和机器人模块导入操作步骤

序号	图片示例	操作步骤
1	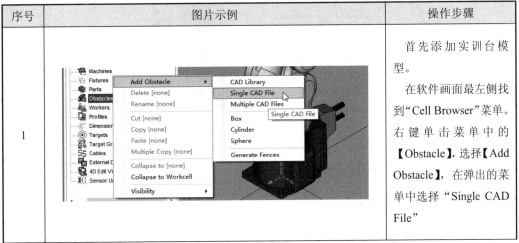	首先添加实训台模型。 在软件画面最左侧找到"Cell Browser"菜单。右键单击菜单中的【Obstacle】,选择【Add Obstacle】,在弹出的菜单中选择"Single CAD File"

续表 8.3

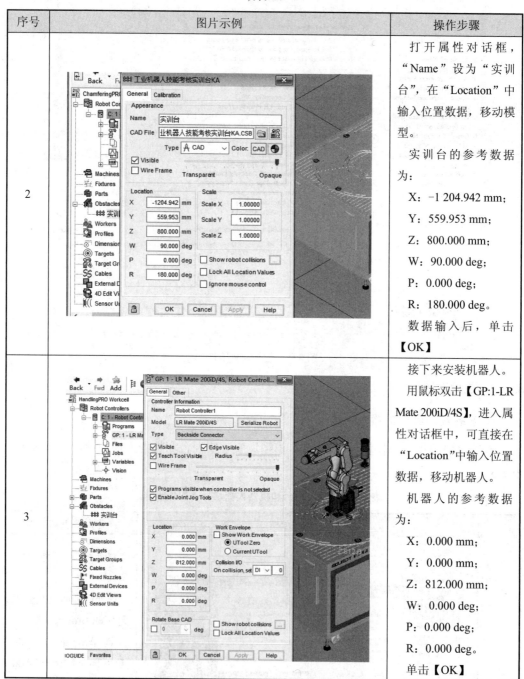

序号	图片示例	操作步骤
2		打开属性对话框，"Name"设为"实训台"，在"Location"中输入位置数据，移动模型。 实训台的参考数据为： X：-1 204.942 mm； Y：559.953 mm； Z：800.000 mm； W：90.000 deg； P：0.000 deg； R：180.000 deg。 数据输入后，单击【OK】
3		接下来安装机器人。 用鼠标双击【GP:1-LR Mate 200iD/4S】，进入属性对话框中，可直接在"Location"中输入位置数据，移动机器人。 机器人的参考数据为： X：0.000 mm； Y：0.000 mm； Z：812.000 mm； W：0.000 deg； P：0.000 deg； R：0.000 deg。 单击【OK】

2. 相关模块导入与安装

本项目中的模块主要有供料模块和视觉模块，属于 Fixture 模型。Fixture 模型导入操作步骤见表 8.4。

表 8.4　Fixture 模型导入步骤

序号	图片示例	操作步骤
1	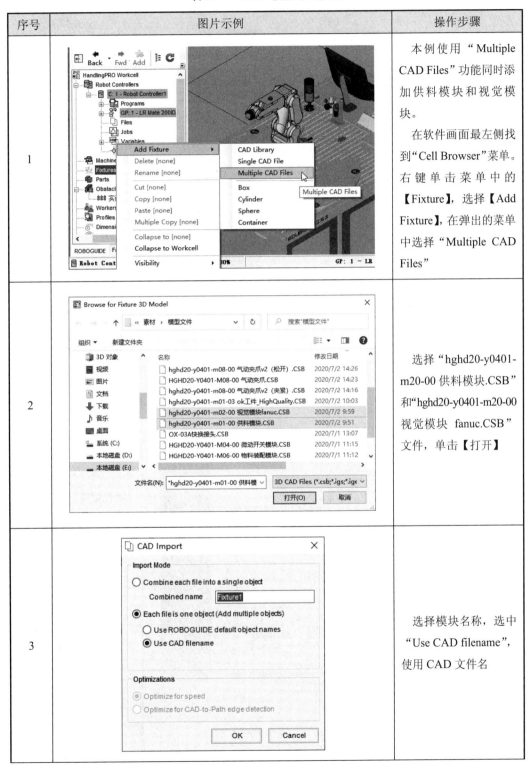	本例使用"Multiple CAD Files"功能同时添加供料模块和视觉模块。 在软件画面最左侧找到"Cell Browser"菜单。右键单击菜单中的【Fixture】，选择【Add Fixture】，在弹出的菜单中选择"Multiple CAD Files"
2		选择"hghd20-y0401-m20-00 供料模块.CSB"和"hghd20-y0401-m20-00 视觉模块 fanuc.CSB"文件，单击【打开】
3		选择模块名称，选中"Use CAD filename"，使用 CAD 文件名

续表 8.4

序号	图片示例	操作步骤
4	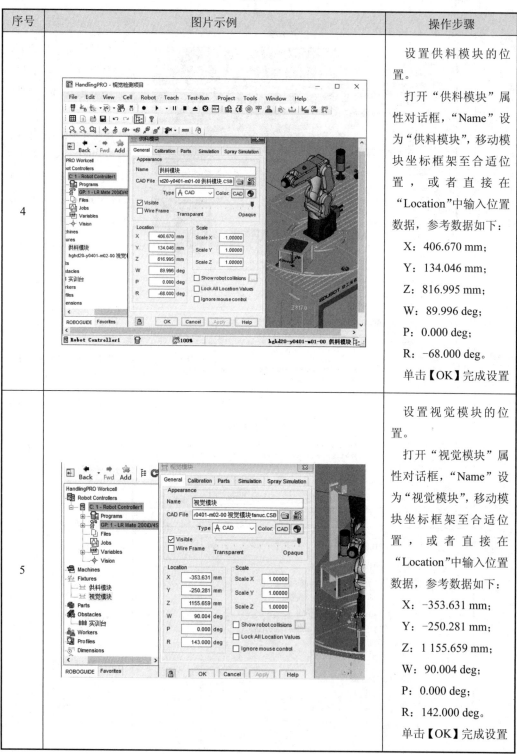	设置供料模块的位置。 打开"供料模块"属性对话框,"Name"设为"供料模块",移动模块坐标框架至合适位置,或者直接在"Location"中输入位置数据,参考数据如下: X:406.670 mm; Y:134.046 mm; Z:816.995 mm; W:89.996 deg; P:0.000 deg; R:-68.000 deg。 单击【OK】完成设置
5		设置视觉模块的位置。 打开"视觉模块"属性对话框,"Name"设为"视觉模块",移动模块坐标框架至合适位置,或者直接在"Location"中输入位置数据,参考数据如下: X:-353.631 mm; Y:-250.281 mm; Z:1 155.659 mm; W:90.004 deg; P:0.000 deg; R:142.000 deg。 单击【OK】完成设置

3. 添加相机

在添加视觉模块后,需要添加一台相机,相机属于传感器单元(Sensor Unit)。本项目使用的相机可以在 ROBOGUIDE 自带的模型库中找到。相机为 SONY XC-56,使用的镜头焦距为 12 mm。添加相机步骤见表 8.5。

表 8.5 添加相机步骤

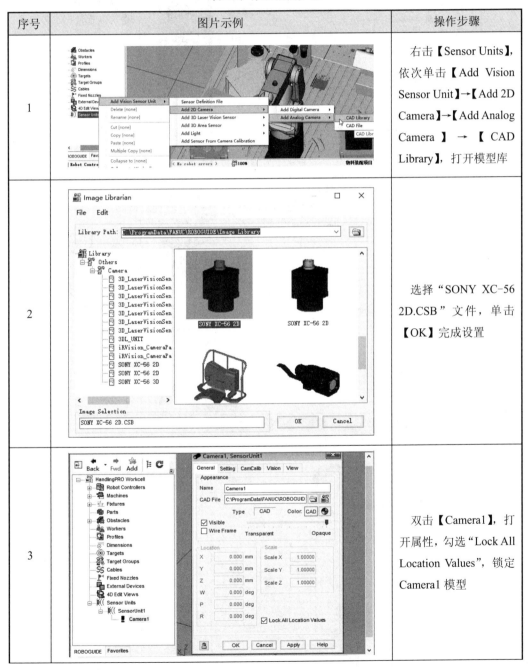

序号	图片示例	操作步骤
1		右击【Sensor Units】,依次单击【Add Vision Sensor Unit】→【Add 2D Camera】→【Add Analog Camera】→【CAD Library】,打开模型库
2		选择"SONY XC-56 2D.CSB"文件,单击【OK】完成设置
3		双击【Camera1】,打开属性,勾选"Lock All Location Values",锁定 Camera1 模型

续表 8.5

序号	图片示例	操作步骤
4	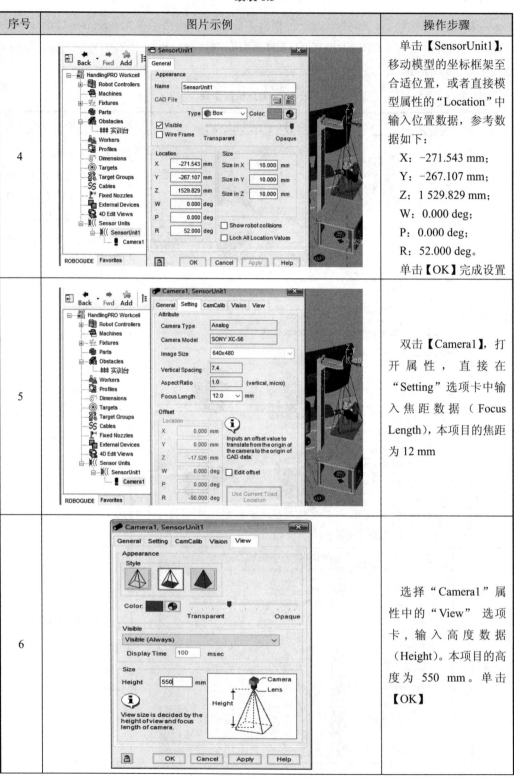	单击【SensorUnit1】，移动模型的坐标框架至合适位置，或者直接模型属性的"Location"中输入位置数据，参考数据如下： X：-271.543 mm； Y：-267.107 mm； Z：1 529.829 mm； W：0.000 deg； P：0.000 deg； R：52.000 deg。 单击【OK】完成设置
5		双击【Camera1】，打开属性，直接在"Setting"选项卡中输入焦距数据（Focus Length），本项目的焦距为 12 mm
6		选择"Camera1"属性中的"View"选项卡，输入高度数据（Height）。本项目的高度为 550 mm。单击【OK】

续表 8.5

序号	图片示例	操作步骤
7	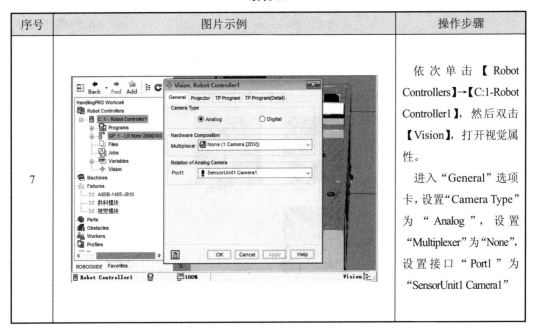	依次单击【Robot Controllers】→【C:1-Robot Controller1】，然后双击【Vision】，打开视觉属性。 进入"General"选项卡，设置"Camera Type"为"Analog"，设置"Multiplexer"为"None"，设置接口"Port1"为"SensorUnit1 Camera1"

4. 添加点阵板

在添加相机模块后，需要添加一块点阵板，点阵板属于 Fixture 模型。本项目使用的相机和点阵板可以在 ROBOGUIDE 自带的模型库中找到。点阵板型号为 A05B-1405-J911（间隔 15 mm，板厚 12 mm）。添加点阵板步骤见表 8.6。

表 8.6 添加点阵板步骤

序号	图片示例	操作步骤
1	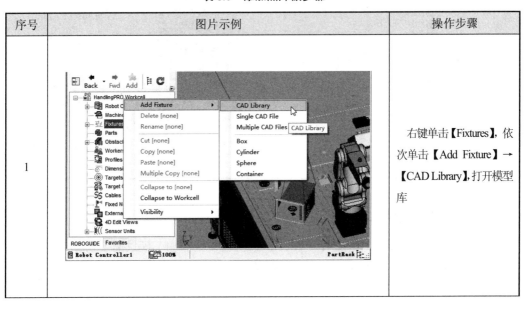	右键单击【Fixtures】，依次单击【Add Fixture】→【CAD Library】，打开模型库

续表 8.6

序号	图片示例	操作步骤
8	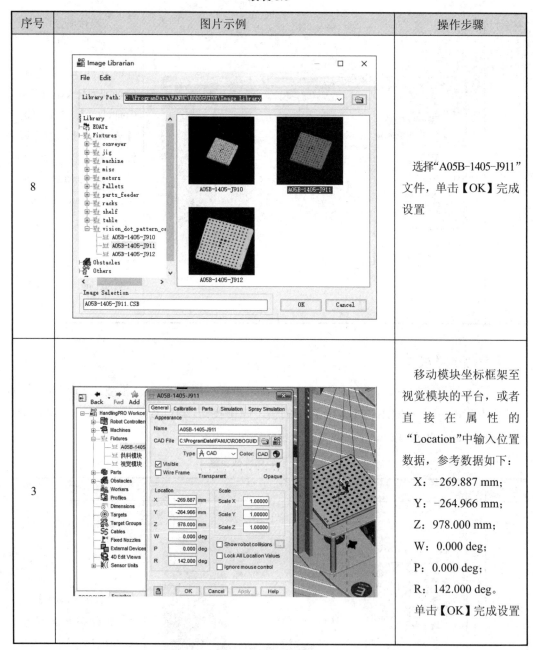	选择"A05B-1405-J911"文件，单击【OK】完成设置
3		移动模块坐标框架至视觉模块的平台，或者直接在属性的"Location"中输入位置数据，参考数据如下： X：-269.887 mm； Y：-264.966 mm； Z：978.000 mm； W：0.000 deg； P：0.000 deg； R：142.000 deg。 单击【OK】完成设置

5. 数控加工模块导入及安装

本项目中使用的数控加工模块为 Machine 模块，数控加工模块需要仿真气爪的打开与闭合。数控加工模块导入及安装步骤见表 8.7。

表 8.7 数控加工模块导入及安装步骤

序号	图片示例	操作步骤
1	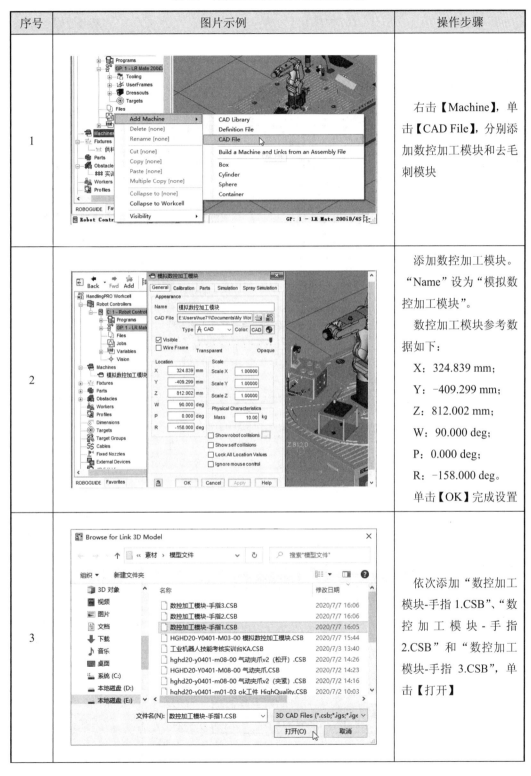	右击【Machine】，单击【CAD File】，分别添加数控加工模块和去毛刺模块
2		添加数控加工模块。"Name"设为"模拟数控加工模块"。数控加工模块参考数据如下： X：324.839 mm； Y：-409.299 mm； Z：812.002 mm； W：90.000 deg； P：0.000 deg； R：-158.000 deg。 单击【OK】完成设置
3		依次添加"数控加工模块-手指1.CSB"、"数控加工模块-手指2.CSB"和"数控加工模块-手指3.CSB"，单击【打开】

续表 8.7

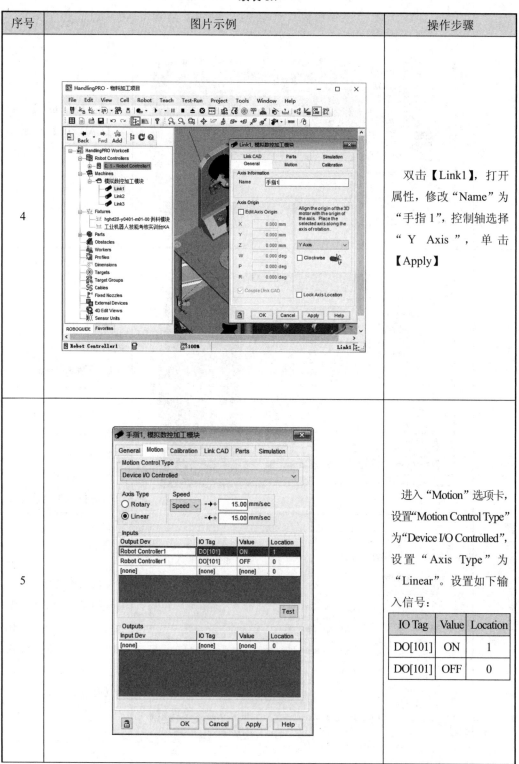

序号	图片示例	操作步骤
4		双击【Link1】，打开属性，修改"Name"为"手指1"，控制轴选择"Y Axis"，单击【Apply】
5		进入"Motion"选项卡，设置"Motion Control Type"为"Device I/O Controlled"，设置"Axis Type"为"Linear"。设置如下输入信号：<table><tr><th>IO Tag</th><th>Value</th><th>Location</th></tr><tr><td>DO[101]</td><td>ON</td><td>1</td></tr><tr><td>DO[101]</td><td>OFF</td><td>0</td></tr></table>

续表 8.7

序号	图片示例	操作步骤
6	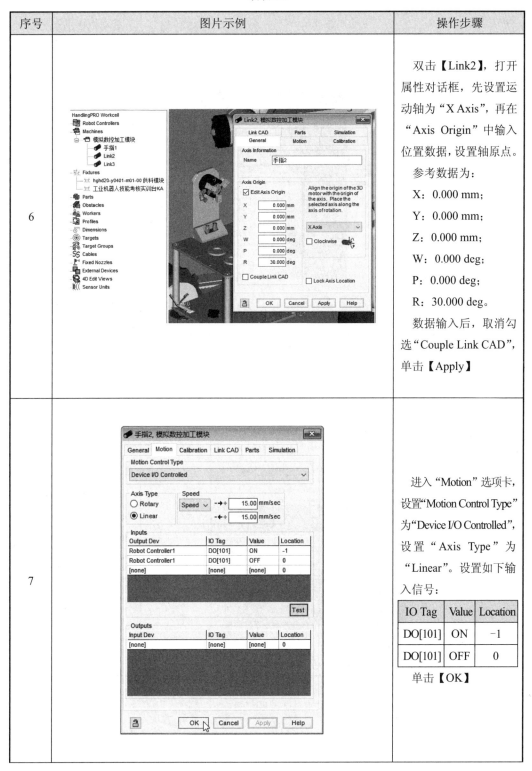	双击【Link2】，打开属性对话框，先设置运动轴为"X Axis"，再在"Axis Origin"中输入位置数据，设置轴原点。参考数据为： X：0.000 mm； Y：0.000 mm； Z：0.000 mm； W：0.000 deg； P：0.000 deg； R：30.000 deg。 数据输入后，取消勾选"Couple Link CAD"，单击【Apply】
7		进入"Motion"选项卡，设置"Motion Control Type"为"Device I/O Controlled"，设置"Axis Type"为"Linear"。设置如下输入信号： | IO Tag | Value | Location | | --- | --- | --- | | DO[101] | ON | −1 | | DO[101] | OFF | 0 | 单击【OK】

续表 8.7

序号	图片示例	操作步骤
8	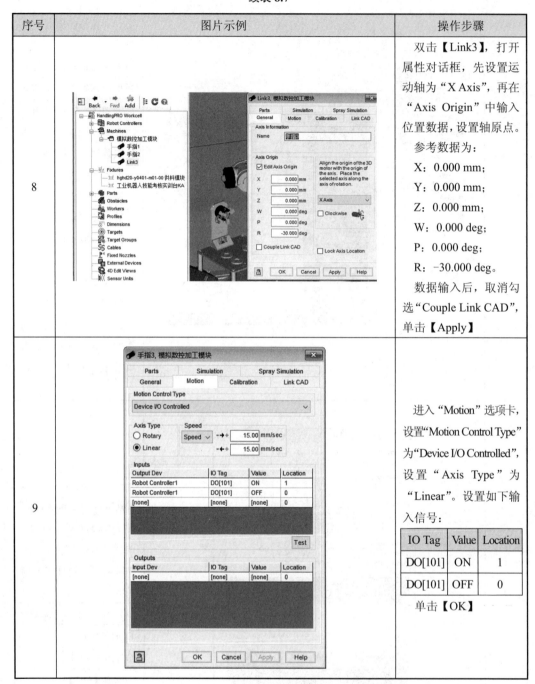	双击【Link3】，打开属性对话框，先设置运动轴为"X Axis"，再在"Axis Origin"中输入位置数据，设置轴原点。参考数据为： X：0.000 mm； Y：0.000 mm； Z：0.000 mm； W：0.000 deg； P：0.000 deg； R：-30.000 deg。 数据输入后，取消勾选"Couple Link CAD"，单击【Apply】
9		进入"Motion"选项卡，设置"Motion Control Type"为"Device I/O Controlled"，设置"Axis Type"为"Linear"。设置如下输入信号： | IO Tag | Value | Location | | --- | --- | --- | | DO[101] | ON | 1 | | DO[101] | OFF | 0 | 单击【OK】

6. 工具导入及安装

工具导入及安装步骤见表 8.8。

表 8.8　工具导入及安装步骤

序号	图片示例	操作步骤
1	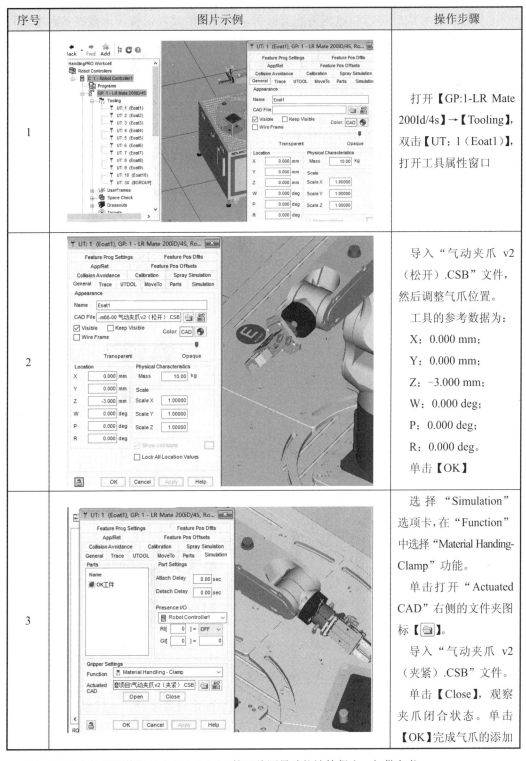	打开【GP:1-LR Mate 200Id/4s】→【Tooling】，双击【UT：1（Eoat1）】，打开工具属性窗口
2		导入"气动夹爪 v2（松开）.CSB"文件，然后调整气爪位置。 工具的参考数据为： X：0.000 mm； Y：0.000 mm； Z：-3.000 mm； W：0.000 deg； P：0.000 deg； R：0.000 deg。 单击【OK】
3		选择"Simulation"选项卡，在"Function"中选择"Material Handing-Clamp"功能。 单击打开"Actuated CAD"右侧的文件夹图标【📁】。 导入"气动夹爪 v2（夹紧）.CSB"文件。 单击【Close】，观察夹爪闭合状态。单击【OK】完成气爪的添加

注：表格中的位置数据是由 SolidWorks 的评估测量功能计算得出，仅供参考。

7. 坐标系创建

工作站创建完成后可以创建相关的坐标系,为后续的编程示教操作做准备。本项目以直接输入的方式快捷创建工具坐标系、供料模块用户坐标系、数控加工模块用户坐标系和视觉模块用户坐标系,建立的坐标系如图 8.10 所示,创建步骤见表 8.9。

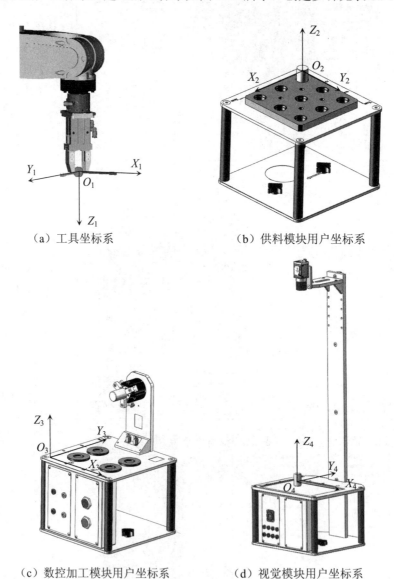

(a)工具坐标系　　　　　　　(b)供料模块用户坐标系

(c)数控加工模块用户坐标系　　(d)视觉模块用户坐标系

图 8.10　坐标系示意图

了解各坐标系的正方向后,可以根据表 8.9 的坐标系设置步骤,完成坐标系的创建。

表 8.9 坐标系设置步骤

序号	图片示例	操作步骤
1	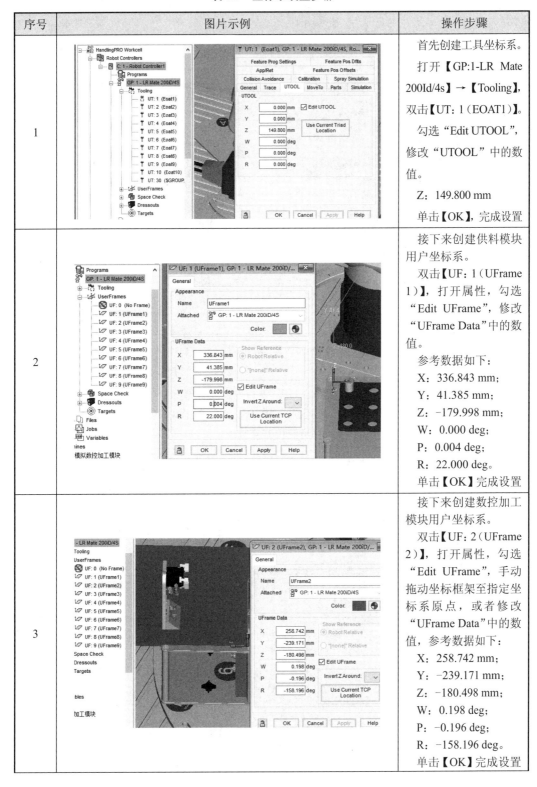	首先创建工具坐标系。打开【GP:1-LR Mate 200Id/4s】→【Tooling】，双击【UT：1（EOAT1）】。勾选"Edit UTOOL"，修改"UTOOL"中的数值。Z：149.800 mm 单击【OK】，完成设置
2		接下来创建供料模块用户坐标系。双击【UF：1（UFrame1）】，打开属性，勾选"Edit UFrame"，修改"UFrame Data"中的数值。参考数据如下：X：336.843 mm；Y：41.385 mm；Z：−179.998 mm；W：0.000 deg；P：0.004 deg；R：22.000 deg。单击【OK】完成设置
3		接下来创建数控加工模块用户坐标系。双击【UF：2（UFrame2）】，打开属性，勾选"Edit UFrame"，手动拖动坐标框架至指定坐标系原点，或者修改"UFrame Data"中的数值，参考数据如下：X：258.742 mm；Y：−239.171 mm；Z：−180.498 mm；W：0.198 deg；P：−0.196 deg；R：−158.196 deg。单击【OK】完成设置

续表 8.9

序号	图片示例	操作步骤
4	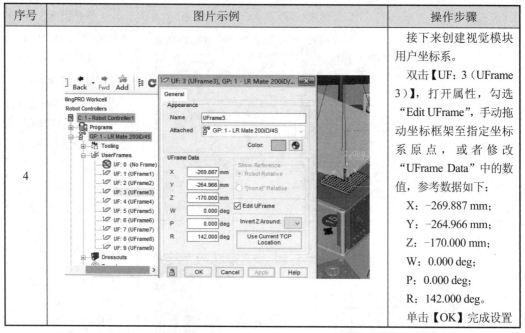	接下来创建视觉模块用户坐标系。 双击【UF：3（UFrame 3）】，打开属性，勾选"Edit UFrame"，手动拖动坐标框架至指定坐标系原点，或者修改"UFrame Data"中的数值，参考数据如下： X：-269.887 mm； Y：-264.966 mm； Z：-170.000 mm； W：0.000 deg； P：0.000 deg； R：142.000 deg。 单击【OK】完成设置

注：表格中的位置数据是由 SolidWorks 的评估测量功能计算得出，仅供参考。

8. 物料放置与搬运仿真

将物料依次放置到供料模块、数控加工模块以及视觉模块对应的位置上，并设置对应模块上物料的搬运仿真。具体操作步骤见表 8.10。

表 8.10 物料放置与搬运仿真的操作步骤

序号	图片示例	操作步骤
1	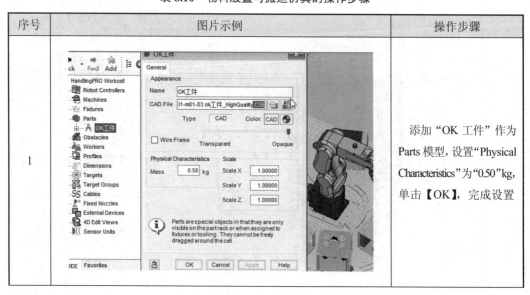	添加"OK 工件"作为 Parts 模型，设置"Physical Characteristics"为"0.50"kg，单击【OK】，完成设置

续表 8.10

序号	图片示例	操作步骤
2		接下来在供料模块上添加"OK工件"。在属性界面中，打开"Parts"选项卡，勾选"OK工件"，单击【Apply】，再勾选"Edit Part Offset"，拖动坐标框架至模块指定位置，或者直接设置偏移值。参考值为：X：25.755 mm；Y：147.000 mm；Z：65.463 mm；W：0.000 deg；P：90.000 deg；R：0.000 deg。勾选"Visible at Teach Time"和"Visible at Run Time"
3		在供料模块的属性窗口中，找到"Simulation"仿真选项卡，选中"OK工件"，勾选"Allow part to be picked"，在下方的"Create Delay"中输入"300"，单击【OK】

续表 8.10

序号	图片示例	操作步骤
4	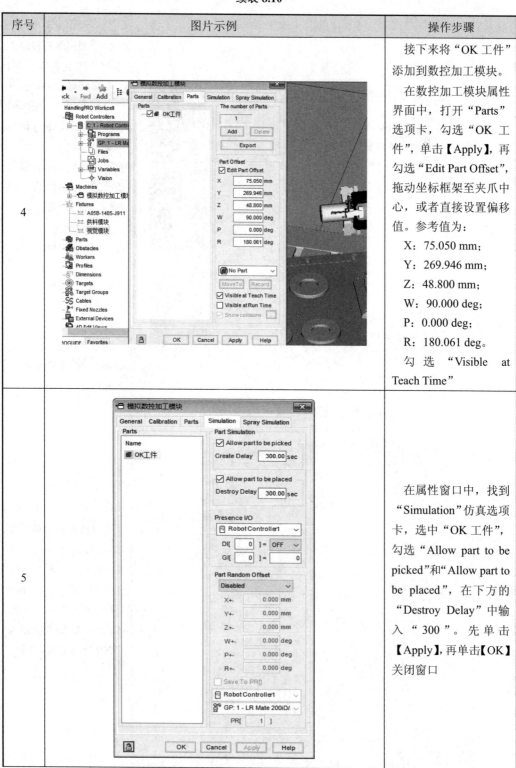	接下来将"OK工件"添加到数控加工模块。 在数控加工模块属性界面中，打开"Parts"选项卡，勾选"OK工件"，单击【Apply】，再勾选"Edit Part Offset"，拖动坐标框架至夹爪中心，或者直接设置偏移值。参考值为： X：75.050 mm； Y：269.946 mm； Z：48.800 mm； W：90.000 deg； P：0.000 deg； R：180.061 deg。 勾选"Visible at Teach Time"
5		在属性窗口中，找到"Simulation"仿真选项卡，选中"OK工件"，勾选"Allow part to be picked"和"Allow part to be placed"，在下方的"Destroy Delay"中输入"300"。先单击【Apply】，再单击【OK】关闭窗口

续表8.10

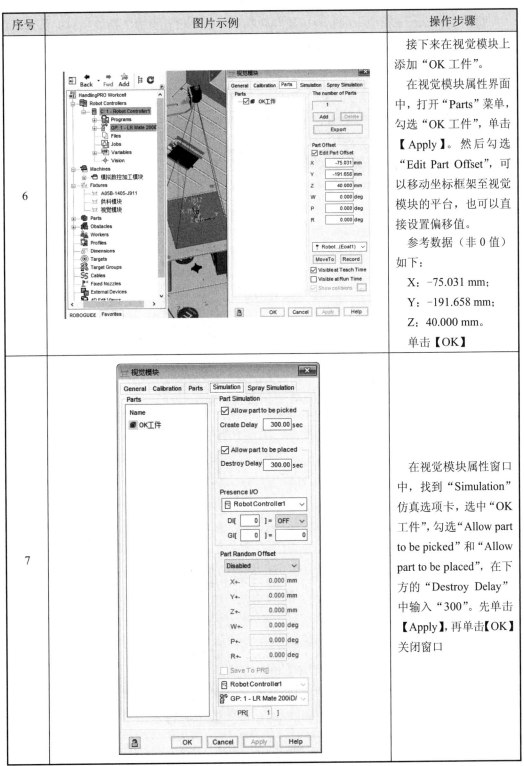

序号	图片示例	操作步骤
6		接下来在视觉模块上添加"OK工件"。在视觉模块属性界面中，打开"Parts"菜单，勾选"OK工件"，单击【Apply】。然后勾选"Edit Part Offset"，可以移动坐标框架至视觉模块的平台，也可以直接设置偏移值。 参考数据（非0值）如下： X：-75.031 mm； Y：-191.658 mm； Z：40.000 mm。 单击【OK】
7		在视觉模块属性窗口中，找到"Simulation"仿真选项卡，选中"OK工件"，勾选"Allow part to be picked"和"Allow part to be placed"，在下方的"Destroy Delay"中输入"300"。先单击【Apply】，再单击【OK】关闭窗口

注：表格中的位置数据是由SolidWorks的评估测量功能计算得出，仅供参考。

9. 物料抓取仿真

设置完各 Fixture 模型上的物料位置与仿真后，需要设置机器人抓取物料的仿真，将物料放置到夹爪的对应位置，具体步骤见表 8.11。

表 8.11　物料抓取仿真步骤

序号	图片示例	操作步骤
1	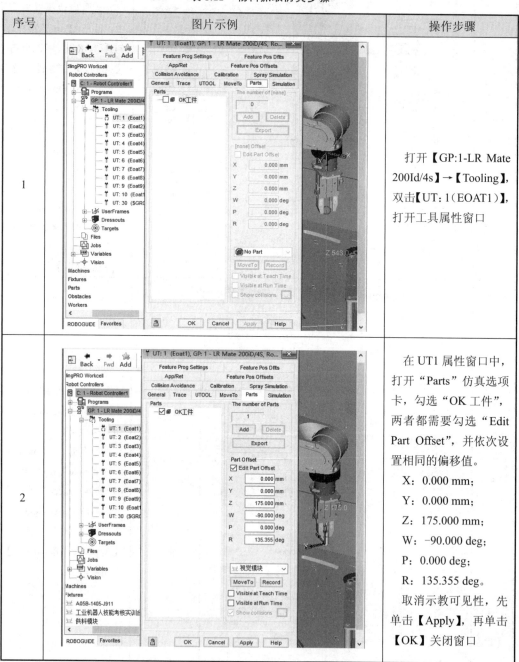	打开【GP:1-LR Mate 200Id/4s】→【Tooling】，双击【UT：1（EOAT1）】，打开工具属性窗口
2		在 UT1 属性窗口中，打开"Parts"仿真选项卡，勾选"OK工件"，两者都需要勾选"Edit Part Offset"，并依次设置相同的偏移值。 X：0.000 mm； Y：0.000 mm； Z：175.000 mm； W：−90.000 deg； P：0.000 deg； R：135.355 deg。 取消示教可见性，先单击【Apply】，再单击【OK】关闭窗口

注：表格中的位置数据是由 SolidWorks 的评估测量功能计算得出，仅供参考。

8.4.3 主体程序设计

本项目的主体程序是夹爪工具的抓取与放置仿真程序、视觉程序、数控动作程序和视觉模块抓取程序。

1. 抓取与放置程序的创建

抓取与放置程序的创建主要有供料模块物料抓取与放置、数控加工模块物料放置与抓取、视觉模块物料抓取与放置。

（1）供料模块物料抓取与放置。

供料模块物料抓取与放置程序创建步骤见表 8.12。

表 8.12 供料模块物料抓取与放置程序创建步骤

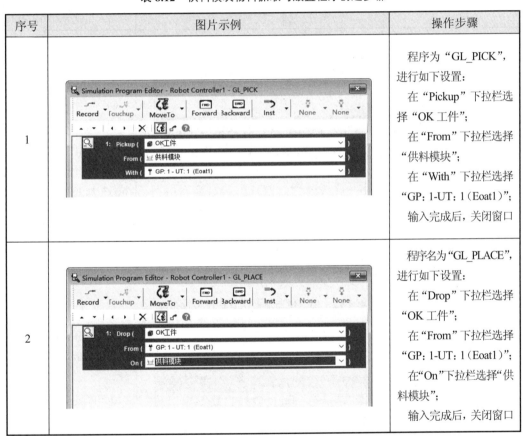

序号	图片示例	操作步骤
1		程序为"GL_PICK"，进行如下设置： 在"Pickup"下拉栏选择"OK工件"； 在"From"下拉栏选择"供料模块"； 在"With"下拉栏选择"GP: 1-UT: 1（Eoat1）"； 输入完成后，关闭窗口
2		程序名为"GL_PLACE"，进行如下设置： 在"Drop"下拉栏选择"OK工件"； 在"From"下拉栏选择"GP: 1-UT: 1（Eoat1）"； 在"On"下拉栏选择"供料模块"； 输入完成后，关闭窗口

（2）数控加工模块物料放置与抓取。

数控加工仿真程序设置步骤见表 8.13。

表 8.13　数控加工仿真程序设置步骤

序号	图片示例	操作步骤
1	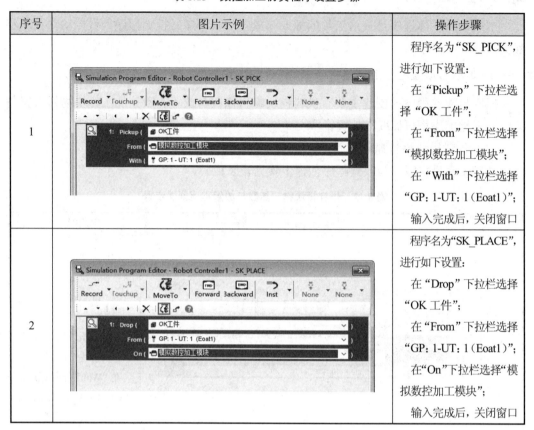	程序名为"SK_PICK"，进行如下设置： 在"Pickup"下拉栏选择"OK工件"； 在"From"下拉栏选择"模拟数控加工模块"； 在"With"下拉栏选择"GP：1-UT：1（Eoat1）"； 输入完成后，关闭窗口
2		程序名为"SK_PLACE"，进行如下设置： 在"Drop"下拉栏选择"OK工件"； 在"From"下拉栏选择"GP：1-UT：1（Eoat1）"； 在"On"下拉栏选择"模拟数控加工模块"； 输入完成后，关闭窗口

（3）视觉模块物料抓取与放置。

视觉模块抓取仿真程序设置步骤见表 8.14。

表 8.14　视觉模块抓取仿真程序设置步骤

序号	图片示例	操作步骤
1	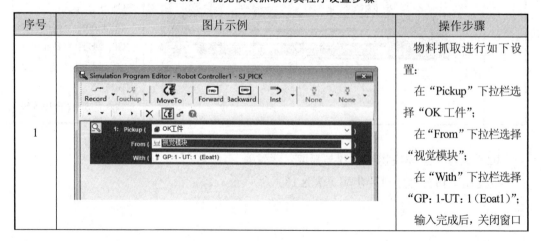	物料抓取进行如下设置： 在"Pickup"下拉栏选择"OK工件"； 在"From"下拉栏选择"视觉模块"； 在"With"下拉栏选择"GP：1-UT：1（Eoat1）"； 输入完成后，关闭窗口

续表 8.14

序号	图片示例	操作步骤
2	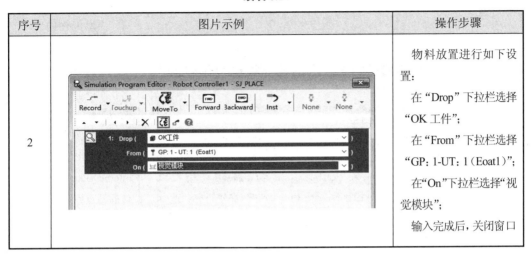	物料放置进行如下设置： 在"Drop"下拉栏选择"OK 工件"； 在"From"下拉栏选择"GP：1-UT：1（Eoat1）"； 在"On"下拉栏选择"视觉模块"； 输入完成后，关闭窗口

2. 视觉程序的创建

视觉程序的创建分为三步：iRVision 基础设置、视觉处理程序的创建和视觉抓取程序的创建。

（1）iRVision 基础设置。

iRVision 基础设置步骤见表 8.15。

表 8.15 iRVision 基础设置步骤

序号	图片示例	操作步骤
1	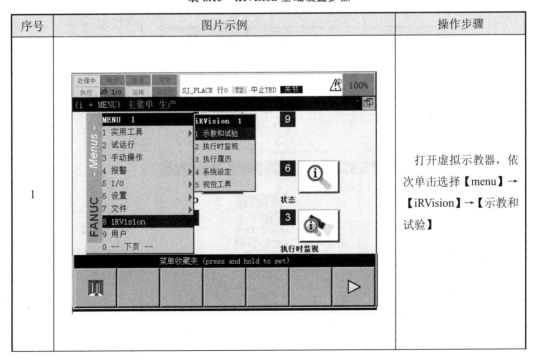	打开虚拟示教器，依次单击选择【menu】→【iRVision】→【示教和试验】

续表 8.15

序号	图片示例	操作步骤
2		在弹出的网页中，按照网页提示，安装并启用视觉界面控件，把机器人的 IP 地址加入 Internet Explorer 的受信任的站点中，最后启用 ActiveX 筛选
3		安装完成后，关闭网页，单击示教器中的【请点击此处】，进入 iRVision 设置界面
4		依次单击【视觉类型】→【相机】→【新建】，新建相机

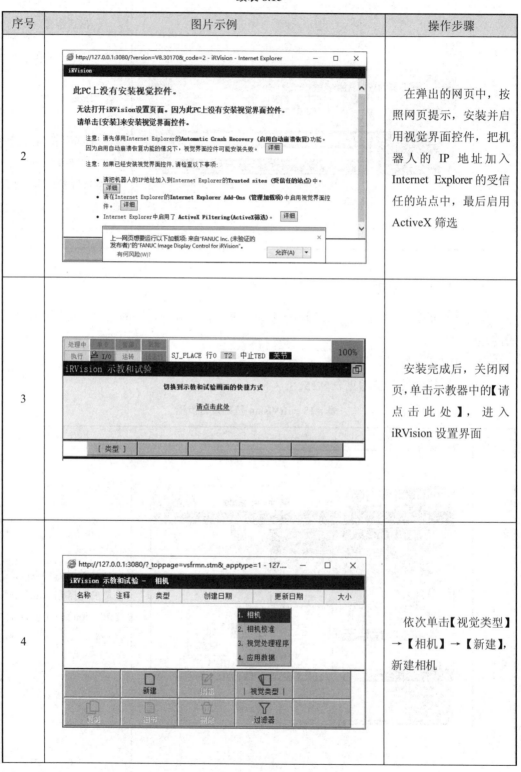

续表 8.15

序号	图片示例	操作步骤
5		选择"类型"为"Sony Analog Camera",并设置相机名称,本项目的名称设为"XC56"。最后单击【确定】
6		编辑相机,选择相机类型为"SONY XC-56"。依次单击【保存】→【结束编辑】
7		依次单击【相机校准】→【新建】,新建相机校准

续表 8.15

序号	图片示例	操作步骤
8		选择类型为"Grid Pattern Calibration Tool",并设置相机校准名称,本项目的名称设为"GRID"。最后单击【确定】
9		选中"GRID"相机校准,单击【编辑】,打开相机校准设置
10		选择相机,设置曝光时间、基准坐标系和焦距等参数。本项目的主要参数为: 参数|值 ---|--- 基准坐标系|3 相机|XC56 曝光时间|10.000 ms 格子间距|15.0 mm 机器人抓取点阵板|否 点阵板设置情报|3 焦距|12.0 mm 设置完成后,依次单击【设定】→【检出】

续表 8.15

序号	图片示例	操作步骤
11	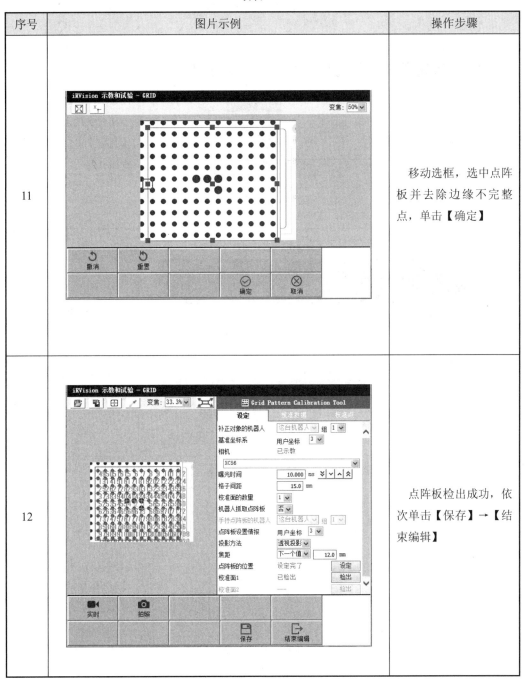	移动选框，选中点阵板并去除边缘不完整点，单击【确定】
12		点阵板检出成功，依次单击【保存】→【结束编辑】

（2）视觉处理程序的创建。

视觉处理程序的创建步骤见表 8.16。

表 8.16 视觉处理程序的创建步骤

序号	图片示例	操作步骤
1		依次单击【视觉类型】→【视觉处理程序】→【新建】,新建视觉处理程序
2		选择类型为"2-D Single-View Vision Process",并设置处理程序名称,本项目的名称设为"Vision"。最后单击【确定】
3		双击点阵板模型【A05B-1405-J910】,打开属性,取消勾选"Visible",单击【OK】,隐藏点阵板模型

续表 8.16

序号	图片示例	操作步骤
4	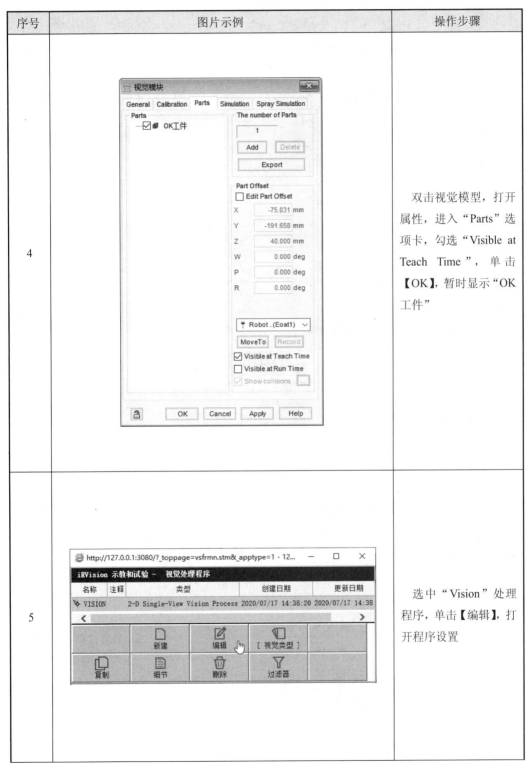	双击视觉模型，打开属性，进入"Parts"选项卡，勾选"Visible at Teach Time"，单击【OK】，暂时显示"OK 工件"
5		选中"Vision"处理程序，单击【编辑】，打开程序设置

续表 8.16

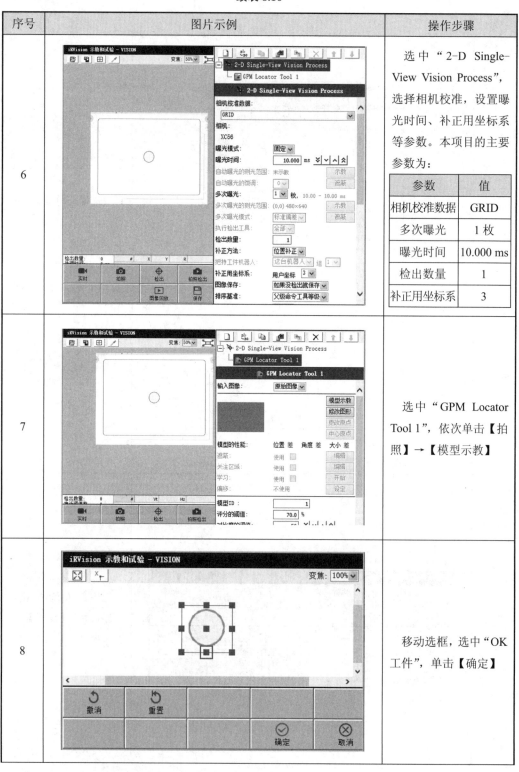

序号	操作步骤
6	选中"2-D Single-View Vision Process",选择相机校准,设置曝光时间、补正用坐标系等参数。本项目的主要参数为: | 参数	值 | |---|---|
相机校准数据	GRID
多次曝光	1 枚
曝光时间	10.000 ms
检出数量	1
补正用坐标系	3	
7	选中"GPM Locator Tool 1",依次单击【拍照】→【模型示教】
8	移动选框,选中"OK工件",单击【确定】

续表 8.16

序号	图片示例	操作步骤
9		将页面滑动到最后，取消勾选角度有效，单击【拍照检出】，观察检出位置是否正确，如果有问题，可以回到上一步，修改模型示教
10		选中"2-D Single-View Vision Process"，滑动界面到最后，修改"检出面Z向高度"为"32.000 mm"（OK工件高度），依次单击【拍照检出】→【设定】→【保存】→【结束编辑】

（3）视觉抓取程序的创建。

视觉抓取程序用于检测放置在模块的物料位置，并通过视觉寄存器使机器人运动到指定位置抓取物料。在编写程序前需要先设置一条用户报警，操作步骤见表 8.17。

表 8.17 用户报警设置操作步骤

序号	图片示例	操作步骤
1	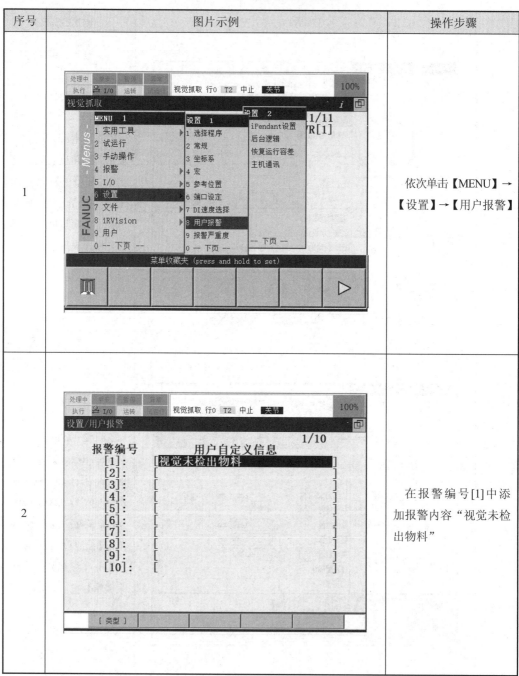	依次单击【MENU】→【设置】→【用户报警】
2		在报警编号[1]中添加报警内容"视觉未检出物料"

完成用户报警设置后,可以开始编写视觉抓取程序,程序名称为"SHIJUE"。具体程序见表 8.18,其中的偏移均在视觉模块用户坐标系下。

表8.18 视觉抓取程序

程序指令	功能说明
1：UFRAME_NUM=3	使用视觉模块用户坐标系
2：UTOOL_NUM=1	使用1号工具坐标系（夹爪）
3：J P[3] 50% FINE	运动到视觉模块等待位置，相对检测位置的Z轴正方向偏移100 mm，Y轴负方向偏移150 mm（在用户坐标系3下拖动机器人）
4：VISION RUN_FIND 'VISION'	调用成品视觉处理程序
5：VISION GET_OFFSET 'VISION' : VR[1] JMP LBL[99]	获取补正数据，未检测到则跳转到LBL[99]
6：L P[2] 50mm/sec FINE VOFFSET,VR[1]	运动到视觉模块检测位置Z轴正方向100 mm
7：L P[1] 50mm/sec FINE VOFFSET,VR[1]	运动到成品托盘模块抓取位置
8：CAL SJ_PICK	调用视觉抓取程序
9：L P[2] 50mm/sec FINE VOFFSET,VR[1]	回到视觉模块检测位置Z轴正方向100 mm
10：L P[3] 50mm/sec FINE	回到视觉模块等待位置
11：END	结束程序调用
12：LBL[99]	标签LBL[99]位置
13：UALM[1]	显示用户报警1，提示未找到物料

3. 数控模块动作程序

数控模块动作程序指令见表8.19，其中的偏移均在数控模块用户坐标系下。

表8.19 数控模块动作程序指令

程序指令	功能说明
1：UFRAME_NUM=2	使用数控模块用户坐标系
2：UTOOL_NUM=1	使用1号工具坐标系（夹爪）
3：J P[2] 50% FINE	运动到数控加工模块放置位置Z轴负方向100 mm（在用户坐标系2下拖动机器人）
4：L P[1] 50mm/sec FINE	运动到数控加工模块放置位置
5：CALL SK_PLACE	放置物料
6：DO[101]=ON	闭合模块上的气爪
7：WAIT .30(sec)	延时0.3 s
8：L P[2] 50mm/sec FINE	回到数控加工模块放置位置Z轴负方向100 mm
9：L P[1] 50mm/sec FINE	运动到数控加工模块放置位置
10：CALL SK_PICK	调用数控抓取程序
11：DO[101]=OFF	打开模块上的气爪
12：WAIT .30(sec)	延时0.3 s
13：L P[2] 50mm/sec FINE	回到数控加工模块放置位置Z轴负方向100 mm

4. 视觉模块放置程序

编写视觉模块放置程序前，为了验证视觉检测的正确性，需要移动视觉模块上的物料，在本项目中，需要将物料沿着模块坐标系 X 轴正方向移动 50 mm，即物料的 X 轴偏移值增加 50 mm，变为 -25.031 mm，如图 8.11 所示。

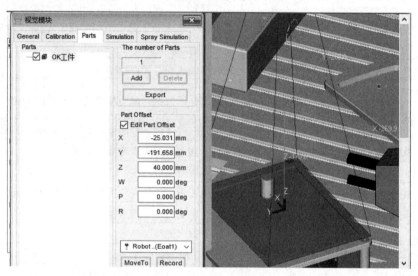

图 8.11　物料检测位置

移动物料完成后，编写 SHIJUE 程序，具体程序见表 8.20。

表 8.20　SHIJUE 程序

程序指令	功能说明
1：UFRAME_NUM=3	使用视觉模块用户坐标系
2：UTOOL_NUM=1	使用 1 号工具坐标系（夹爪）
3：J P[3] 50% FINE	运动到视觉模块检测等待点
4：L P[2] 50mm/sec FINE	运动到视觉模块抓取位置上方 100 mm（在用户坐标系 3 下拖动机器人）
5：L P[1] 50mm/sec FINE	运动到视觉模块抓取位置
6：CALL SJ_PLACE	调用视觉抓取程序

8.4.4　关联程序设计

本项目的关联程序为主程序，用于搬运物料完成项目要求的动作。机器人将物料从供料模块搬运到数控加工模块，完成模拟加工后，搬运至视觉模块，然后调用视觉抓取程序，最后将物料放回供料模块。程序名称为 MA05，关联程序见表 8.21。

表 8.21 关联程序

程序指令	功能说明
1：UFRAME_NUM=1	使用供料模块用户坐标系
2：UTOOL_NUM=1	使用1号工具坐标系（夹爪）
3：DO[101]=OFF	打开数控加工模块气缸
4：J P[1] 50% FINE	运动到原点位置，点位关节坐标为[0,0,0,0,-90,0]
5：J P[3] 50% FINE	运动到供料模块抓取位置上方 100 mm（在用户坐标系1下拖动机器人）
6：L P[2] 50 mm/sec FINE	运动到供料模块抓取位置
7：CALL GL_PICK	抓取物料
8：L P[3] 50 mm/sec FINE	回到抓取位置上方 100 mm
9：CALL SHUKONG	调用数控模块动作程序
10：CALL SHIJUE	调用视觉模块动作程序
11：CALL SHIBIE	调用视觉抓取程序
12：J P[3] 50% FINE	运动到供料模块抓取位置上方 100 mm
13：L P[2] 50 mm/sec FINE	运动到供料模块抓取位置
14：CALL GL_PLACE	调用供料模块放置取程序
15：L P[3] 50 mm/sec FINE	回到供料模块抓取位置上方 100 mm
16：J P[1] 50% FINE	回到原点位置

注：点位关节坐标"[]"中的数据依次为 J1、J2、J3、J4、J5、J6 的角度值，且使用供料模块用户坐标系和1号工具坐标系（夹爪）。

8.4.5 项目程序调试

程序编写完成后，通过单步运行观察机器人的运动，程序调试步骤见表 8.22。

表 8.22 程序调试步骤

序号	图片示例	操作步骤
1	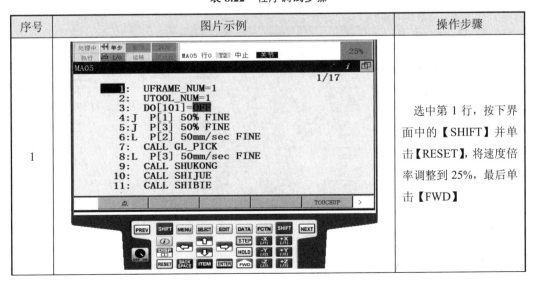	选中第1行，按下界面中的【SHIFT】并单击【RESET】，将速度倍率调整到25%，最后单击【FWD】

续表 8.22

序号	图片示例	操作步骤
2		观察机器人的运动轨迹

8.4.6 项目总体运行

调试完成后，可以进行运行演示，见表 8.23。

表 8.23 总体运行步骤

序号	图片示例	操作步骤
1		单击【▶▌】运行面板按钮，打开运行面板窗口

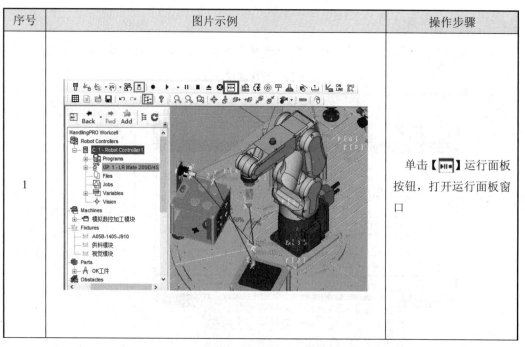

续表 8.23

序号	图片示例	操作步骤
2	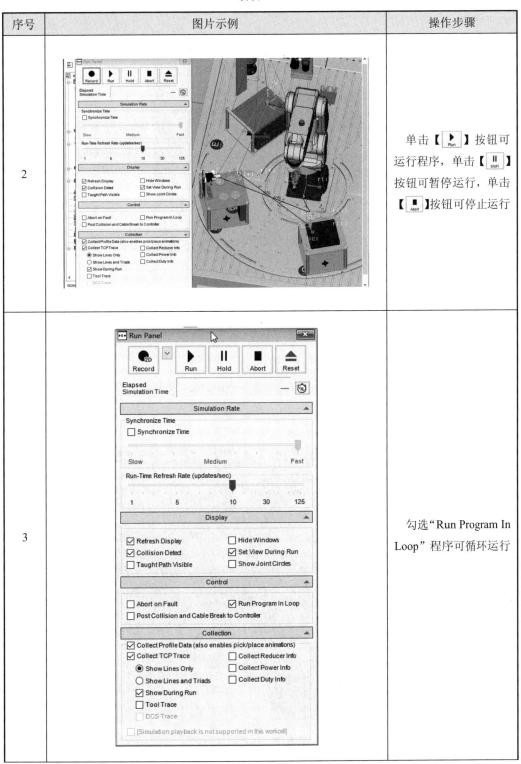	单击【▶】按钮可运行程序，单击【❚❚】按钮可暂停运行，单击【■】按钮可停止运行
3		勾选"Run Program In Loop"程序可循环运行

续表 8.23

序号	图片示例	操作步骤
4	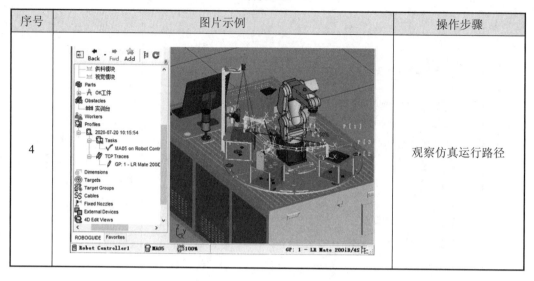	观察仿真运行路径

8.5 项目验证

8.5.1 效果验证

在总体运行后,ROBOGUIDE 软件会生成 TCP 轨迹,如图 8.12 所示,从中可以观察仿真效果是否与预期一致,是否有位置会发生碰撞。

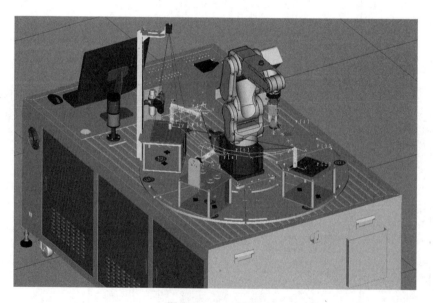

图 8.12 TCP 轨迹

8.5.2 数据验证

本项目中，SHIJUE 程序中 P[1]点为视觉模块的物料放置点，是直接示教的，而 SHIBIE 程序中的视觉模块抓取点 P[1]，是在视觉检测后偏移而来，需要对比二者的数据。数据验证步骤见表 8.24。

表 8.24 数据验证步骤

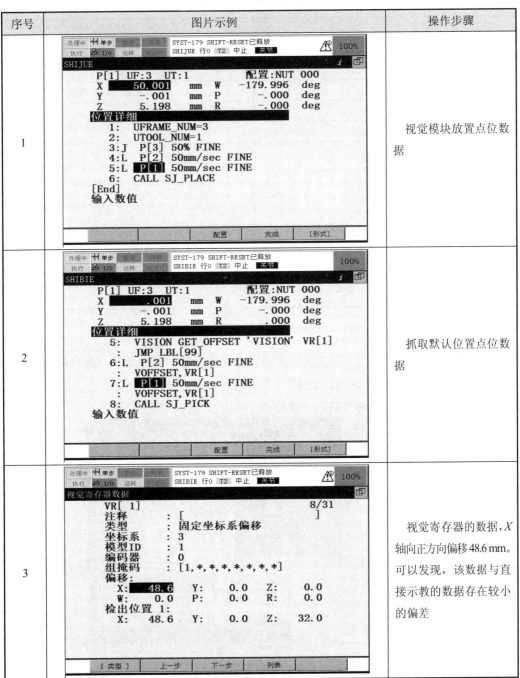

序号	图片示例	操作步骤
1		视觉模块放置点位数据
2		抓取默认位置点位数据
3		视觉寄存器的数据，X 轴向正方向偏移 48.6 mm。可以发现，该数据与直接示教的数据存在较小的偏差

8.6 项目总结

8.6.1 项目评价

完成训练项目后，填写表 8.25 所示的项目评价表。

表 8.25 项目评价表

项目评价表		自评	互评	完成情况说明
项目分析	1. 项目需求分析	8		
	2. 项目流程分析	8		
项目要点	1. iRVision 设置	9		
	2. 视觉程序的创建	9		
项目步骤	1. 应用系统连接	9		
	2. 应用系统配置	9		
	3. 主体程序设计	9		
	4. 关联程序设计	9		
	5. 项目程序调试	9		
	6. 项目运行调试	9		
项目验证	1. 效果验证	6		
	2. 数据验证	6		
合计		100		

8.6.2 项目拓展

在完成本项目练习后，可以尝试其他模型的视觉抓取，例如一个立方体模型的识别与抓取，可通过 ROBOGUIDE 软件生成一个 25 mm×25 mm×25 mm 立方体盒子的 Parts 模型，如图 8.13 所示，再通过视觉完成检测与抓取。

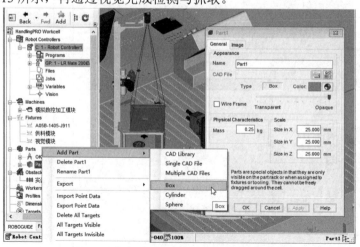

图 8.13 立方体盒子

第 9 章 物料装配的数字孪生

9.1 项目概况

9.1.1 项目背景

装配是产品生产的后续工序,在制造业中占有重要地位,在人力、物力、财力消耗中占有很大比例,作为一项新兴的工业技术,机器人装配应运而生。"视觉+装配"将是机器人技术发展的焦点之一。机器人装配的实例如图 9.1 所示。通过 ROBOGUIDE 软件可以了解视觉装配的基本应用。

※ 物料装配项目目的

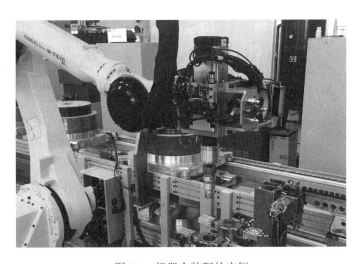

图 9.1 机器人装配的实例

9.1.2 项目需求

本项目需要完成圆环与物料的装配,装配完成后通过 FANUC iRVision 视觉系统完成装配检测。通过 ROBOGUIDE 仿真功能,导入供料模块、数控加工模块、视觉模块、微动开关模块、打磨模块、装配模块和成品托盘模块,模拟 SONY XC-56 相机的功能,实现物料搬运与视觉定位抓取,使用的模块如图 9.2 所示。

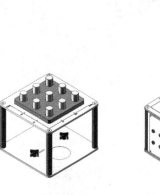  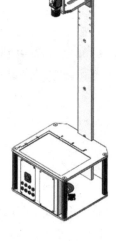 

（a）供料模块　　（b）数控加工模块　　（c）视觉模块　　（d）微动开关模块

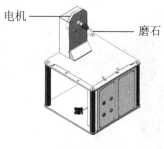  

（e）打磨模块　　（f）装配模块　　（g）成品托盘模块

图9.2　使用的模块

9.1.3　项目目的

通过学习本项目，可以掌握以下内容：

（1）装配视觉检查的设置。

（2）补正工具坐标的创建方法。

9.2　项目分析

9.2.1　项目构架

物料装配项目的模块由供料模块、数控加工模块、视觉模块、微动开关模块、去毛刺模块、成品托盘模块和FANUC机器人组成，任务要求机器人利用夹爪工具将物料从供料模块搬运到数控加工模块，并通过气缸固定物料，然后抓取加工后的物料，搬运至视觉模块，完成视觉检测，最后放回供料模块。物料检测各个功能模块项目构架如图9.3所示。

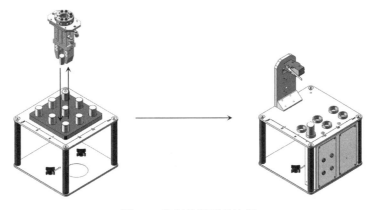

图 9.3 物料检测项目构架

1. 物料抓取检测功能

机器人自供料模块中拾取物料后运动至微动开关模块进行检测，确认是否成功抓取物料。

2. 物料加工打磨功能

微动开关成功检测到物料之后，运动至模拟数控加工模块进行模拟加工，对加工过的物料进行打磨处理。物料加工打磨项目构架如图 9.4 所示。

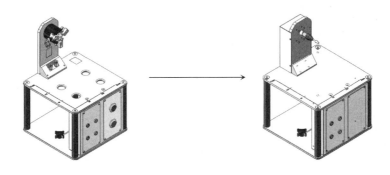

图 9.4 物料加工打磨项目构架

3. 物料装配定位功能

机器人在供料托盘中将工件目标抓取，运动到微动开关进行检测，检测成功进行模拟加工打磨，将加工过的工件插进装配模块的铁环中，装配完成后由视觉识别工件定位，确认外环存在，工件装配合格者，放置于指定 OK 合格托盘，不合格者无法装配，放置于 NOK 托盘。物料装配定位项目构架如图 9.5 所示。

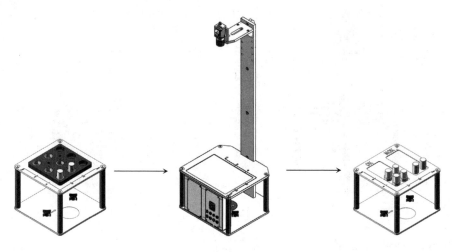

图 9.5　物料装配定位项目构架

9.2.2　项目流程

本项目实施流程如图 9.6 所示。

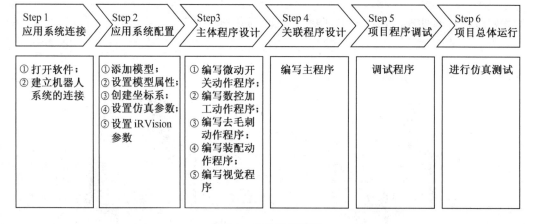

图 9.6　项目实施流程

9.3　项目要点

9.3.1　良否检查视觉程序

iRVision 视觉处理程序除了常用动作补正的视觉处理程序外,还有一个特殊的处理程序,称为良否检查视觉处理程序(Single View Inspection VisProc),如图 9.7 所示。该程序与机器人动作补正的视觉程序不同,是判定检查结果良否(OK／NG)的视觉程序。

※ 物料装配项目要点

图 9.7　良否检查视觉处理程序

1. 视觉程序的设置

在创建良否检查视觉处理程序后，程序会添加一个默认的判断视觉工具（Evaluation Tool），如图 9.8 所示。为了设置判断条件，还需要添加其他视觉工具，添加步骤为单击【 】（新建）→选择视觉工具→单击【确定】，如图 9.9 所示。

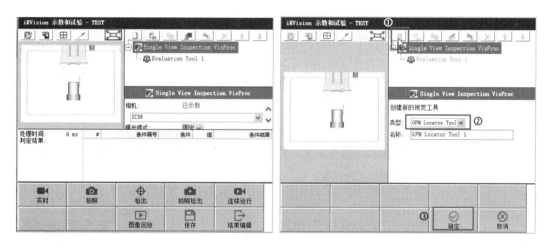

图 9.8　默认判断视觉工具　　　　　图 9.9　添加其他视觉工具

在完成视觉工具的添加后，需要设定判断的值和条件。首先设置判断的值，选择对应的视觉工具和需要判断的项目，如图 9.10（a）所示；之后根据选择的值，设置判断条件，如图 9.10（b）所示。

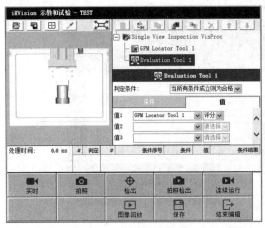 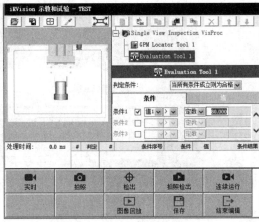

（a）判断值的设定　　　　　　　　　　（b）判断条件的设定

图 9.10　判断工具的设置

2. 指令的添加

进行良否判断时，需要调用"取得判定结果"指令：

VISION GET_PASSFAIL 'CHENGPIN' R[1]

其中"CHENGPIN"为视觉处理程序的名称，R[1]为存储判定结果的数值寄存器，当判定为 OK 时 R[1]=1；当判定为 NG 时 R[1]=0；当无法判定结果时 R[1]=2。

9.3.2　装配视觉检查

FANUC iRVision 视觉系统除了可以识别固定物体的位置，控制机器人完成抓取动作外，还可以识别机器人手持物体的形状，并判断是否为良品。本项目使用机器人手持装配成品，进行视觉检测。

本项目使用 iRVision 良品判断视觉处理程序，需要添加 GPM Locator Tool（图案匹配工具）和 Count Tool（计数工具），视觉工具的选择如图 9.11 所示。在完成工具的添加后，需要设置判断条件，条件为判断检出图案的数量是否为 1，如图 9.12 所示。

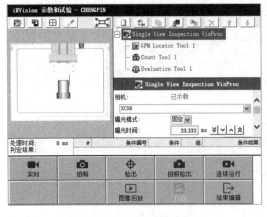 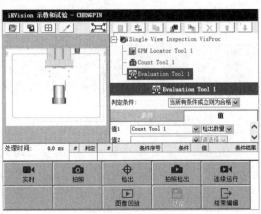

图 9.11　视觉工具的选择　　　　　　　　图 9.12　判断条件的设置

第 9 章　物料装配的数字孪生

在实际装配过程中，需要考虑在装配失败的情况下视觉程序的处理方法。在本项目中，需要创建两个视觉处理程序，一个识别为装配后的成品，另一个用于识别未装配的物料，如图 9.13 所示。

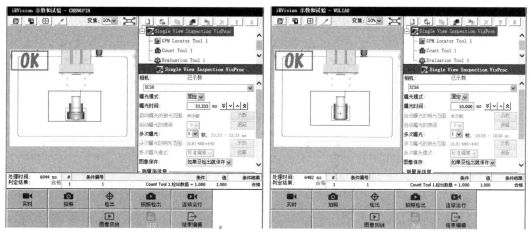

（a）成品识别　　　　　　　　　　　　　　（b）未装配物料识别

图 9.13　视觉处理程序

9.4　项目步骤

❋　物料装配项目步骤

9.4.1　应用系统连接

想要实现仿真任务，首先需要搭建一个工作单元，完成与机器人系统的连接。打开 ROBOGUIDE 后，新建一个工作单元，名称为"物料装配项目"，如图 9.14 所示。需要注意本项目必须在机器人选项中，选择 iRVision 的相关选项（R685 和 J871），才能开启视觉仿真。

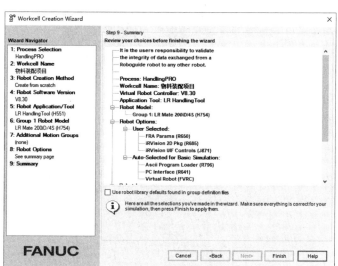

图 9.14　物料装配项目

9.4.2 应用系统配置

本项目的系统配置主要包含实训台、各模块以及各设备模型的导入与安装、视觉设置和物料搬运仿真设置。

1. Fixture 模型导入和机器人安装

本项目的 Fixture 模型导入与机器人安装的流程，是按实训台→机器人模块→供料模块→装配模块→视觉模块→成品托盘模块的顺序，依次导入模型，相关模块的导入安装见表 9.1。

表 9.1 相关模块的导入安装

序号	图片示例	操作步骤
1	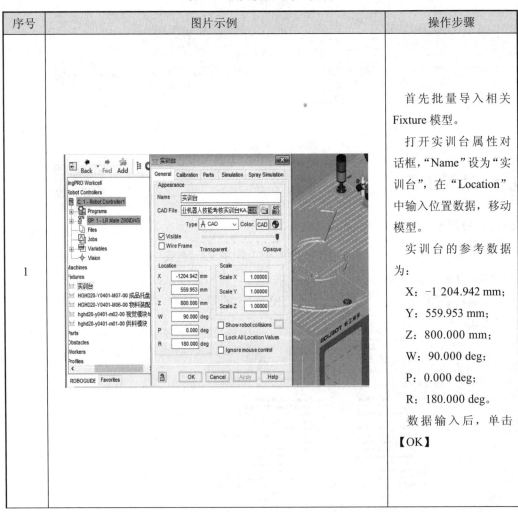	首先批量导入相关 Fixture 模型。打开实训台属性对话框，"Name"设为"实训台"，在"Location"中输入位置数据，移动模型。实训台的参考数据为：X：-1 204.942 mm；Y：559.953 mm；Z：800.000 mm；W：90.000 deg；P：0.000 deg；R：180.000 deg。数据输入后，单击【OK】

续表 9.1

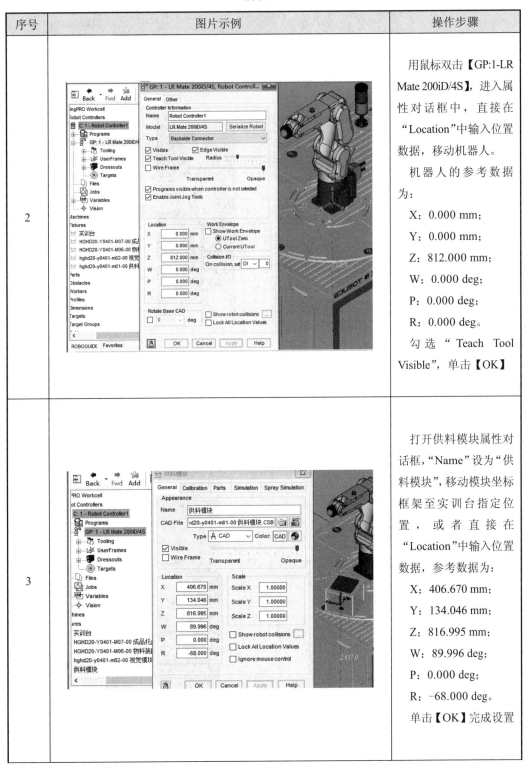

序号	图片示例	操作步骤
2		用鼠标双击【GP:1-LR Mate 200iD/4S】,进入属性对话框中,直接在"Location"中输入位置数据,移动机器人。机器人的参考数据为: X:0.000 mm; Y:0.000 mm; Z:812.000 mm; W:0.000 deg; P:0.000 deg; R:0.000 deg。 勾选"Teach Tool Visible",单击【OK】
3		打开供料模块属性对话框,"Name"设为"供料模块",移动模块坐标框架至实训台指定位置,或者直接在"Location"中输入位置数据,参考数据为: X:406.670 mm; Y:134.046 mm; Z:816.995 mm; W:89.996 deg; P:0.000 deg; R:−68.000 deg。 单击【OK】完成设置

续表 9.1

序号	图片示例	操作步骤
4	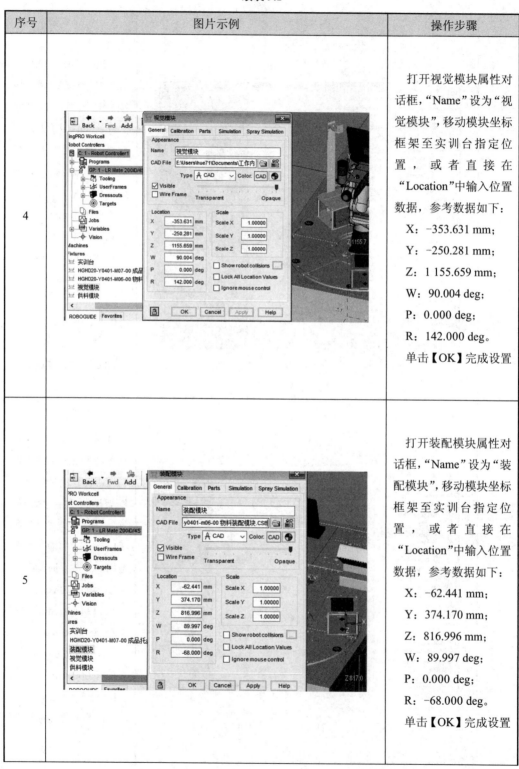	打开视觉模块属性对话框,"Name"设为"视觉模块",移动模块坐标框架至实训台指定位置,或者直接在"Location"中输入位置数据,参考数据如下: X:−353.631 mm; Y:−250.281 mm; Z:1 155.659 mm; W:90.004 deg; P:0.000 deg; R:142.000 deg。 单击【OK】完成设置
5		打开装配模块属性对话框,"Name"设为"装配模块",移动模块坐标框架至实训台指定位置,或者直接在"Location"中输入位置数据,参考数据如下: X:−62.441 mm; Y:374.170 mm; Z:816.996 mm; W:89.997 deg; P:0.000 deg; R:−68.000 deg。 单击【OK】完成设置

续表9.1

序号	图片示例	操作步骤
6	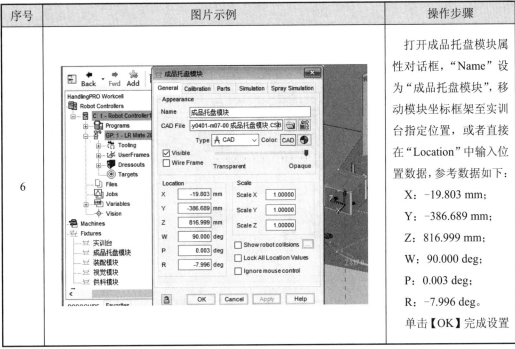	打开成品托盘模块属性对话框，"Name"设为"成品托盘模块"，移动模块坐标框架至实训台指定位置，或者直接在"Location"中输入位置数据，参考数据如下： X：-19.803 mm； Y：-386.689 mm； Z：816.999 mm； W：90.000 deg； P：0.003 deg； R：-7.996 deg。 单击【OK】完成设置

注：表格中的位置数据是由SolidWorks的评估测量功能计算得出，仅供参考。

2. 添加相机

在添加视觉模块后，需要添加一台相机，相机属于传感器单元（Sensor Unit）。相机为SONY XC-56，使用的镜头焦距为12 mm。

表9.2 相机添加步骤

序号	图片示例	操作步骤
1		右击【Sensor Units】，依次单击【Add Vision Sensor Unit】→【Add 2D Camera】→【Add Analog Camera】→【CAD Library】，打开模型库

续表 9.2

序号	图片示例	操作步骤
2		选择"SONY XC-56 2D.CSB"文件，单击【OK】完成设置
3		双击【Camera1】，打开属性，勾选"Lock All Location Values"，锁定 Camera1 模型
4		单击【SensorUnit1】，移动模型坐标框架至视觉模块的相机安装位置，或者直接在属性的"Location"中输入位置数据，参考数据如下： X：-271.543 mm； Y：-267.107 mm； Z：1 529.829 mm； W：0.000 deg； P：0.000 deg； R：52.000 deg。 单击【OK】完成设置

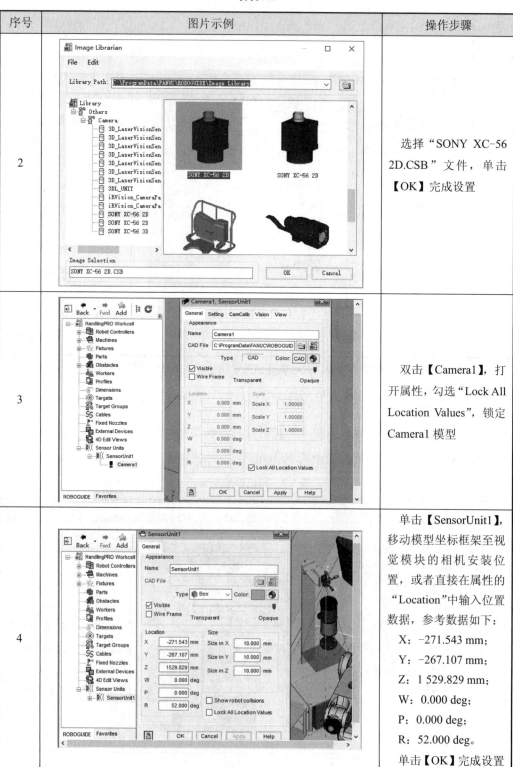

续表 9.2

序号	图片示例	操作步骤
5	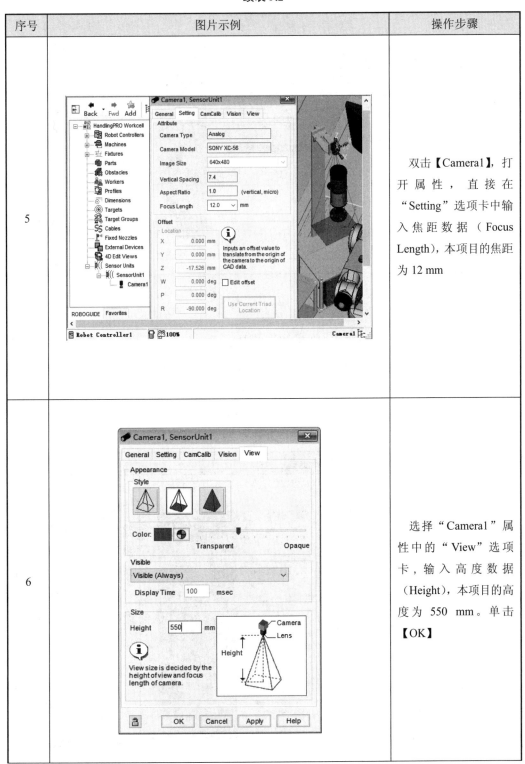	双击【Camera1】，打开属性，直接在"Setting"选项卡中输入焦距数据（Focus Length），本项目的焦距为 12 mm
6		选择"Camera1"属性中的"View"选项卡，输入高度数据（Height），本项目的高度为 550 mm。单击【OK】

续表 9.2

序号	图片示例	操作步骤
7	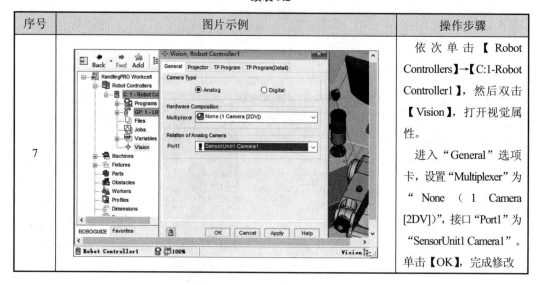	依次单击【Robot Controllers】→【C:1-Robot Controller1】，然后双击【Vision】，打开视觉属性。 进入"General"选项卡，设置"Multiplexer"为"None（1 Camera [2DV]）"，接口"Port1"为"SensorUnit1 Camera1"。单击【OK】，完成修改

3. Machine 模块导入及安装

添加 Fixture 模型后，需要添加 Machine 模块，本项目的 Machine 主要有数控加工模块、去毛刺模块和微动开关模块。

（1）数控加工模块的导入及安装。

数控加工模块需要仿真气爪的打开与闭合，具体操作步骤见表 9.3。

表 9.3 数控加工模块导入及安装步骤

序号	图片示例	操作步骤
1	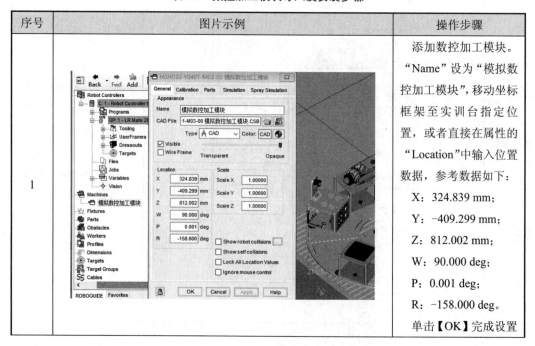	添加数控加工模块。"Name"设为"模拟数控加工模块"，移动坐标框架至实训台指定位置，或者直接在属性的"Location"中输入位置数据，参考数据如下： X：324.839 mm； Y：-409.299 mm； Z：812.002 mm； W：90.000 deg； P：0.001 deg； R：-158.000 deg。 单击【OK】完成设置

续表 9.3

序号	图片示例	操作步骤
2	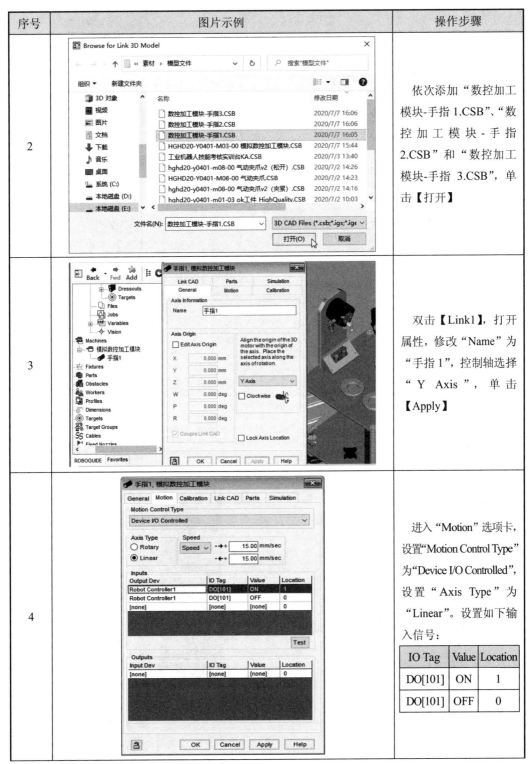	依次添加"数控加工模块-手指1.CSB"、"数控加工模块-手指2.CSB"和"数控加工模块-手指3.CSB",单击【打开】
3		双击【Link1】,打开属性,修改"Name"为"手指1",控制轴选择"Y Axis",单击【Apply】
4		进入"Motion"选项卡,设置"Motion Control Type"为"Device I/O Controlled",设置"Axis Type"为"Linear"。设置如下输入信号: 	IO Tag	Value	Location	 |---|---|---| | DO[101] | ON | 1 | | DO[101] | OFF | 0 |

253

续表 9.3

序号	图片示例	操作步骤
5		取消勾选"Motor Visible"
6		双击【Link2】，打开属性对话框，修改"Name"为"手指2"，先设置运动轴为"X Axis"，再在"Axis Origin"中输入位置数据。参考数据为：X：0.000 mm；Y：0.000 mm；Z：0.000 mm；W：0.000 deg；P：0.000 deg；R：30.000 deg。数据输入后，取消勾选"Couple Link CAD"，单击【Apply】

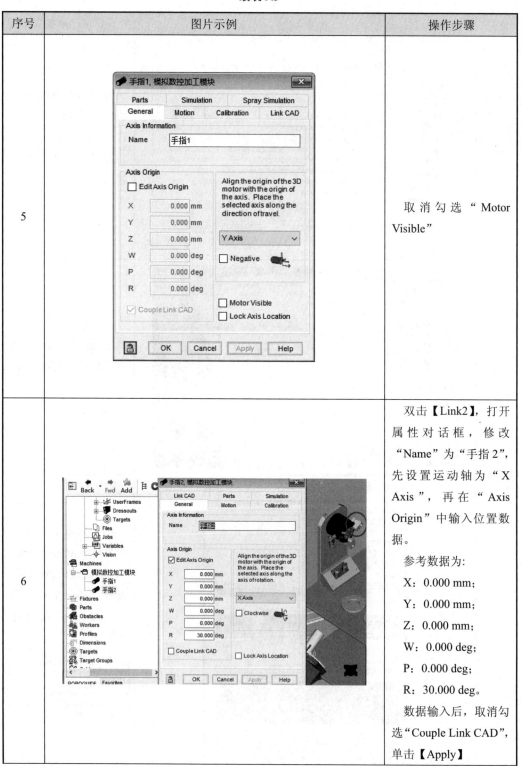

续表 9.3

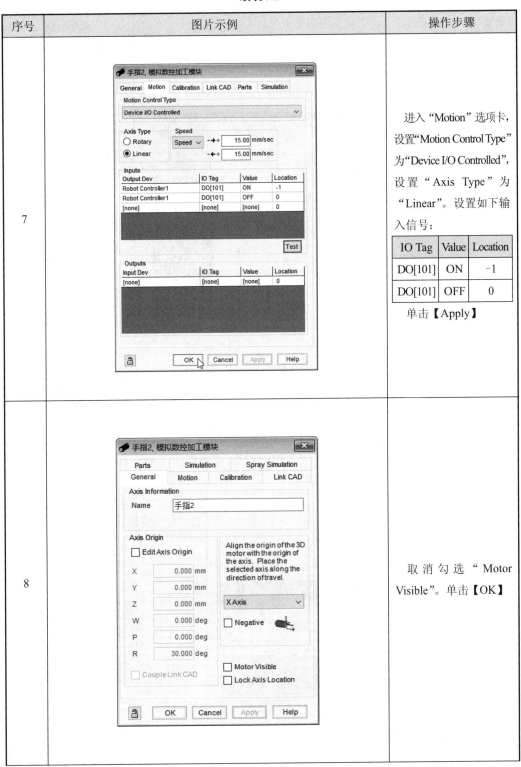

序号	图片示例	操作步骤
7		进入"Motion"选项卡，设置"Motion Control Type"为"Device I/O Controlled"，设置"Axis Type"为"Linear"。设置如下输入信号： | IO Tag | Value | Location | | --- | --- | --- | | DO[101] | ON | −1 | | DO[101] | OFF | 0 | 单击【Apply】
8		取消勾选"Motor Visible"。单击【OK】

续表 9.3

序号	图片示例	操作步骤
9	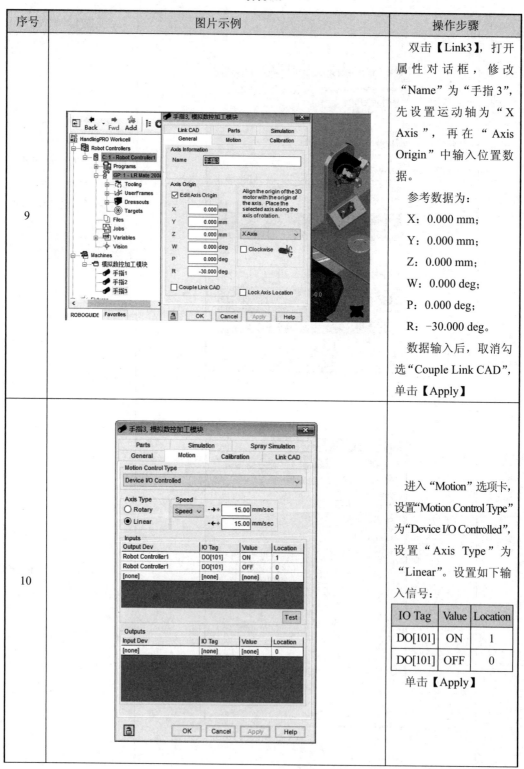	双击【Link3】，打开属性对话框，修改"Name"为"手指3"，先设置运动轴为"X Axis"，再在"Axis Origin"中输入位置数据。 参考数据为： X：0.000 mm； Y：0.000 mm； Z：0.000 mm； W：0.000 deg； P：0.000 deg； R：−30.000 deg。 数据输入后，取消勾选"Couple Link CAD"，单击【Apply】
10		进入"Motion"选项卡，设置"Motion Control Type"为"Device I/O Controlled"，设置"Axis Type"为"Linear"。设置如下输入信号： | IO Tag | Value | Location | |---|---|---| | DO[101] | ON | 1 | | DO[101] | OFF | 0 | 单击【Apply】

续表9.3

序号	图片示例	操作步骤
11	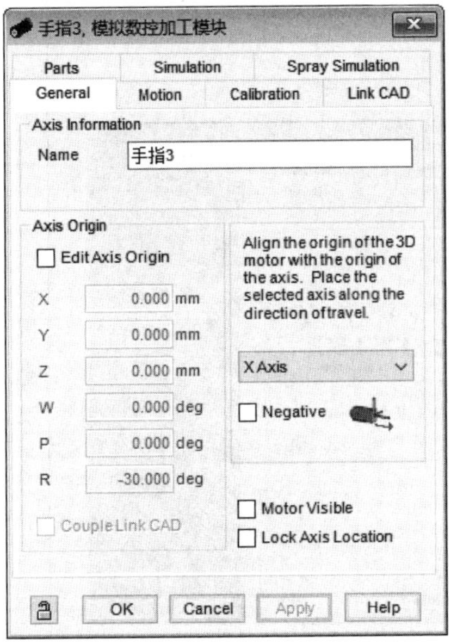	取消勾选"Motor Visible"。单击【OK】

（2）去毛刺模块的导入与仿真。

去毛刺模块的导入与仿真步骤见表9.4。

表9.4 去毛刺模块的导入与仿真

序号	图片示例	操作步骤
1	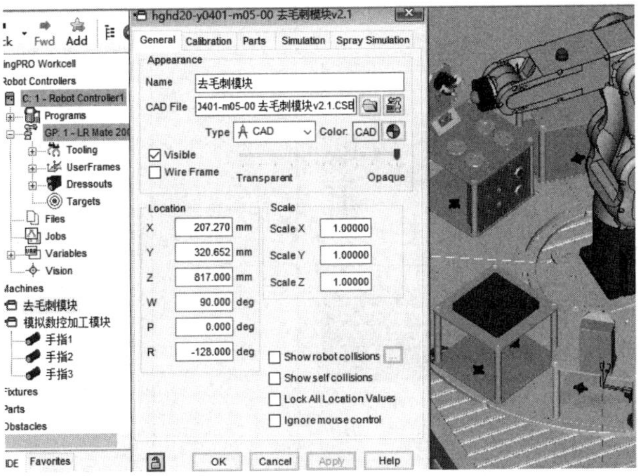	添加去毛刺模块。"Name"设为"去毛刺模块"，移动坐标框架至实训台的指定位置，或者直接在属性的"Location"中输入位置数据，参考数据如下： X：207.270 mm； Y：320.652 mm； Z：817.000 mm； W：90.000 deg； P：0.000 deg； R：-128.000 deg。 单击【OK】完成设置

续表 9.4

序号	图片示例	操作步骤
2		添加磨石 Link 模型。双击【Link1】,打开属性,修改"Name"为磨石,控制轴选择"X Axis",单击【Apply】
3		进入"Motion"选项卡,设置"Motion Control Type"为"Device I/O Controlled",设置"Axis Type"为"Linear"。"Speed"设为"1.000" deg/sec。IO 设置如下: | IO Tag	Value	Location
DO[102]	ON	360.000
DO[102]	OFF	0.000 | 单击【Apply】

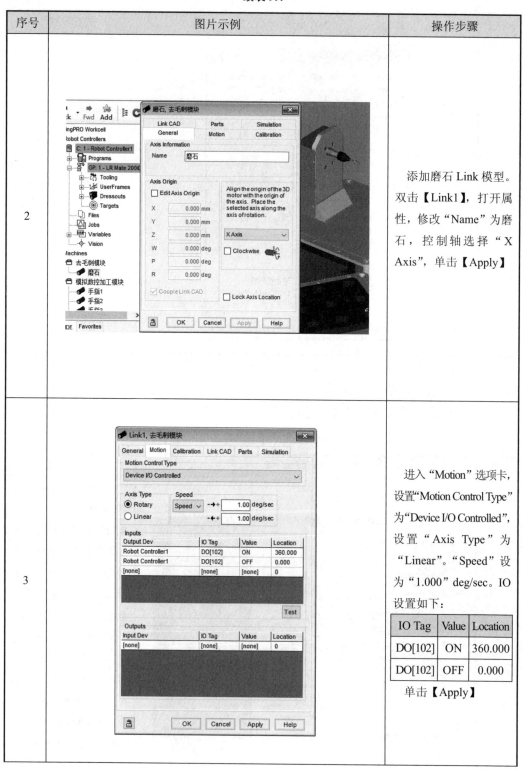

续表 9.4

序号	图片示例	操作步骤
4	磨石, 去毛刺模块对话框（General 选项卡，Name: 磨石，Axis Origin 各项为 0.000）	取消勾选 "Motor Visible"

（3）微动开关模块的导入。

在"Machines"类别中添加微动开关模块，"Name"设为"微动开关模块"，移动坐标框架至实训台的指定位置，或者直接在属性的"Location"中输入位置数据，参考数据（图 9.15）如下：

X：370.390 mm，Y：-124.369 mm，Z：816.998 mm；

W：90.000 deg，P：0.004 deg，R：172.000 deg。

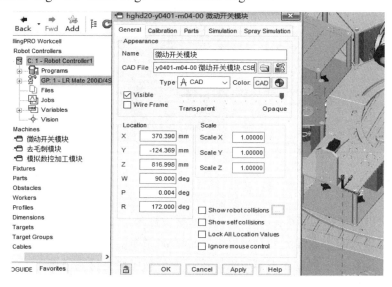

图 9.15　微动开关模块参考数据

4. 工具导入及安装

所有 Fixture 和 Machine 模型添加完成后，需要进行工具的添加，本项目使用工具 1（UT：1）。工具添加与 TCP 设置步骤见表 9.5。

表 9.5 工具添加与 TCP 设置步骤

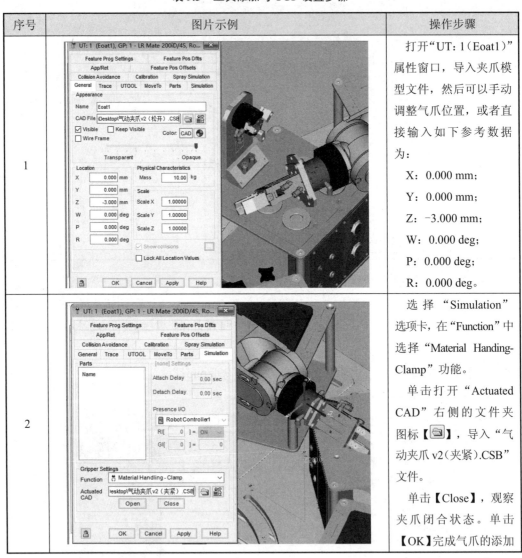

序号	图片示例	操作步骤
1		打开"UT：1（Eoat1）"属性窗口，导入夹爪模型文件，然后可以手动调整气爪位置，或者直接输入如下参考数据为： X：0.000 mm； Y：0.000 mm； Z：-3.000 mm； W：0.000 deg； P：0.000 deg； R：0.000 deg。
2		选择"Simulation"选项卡，在"Function"中选择"Material Handing-Clamp"功能。 单击打开"Actuated CAD"右侧的文件夹图标【📁】，导入"气动夹爪 v2（夹紧）.CSB"文件。 单击【Close】，观察夹爪闭合状态。单击【OK】完成气爪的添加

5. 坐标系创建

工具和实训平台模型添加完成后，可以创建坐标系，为后续的编程示教操作做准备。本项目以直接输入的方式快捷创建坐标系，创建次序为工具坐标系→供料模块坐标系→微动开关模块坐标系→数控加工模块坐标系→去毛刺模块坐标系→装配模块坐标系→成品托盘模块坐标系，用户坐标系如图 9.16 所示。

注：工具坐标系在设置视觉处理程序时，根据点阵板位置创建。

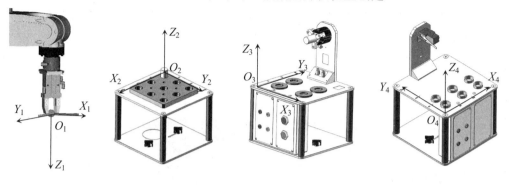

（a）工具坐标系　（b）供料模块坐标系　（c）数控加工模块坐标系　（d）微动开关坐标系

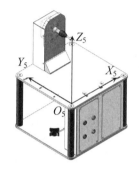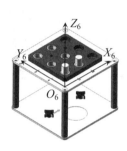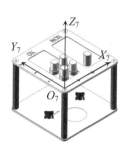

（e）打磨模块坐标系　　　　（f）装配模块坐标系　　　（g）成品托盘模块坐标系

图 9.16　用户坐标系

了解各坐标系的正方向后，可以根据表 9.6 的工具坐标系和用户坐标系设置步骤，完成坐标系的创建。

表 9.6　坐标系创建步骤

序号	图片示例	操作步骤
1		首先创建工具坐标系。打开【GP:1-LR Mate 200Id/4s】→【Tooling】，双击【UT：1（EOAT1）】。勾选"Edit UTOOL"，修改"UTOOL"当中的数值。Z：149.800 mm。单击【OK】，完成设置

续表 9.6

序号	图片示例	操作步骤
2	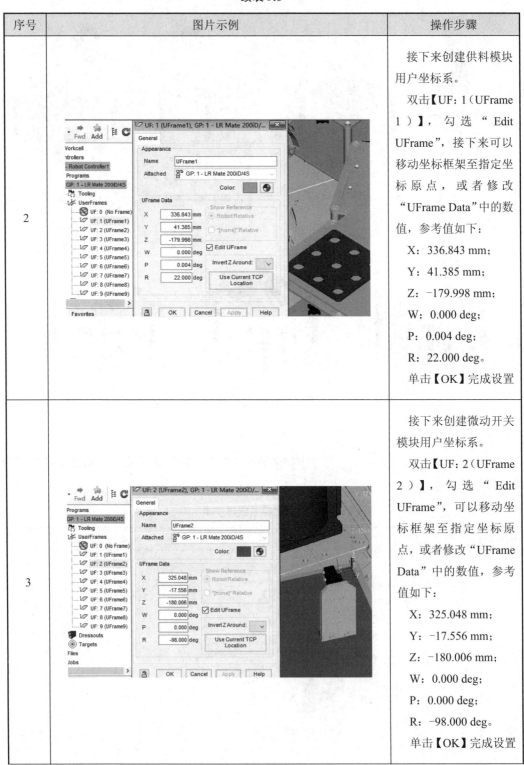	接下来创建供料模块用户坐标系。 双击【UF：1（UFrame 1）】，勾选"Edit UFrame"，接下来可以移动坐标框架至指定坐标原点，或者修改"UFrame Data"中的数值，参考值如下： X：336.843 mm； Y：41.385 mm； Z：-179.998 mm； W：0.000 deg； P：0.004 deg； R：22.000 deg。 单击【OK】完成设置
3		接下来创建微动开关模块用户坐标系。 双击【UF：2（UFrame 2）】，勾选"Edit UFrame"，可以移动坐标框架至指定坐标原点，或者修改"UFrame Data"中的数值，参考值如下： X：325.048 mm； Y：-17.556 mm； Z：-180.006 mm； W：0.000 deg； P：0.000 deg； R：-98.000 deg。 单击【OK】完成设置

续表 9.6

序号	图片示例	操作步骤
4	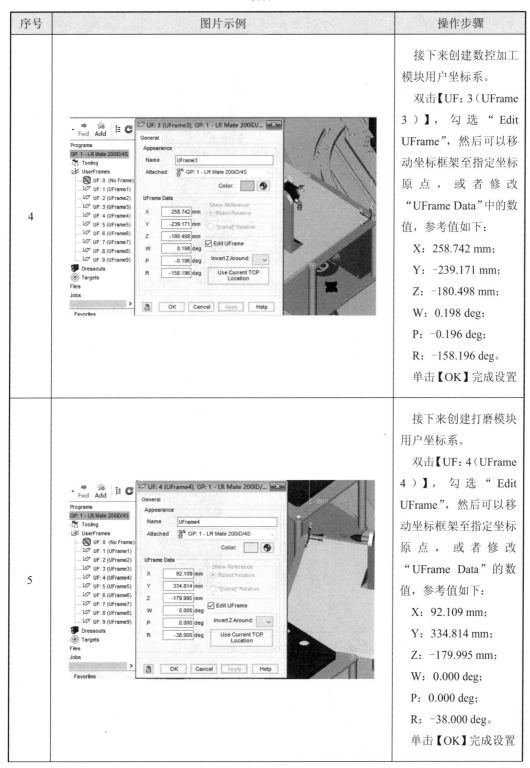	接下来创建数控加工模块用户坐标系。 双击【UF：3（UFrame3）】，勾选"Edit UFrame"，然后可以移动坐标框架至指定坐标原点，或者修改"UFrame Data"中的数值，参考值如下： X：258.742 mm； Y：-239.171 mm； Z：-180.498 mm； W：0.198 deg； P：-0.196 deg； R：-158.196 deg。 单击【OK】完成设置
5		接下来创建打磨模块用户坐标系。 双击【UF：4（UFrame4）】，勾选"Edit UFrame"，然后可以移动坐标框架至指定坐标原点，或者修改"UFrame Data"的数值，参考值如下： X：92.109 mm； Y：334.814 mm； Z：-179.995 mm； W：0.000 deg； P：0.000 deg； R：-38.000 deg。 单击【OK】完成设置

续表 9.6

序号	图片示例	操作步骤
6	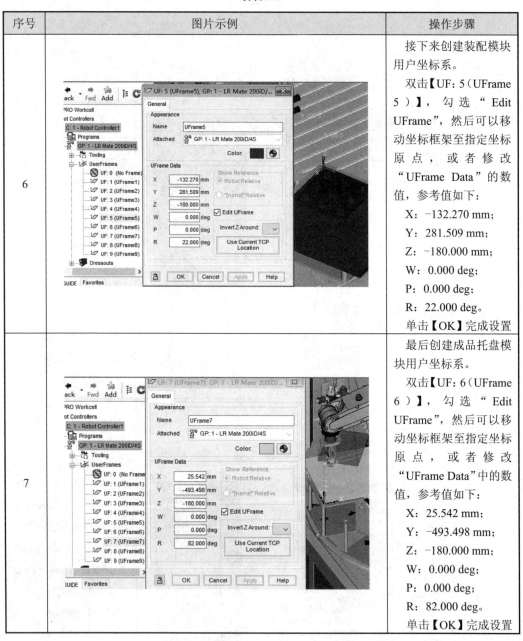	接下来创建装配模块用户坐标系。 双击【UF：5（UFrame 5）】，勾选"Edit UFrame"，然后可以移动坐标框架至指定坐标原点，或者修改"UFrame Data"的数值，参考值如下： X：-132.270 mm； Y：281.509 mm； Z：-180.000 mm； W：0.000 deg； P：0.000 deg； R：22.000 deg。 单击【OK】完成设置
7		最后创建成品托盘模块用户坐标系。 双击【UF：6（UFrame 6）】，勾选"Edit UFrame"，然后可以移动坐标框架至指定坐标原点，或者修改"UFrame Data"中的数值，参考值如下： X：25.542 mm； Y：-493.498 mm； Z：-180.000 mm； W：0.000 deg； P：0.000 deg； R：82.000 deg。 单击【OK】完成设置

注：表格中的位置数据是由 SolidWorks 的评估测量功能计算得出，仅供参考。

6. 物料放置与搬运仿真

完成坐标系建立后，可以添加所需的物料，将物料依次放置到所有模块对应的位置上，并设置对应模块上物料的搬运仿真。步骤依次为：添加"OK 工件"和"圆形配件"→供料模块仿真→微动开关模块仿真→数控加工模块仿真→去毛刺模块仿真→装配模块仿真→视觉模块仿真→成品托盘模块仿真，具体操作步骤见表 9.7。

表 9.7 物料放置与搬运仿真步骤

序号	图片示例	操作步骤
1	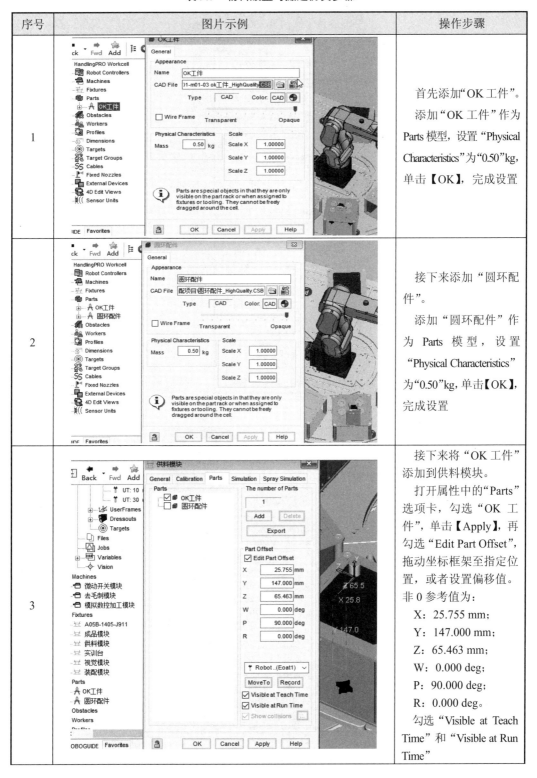	首先添加"OK工件"。添加"OK工件"作为 Parts 模型，设置"Physical Characteristics"为"0.50"kg，单击【OK】，完成设置
2		接下来添加"圆环配件"。添加"圆环配件"作为 Parts 模型，设置"Physical Characteristics"为"0.50"kg，单击【OK】，完成设置
3		接下来将"OK工件"添加到供料模块。打开属性中的"Parts"选项卡，勾选"OK工件"，单击【Apply】，再勾选"Edit Part Offset"，拖动坐标框架至指定位置，或者设置偏移值。非 0 参考值为： X：25.755 mm； Y：147.000 mm； Z：65.463 mm； W：0.000 deg； P：90.000 deg； R：0.000 deg。 勾选"Visible at Teach Time"和"Visible at Run Time"

续表 9.7

序号	图片示例	操作步骤
4		在供料模块属性窗口中找到"Simulation"仿真选项，选中"OK工件"，勾选"Allow part to be picked"，在下方的"Destroy Delay"中输入"300"，单击【OK】
5	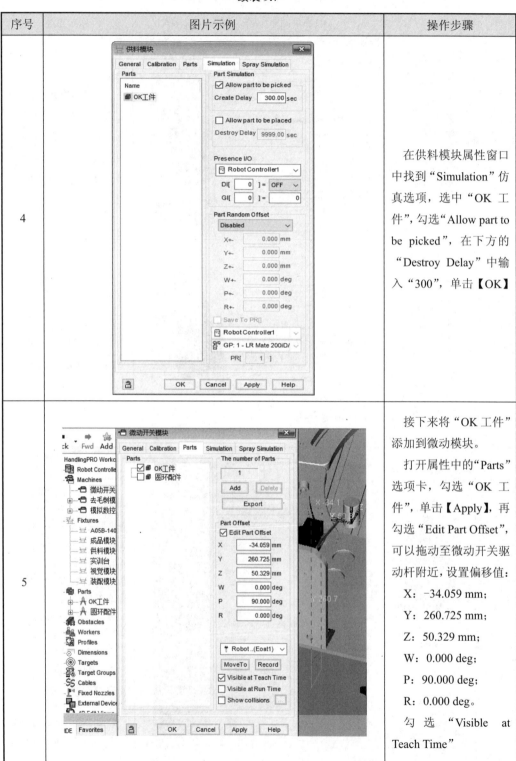	接下来将"OK工件"添加到微动模块。 打开属性中的"Parts"选项卡，勾选"OK工件"，单击【Apply】，再勾选"Edit Part Offset"，可以拖动至微动开关驱动杆附近，设置偏移值： X：−34.059 mm； Y：260.725 mm； Z：50.329 mm； W：0.000 deg； P：90.000 deg； R：0.000 deg。 勾选"Visible at Teach Time"

续表 9.7

序号	图片示例	操作步骤
6	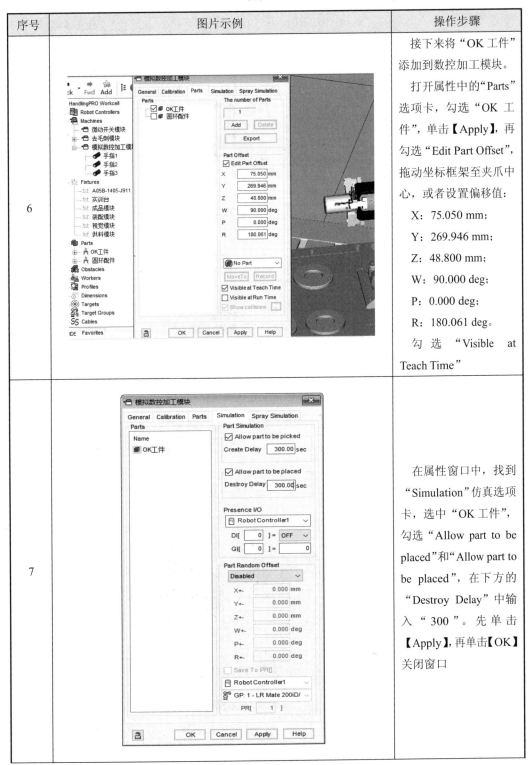	接下来将"OK 工件"添加到数控加工模块。 打开属性中的"Parts"选项卡，勾选"OK 工件"，单击【Apply】，再勾选"Edit Part Offset"，拖动坐标框架至夹爪中心，或者设置偏移值： X：75.050 mm； Y：269.946 mm； Z：48.800 mm； W：90.000 deg； P：0.000 deg； R：180.061 deg。 勾选"Visible at Teach Time"
7		在属性窗口中，找到"Simulation"仿真选项卡，选中"OK 工件"，勾选"Allow part to be placed"和"Allow part to be placed"，在下方的"Destroy Delay"中输入"300"。先单击【Apply】，再单击【OK】关闭窗口

续表 9.7

序号	图片示例	操作步骤
8	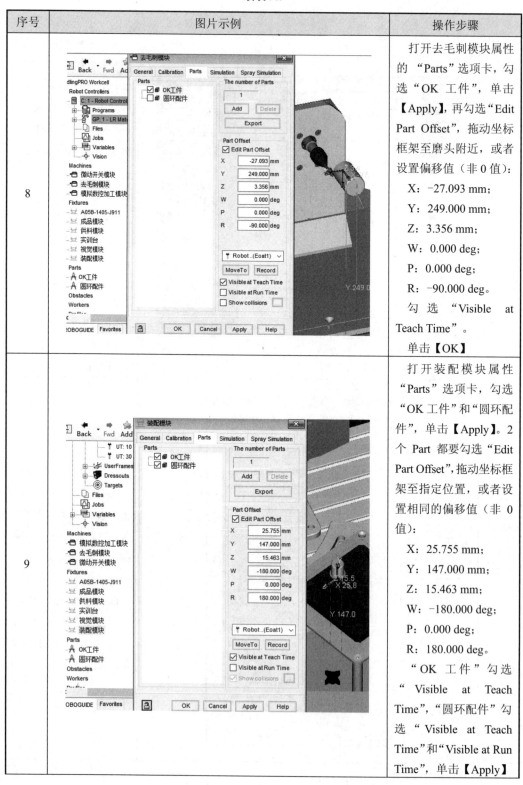	打开去毛刺模块属性的"Parts"选项卡，勾选"OK 工件"，单击【Apply】，再勾选"Edit Part Offset"，拖动坐标框架至磨头附近，或者设置偏移值（非 0 值）： X：-27.093 mm； Y：249.000 mm； Z：3.356 mm； W：0.000 deg； P：0.000 deg； R：-90.000 deg。 勾选"Visible at Teach Time"。 单击【OK】
9		打开装配模块属性"Parts"选项卡，勾选"OK 工件"和"圆环配件"，单击【Apply】。2 个 Part 都要勾选"Edit Part Offset"，拖动坐标框架至指定位置，或者设置相同的偏移值（非 0 值）： X：25.755 mm； Y：147.000 mm； Z：15.463 mm； W：-180.000 deg； P：0.000 deg； R：180.000 deg。 "OK 工件"勾选"Visible at Teach Time"，"圆环配件"勾选"Visible at Teach Time"和"Visible at Run Time"，单击【Apply】

续表 9.7

序号	图片示例	操作步骤
10	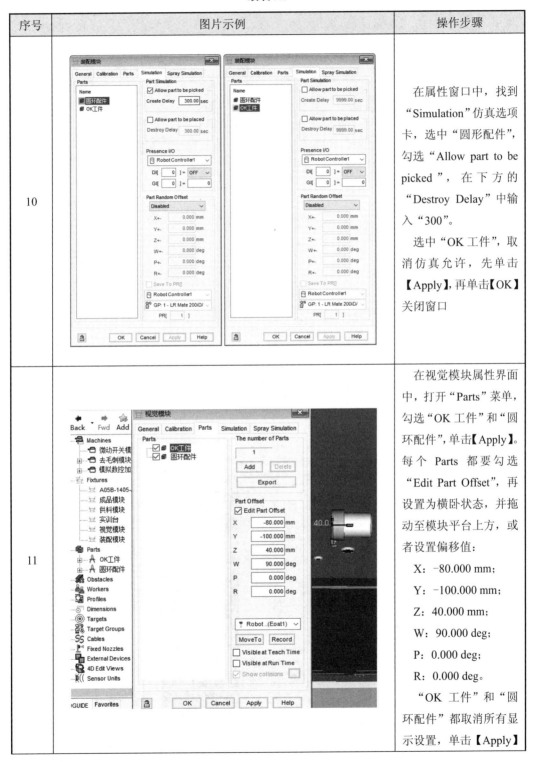	在属性窗口中，找到"Simulation"仿真选项卡，选中"圆形配件"，勾选"Allow part to be picked"，在下方的"Destroy Delay"中输入"300"。 选中"OK 工件"，取消仿真允许，先单击【Apply】，再单击【OK】关闭窗口
11		在视觉模块属性界面中，打开"Parts"菜单，勾选"OK 工件"和"圆环配件"，单击【Apply】。每个 Parts 都要勾选"Edit Part Offset"，再设置为横卧状态，并拖动至模块平台上方，或者设置偏移值： X：−80.000 mm； Y：−100.000 mm； Z：40.000 mm； W：90.000 deg； P：0.000 deg； R：0.000 deg。 "OK 工件"和"圆环配件"都取消所有显示设置，单击【Apply】

续表 9.7

序号	图片示例	操作步骤
12	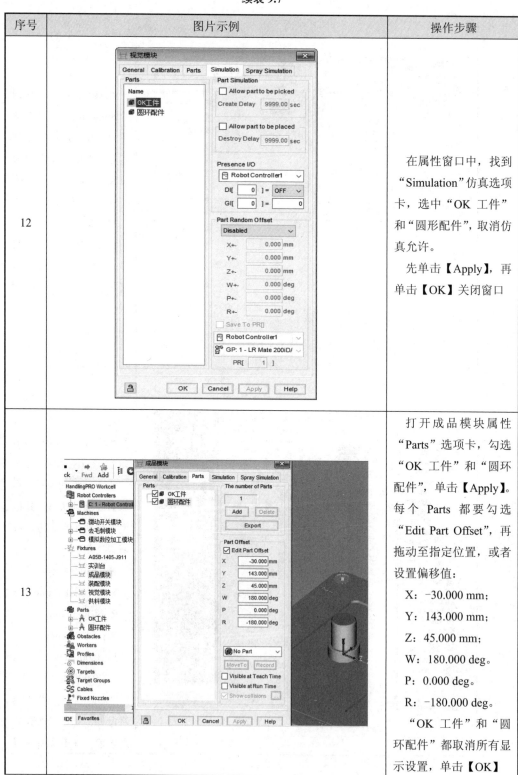	在属性窗口中，找到"Simulation"仿真选项卡，选中"OK 工件"和"圆形配件"，取消仿真允许。 先单击【Apply】，再单击【OK】关闭窗口
13		打开成品模块属性"Parts"选项卡，勾选"OK 工件"和"圆环配件"，单击【Apply】。每个 Parts 都要勾选"Edit Part Offset"，再拖动至指定位置，或者设置偏移值： X：-30.000 mm； Y：143.000 mm； Z：45.000 mm； W：180.000 deg。 P：0.000 deg。 R：-180.000 deg。 "OK 工件"和"圆环配件"都取消所有显示设置，单击【OK】

续表9.7

序号	图片示例	操作步骤
14	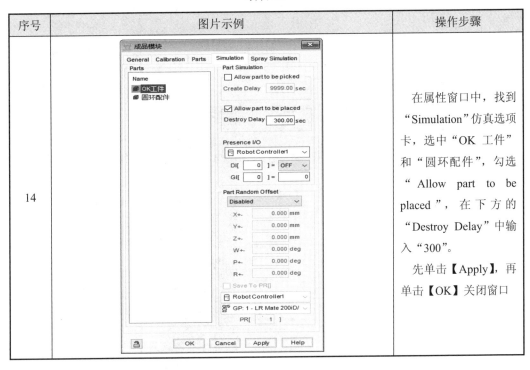	在属性窗口中，找到"Simulation"仿真选项卡，选中"OK 工件"和"圆环配件"，勾选"Allow part to be placed"，在下方的"Destroy Delay"中输入"300"。 先单击【Apply】，再单击【OK】关闭窗口

7. 气爪工具抓取仿真设置

设置完各模块上的物料位置与仿真后，需要设置机器人抓取物料的仿真，将物料放置到夹爪的对应位置。工件抓取仿真步骤见表9.8。

表9.8 工件抓取仿真步骤

序号	图片示例	操作步骤
1	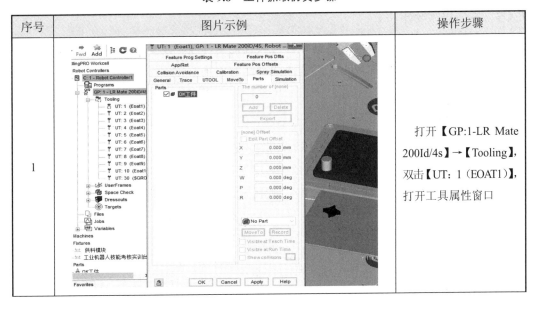	打开【GP:1-LR Mate 200Id/4s】→【Tooling】，双击【UT: 1 (EOAT1)】，打开工具属性窗口

续表 9.8

序号	图片示例	操作步骤
2	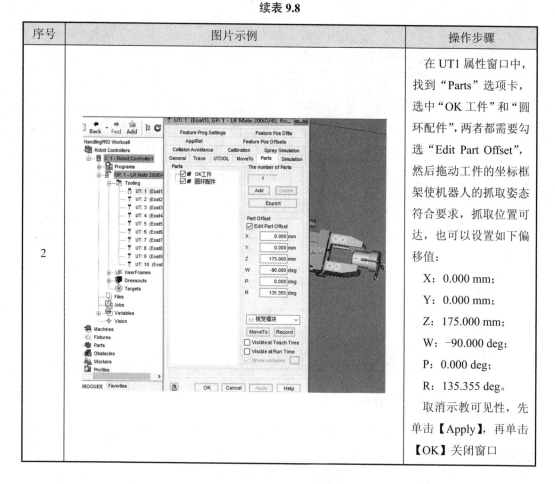	在 UT1 属性窗口中，找到"Parts"选项卡，选中"OK 工件"和"圆环配件"，两者都需要勾选"Edit Part Offset"，然后拖动工件的坐标框架使机器人的抓取姿态符合要求，抓取位置可达，也可以设置如下偏移值： X：0.000 mm； Y：0.000 mm； Z：175.000 mm； W：−90.000 deg； P：0.000 deg； R：135.355 deg。 取消示教可见性，先单击【Apply】，再单击【OK】关闭窗口

9.4.3 主体程序设计

本项目的主体程序是夹爪工具的抓取与放置仿真程序、视觉处理程序、各模块的动作程序，其中夹爪工具的抓取与放置程序的创建与前几章相同，本节重点介绍装配视觉处理程序的创建步骤。

1. 抓取与放置程序的创建

抓取与放置程序的创建，创建次序为：供料模块物料抓取（GL_PICK）、数控加工模块物料放置（SK_PICK）与抓取（SK_PLACE）、装配模块的圆环配件抓取（ZP_PLACE）、成品托盘模块的成品放置（CP_PLACE）。抓取与放置程序的创建步骤见表 9.9。

表 9.9 抓取与放置程序的创建步骤

序号	图片示例	操作步骤
1		程序名为"GL_PICK"，进行如下设置： 在"Pickup"下拉栏选择"OK工件"； 在"From"下拉栏选择"供料模块"； 在"With"下拉栏选择"GP: 1-UT: 1（Eoat1）"； 输入完成后，关闭窗口
2		程序名为"SK_PICK"，进行如下设置： 在"Pickup"下拉栏选择"OK工件"； 在"From"下拉栏选择"模拟数控加工模块"； 在"With"下拉栏选择"GP: 1-UT: 1（Eoat1）"； 输入完成后，关闭窗口
3		程序名为"SK_PLACE"，进行如下设置： 在"Drop"下拉栏选择"OK工件"； 在"From"下拉栏选择"GP: 1-UT: 1（Eoat1）"； 在"On"下拉栏选择"模拟数控加工模块"； 输入完成后，关闭窗口

续表 9.9

序号	图片示例	操作步骤
4	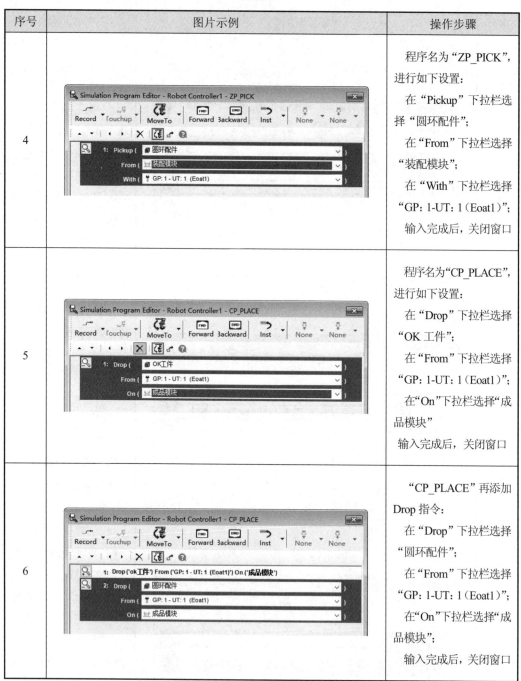	程序名为"ZP_PICK",进行如下设置: 在"Pickup"下拉栏选择"圆环配件"; 在"From"下拉栏选择"装配模块"; 在"With"下拉栏选择"GP:1-UT:1(Eoat1)"; 输入完成后,关闭窗口
5		程序名为"CP_PLACE",进行如下设置: 在"Drop"下拉栏选择"OK工件"; 在"From"下拉栏选择"GP:1-UT:1(Eoat1)"; 在"On"下拉栏选择"成品模块" 输入完成后,关闭窗口
6		"CP_PLACE"再添加Drop指令: 在"Drop"下拉栏选择"圆环配件"; 在"From"下拉栏选择"GP:1-UT:1(Eoat1)"; 在"On"下拉栏选择"成品模块"; 输入完成后,关闭窗口

2. 微动开关模块动作程序

使用工具属性中的 MoveTo 功能,使机器人运动到微动开关模块的"OK 工件"检测位置,位置定位示意图如图 9.17 所示。

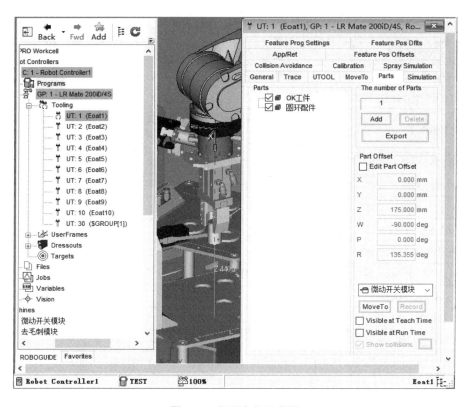

图 9.17 位置定位示意图

机器人到达位置后,可以开始编写动作程序,命名为"WEIDONG"。WEIDONG 程序见表 9.10。

表 9.10 WEIDONG 程序

程序指令	功能说明
1:UFRAME_NUM=2	使用微动开关模块用户坐标系
2:UTOOL_NUM=1	使用 1 号工具坐标系(夹爪)
3:J P[2] 50% FINE	运动到微动开关检测位置 X 轴负方向 100 mm(在用户坐标系 2 下拖动机器人)
4:L P[1] 50 mm/sec FINE	运动到微动开关检测位置
5:L P[2] 50 mm/sec FINE	回到微动开关检测位置 X 轴负方向 100 mm

3. 数控加工动作程序

按照流程,完成物料检测后,进行模拟数控加工,接下来需要编写数控加工动作程序,命名为"SHUKONG",见表 9.11,各点的机器人姿态配置为"FUT 000"。

表 9.11 SHUKONG 程序

程序指令	功能说明
1：UFRAME_NUM=3	使用数控模块用户坐标系
2：UTOOL_NUM=1	使用 1 号工具坐标系（夹爪）
3：J P[2] 50% FINE	运动到数控加工模块放置位置 Y 轴负方向 100 mm（在用户坐标系 3 下拖动机器人）
4：L P[1] 50mm/sec FINE	运动到数控加工模块放置位置。
5：DO[101]=ON	闭合模块上的气爪
6：WAIT .30(sec)	延时 0.3 s
7：CALL SK_PLACE	放置物料
8：L P[2] 50 mm/sec FINE	回到数控加工模块放置位置 Y 轴负方向 100 mm
9：L P[1] 50 mm/sec FINE	运动到数控加工模块放置位置
10：CALL SK_PICK	调用数控抓取程序
11：DO[101]=OFF	打开模块上的气爪
12：WAIT .30(sec)	延时 0.3 s
13：L P[2] 50 mm/sec FINE	回到数控加工模块放置位置 Y 轴负方向 100 mm

4. 去毛刺动作程序

完成模拟数控加工后，进行去毛刺动作程序的编写。程序使用偏移指令完成，需要设置 3 个位置寄存器，PR[1]表示 P1 运动到 P2 的偏移；PR[2]表示 P2 运动到 P3 的偏移；PR[3]表示 P3 运动到 P4 的偏移。位置寄存器设置见表 9.12。

表 9.12 位置寄存器设置

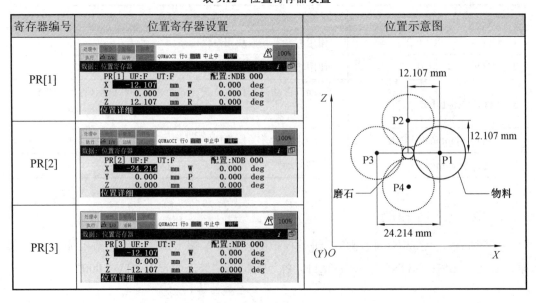

设置完寄存器后，开始编写程序，程序名称为"QUMAOCI"，QUMAOCI 程序见表 9.13，各点的机器人姿态配置为"FUT 000"。

表 9.13 QUMAOCI 程序

程序指令	功能说明
1：UFRAME_NUM=4	使用数控模块用户坐标系
2：UTOOL_NUM=1	使用 1 号工具坐标系（夹爪）
3：DO[102]=ON	启动电机
4：WAIT .30(sec)	延时 0.3 s
5：J P[2] 50% FINE	运动到去毛刺的开始点位置 X 轴正方向 100 mm（在用户坐标系 4 下拖动机器人）
6：L P[1] 50mm/sec FINE	运动到去毛刺的开始点位置
7：C P[1] OFFSET PR[1] 　：P[1] 50mm/sec FINE Offset,PR[2]	转动第 1 段圆弧
8：C P[1] OFFSET PR[3] 　：P[1] 50mm/sec FINE	转动第 2 段圆弧
9：L P[2] 50mm/sec FINE	回到去毛刺的开始点位置 X 轴正方向 100 mm

5. 装配动作程序

完成去毛刺动作后，进行圆环配件的装配动作，程序名称为 ZHUANGPEI，见表 9.14。

表 9.14 ZHUANGPEI 程序

程序指令	功能说明
1：UFRAME_NUM=5	使用装配模块用户坐标系
2：UTOOL_NUM=1	使用 1 号工具坐标系（夹爪）
3：J P[2] 50% FINE	运动到装配位置 Z 轴正方向 100 mm（在用户坐标系 5 下拖动机器人）
4：L P[1] 50mm/sec FINE	运动到装配位置
5：CALL ZP_PICK	调用圆环配件抓取程序
6：L P[2] 50mm/sec FINE	回到装配位置 Z 轴正方向 100 mm

6. 视觉程序的创建

视觉程序的创建分为三步：iRVision 基础设置、视觉处理程序的创建和视觉抓取程序的创建。

（1）iRVision 基础设置。

本项目的基础设置为添加一个相机，iRVision 基础设置步骤见表 9.15。

表 9.15　iRVision 基础设置步骤

序号	图片示例	操作步骤
1	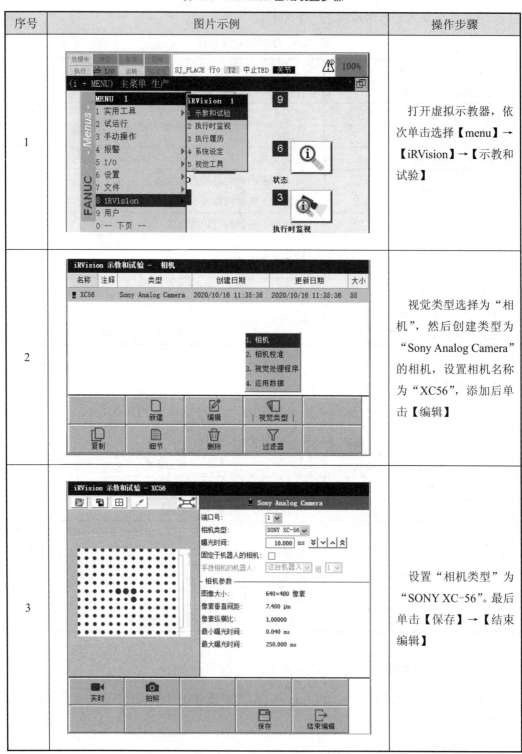	打开虚拟示教器，依次单击选择【menu】→【iRVision】→【示教和试验】
2		视觉类型选择为"相机"，然后创建类型为"Sony Analog Camera"的相机，设置相机名称为"XC56"，添加后单击【编辑】
3		设置"相机类型"为"SONY XC-56"。最后单击【保存】→【结束编辑】

(2) 视觉处理程序的创建。

视觉处理程序的创建步骤见表 9.16。

表 9.16 视觉处理程序的创建步骤

序号	图片示例	操作步骤
1	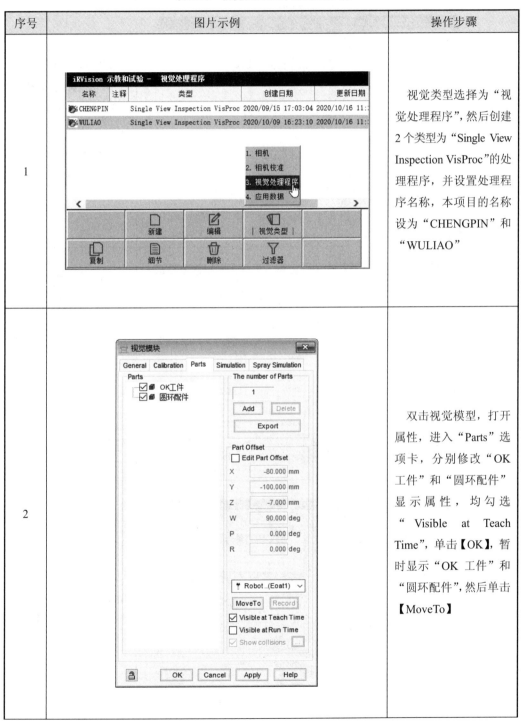	视觉类型选择为"视觉处理程序",然后创建2个类型为"Single View Inspection VisProc"的处理程序,并设置处理程序名称,本项目的名称设为"CHENGPIN"和"WULIAO"
2		双击视觉模型,打开属性,进入"Parts"选项卡,分别修改"OK工件"和"圆环配件"显示属性,均勾选"Visible at Teach Time",单击【OK】,暂时显示"OK工件"和"圆环配件",然后单击【MoveTo】

续表 9.16

序号	图片示例	操作步骤
3	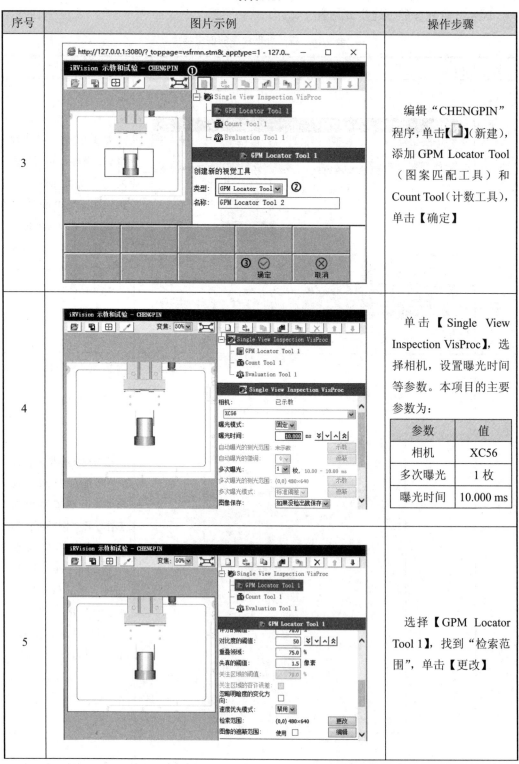	编辑"CHENGPIN"程序,单击【 】(新建),添加 GPM Locator Tool(图案匹配工具)和 Count Tool(计数工具),单击【确定】
4		单击【Single View Inspection VisProc】,选择相机,设置曝光时间等参数。本项目的主要参数为: | 参数 | 值 | |---|---| | 相机 | XC56 | | 多次曝光 | 1 枚 | | 曝光时间 | 10.000 ms |
5		选择【GPM Locator Tool 1】,找到"检索范围",单击【更改】

续表 9.16

序号	图片示例	操作步骤
6		移动选框，缩小检索范围，单击【确定】
7		选择【GPM Locator Tool 1】，单击【模型示教】，完成成品模型设置。 单击【拍照检出】，观察检出位置是否正确，如果有问题，可以回到上一步，修改模型示教
8		选择【Count Tool 1】，勾选"检出工具"和"模型 ID"，"检出工具"选择"GPM Locator Tool 1"，"模型 ID"选择"1"

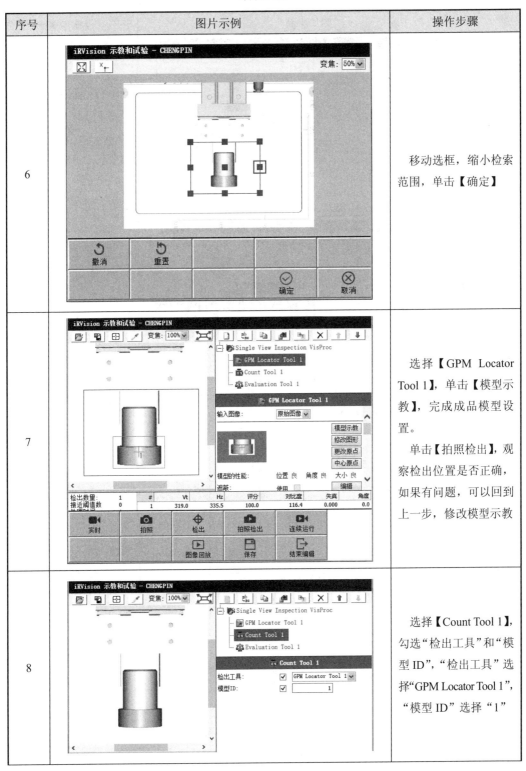

续表 9.16

序号	图片示例	操作步骤
9		选择【Evaluation Tool 1】，单击【值】，"值 1"选择"Count Tool1"的检出数量
10		选择【Evaluation Tool 1】，单击【条件】，勾选"条件 1"，设置条件为"值 1=定数 1.000"
11		双击视觉模型，打开属性，进入"Parts"选项卡，选中"圆环配件"显示属性，取消勾选"Visible at Teach Time"，单击【OK】

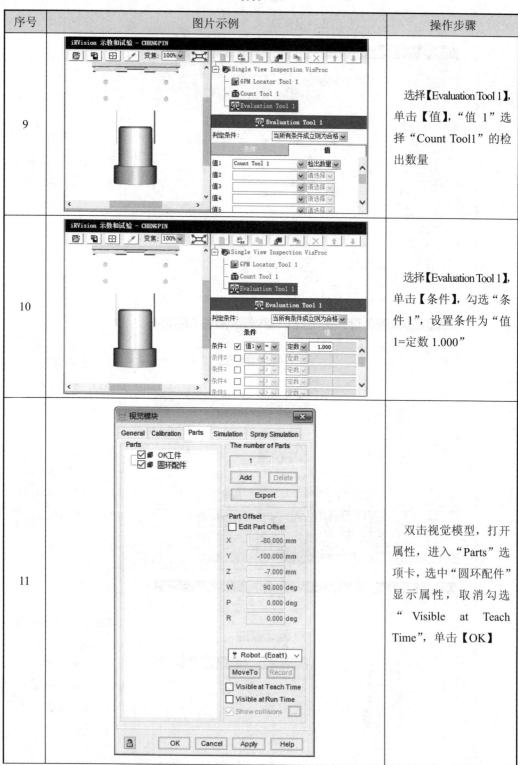

续表 9.16

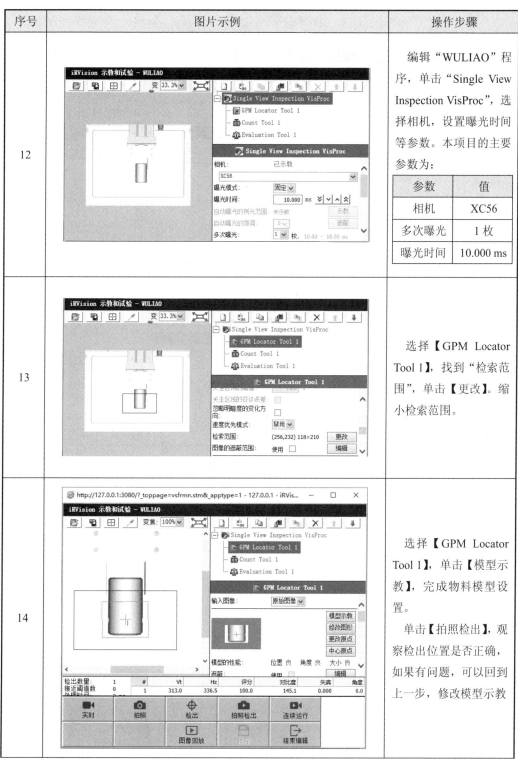

序号	图片示例	操作步骤
12		编辑"WULIAO"程序，单击"Single View Inspection VisProc"，选择相机，设置曝光时间等参数。本项目的主要参数为： | 参数	值 | | --- | --- | | 相机 | XC56 | | 多次曝光 | 1 枚 | | 曝光时间 | 10.000 ms |
13		选择【GPM Locator Tool 1】，找到"检索范围"，单击【更改】。缩小检索范围。
14		选择【GPM Locator Tool 1】，单击【模型示教】，完成物料模型设置。 单击【拍照检出】，观察检出位置是否正确，如果有问题，可以回到上一步，修改模型示教

续表 9.16

序号	图片示例	操作步骤
15		选择【Count Tool 1】，勾选"检出工具"和"模型 ID"，"检出工具"选择"GPM Locator Tool 1"，"模型 ID"选择"1"
16		选择【Evaluation Tool 1】，单击【值】，"值 1"选择"Count Tool 1"的检出数量
17		选择【Evaluation Tool 1】，单击【条件】，勾选"条件 1"，设置条件为"值 1=定数 1.000"

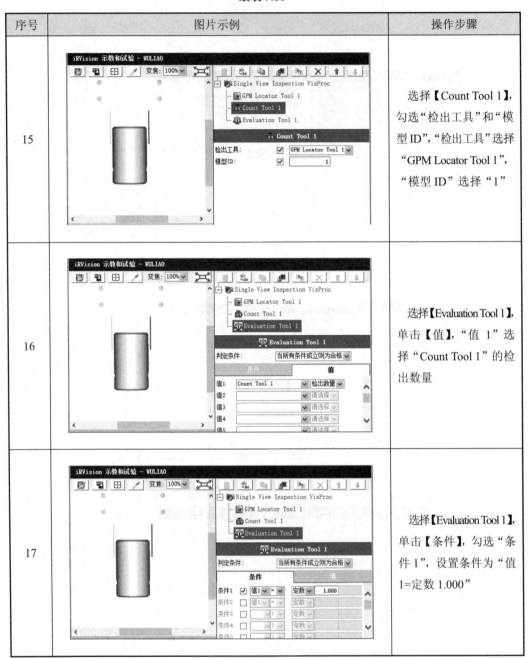

（3）视觉抓取程序的创建。

视觉程序用于检测机器人抓取的物料是否完成装配，确认物料已完成装配后，机器人将完成品放置在成品托盘模块上。在编写视觉程序前，需要进行一些设置，视觉抓取程序的创建步骤见表 9.17。

表 9.17　视觉抓取程序的创建步骤

序号	图片示例	操作步骤
1	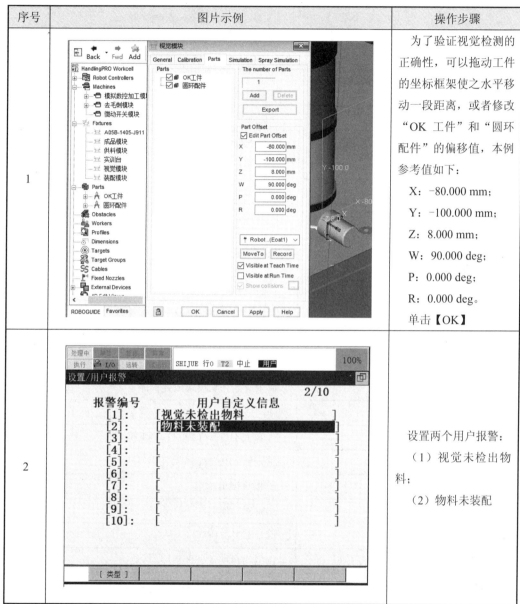	为了验证视觉检测的正确性，可以拖动工件的坐标框架使之水平移动一段距离，或者修改"OK 工件"和"圆环配件"的偏移值，本例参考值如下： X：-80.000 mm； Y：-100.000 mm； Z：8.000 mm； W：90.000 deg； P：0.000 deg； R：0.000 deg。 单击【OK】
2		设置两个用户报警： （1）视觉未检出物料； （2）物料未装配

设置用户报警完成后，可以编写视觉程序，程序名称为 SHIJUE，SHIJUE 程序内容见表 9.18。

注：P[1]和 P[2]点的机器人姿态配置为"FUT 000"，P[3]和 P[4]点的机器人姿态配置为"NUT 000"。

表 9.18 SHIJUE 程序内容

程序指令	功能说明
1：R[1]=0	R[1]数值寄存器清零
2：R[2]=0	R[2]数值寄存器清零
3：UFRAME_NUM=6	使用成品托盘模块用户坐标系
4：UTOOL_NUM=1	使用1号工具坐标系（夹爪）
5：J P[2] 50% FINE	运动到视觉模块检测位置 Z 轴正方向 100 mm（在用户坐标系 6 下拖动机器人）
6：L P[1] 50mm/sec FINE	运动到视觉模块检测位置
7：VISION RUN_FIND 'CHENGPIN'	调用成品视觉处理程序
8：VISION GET_PASSFAIL 'CHENGPIN'：R[1]	获取判定结果，并将结果保存在 R[1]中
9：IF (R[1]=1) THEN	判断当 R[1]=1 时执行下面指令
10：L P[2] 50mm/sec FINE	回到视觉模块检测位置 Z 轴正方向 100 mm
11：J P[3] 50% FINE	运动到成品托盘模块放置位置 Z 轴正方向 100 mm
12：L P[4] 50mm/sec FINE	运动到成品托盘模块放置位置
13：CALL CP_PLACE	调用成品托盘模块放置程序
14：L P[3] 50mm/sec FINE	回到成品托盘模块放置位置 Z 轴正方向 100 mm
15：ELSE	当 R[1]不等于 1 时跳转到 LBL[1]
16：JMP LBL[1]	跳转到 LBL[1]
17：ENDIF	IF 指令调用结束
18：END	结束程序调用
19：LBL[1]	标签 LBL[1]位置
20：VISION RUN_FIND 'WULIAO'	调用物料视觉处理程序
21：VISION GET_PASSFAIL 'WULIAO'：R[2]	获取判定结果，并将结果保存在 R[2]中
22：IF (R[2]=1) THEN	当 R[2]等于 1 时显示报警 2
23：UALM[2]	显示用户报警 2，提示未装配
24：ELSE	当 R[2]不等于 1 时显示报警 1
25：UALM[1]	显示用户报警 1，提示未找到物料
26：ENDIF	IF 指令调用结束

9.4.4 关联程序设计

本项目的关联程序为主程序,用于搬运物料完成项目要求的动作。机器人搬运物料的流程为:供料模块→微动开关模块→数控加工模块→去毛刺模块→装配模块→视觉模块→成品托盘模块。程序名称为MA06,关联程序见表9.19。

表9.19 关联程序

程序指令	功能说明
1:UFRAME_NUM=1	使用供料模块用户坐标系
2:UTOOL_NUM=1	使用1号工具坐标系(夹爪)
3:DO[101]=OFF	打开数控加工模块气缸
4:DO[102]=OFF	关闭去毛刺电机
5:J P[1] 50% FINE	运动到原点位置,点位关节坐为[0,0,0,0,-90,0]
6:J P[3] 50% FINE	运动到供料模块抓取位置上方100 mm(在用户坐标系1下拖动机器人)
7:L P[2] 50 mm/sec FINE	运动到供料模块抓取位置
8:CALL GL_PICK	抓取物料
9:L P[3] 50 mm/sec FINE	回到抓取位置上方100 mm
10:CALL WEIDONG	调用微动开关模块动作程序
11:J P[1] 50% FINE	回到原点位置
12:J P[4] 50% FINE	运动到过渡位置,点位关节坐标为[-30,0,0,0,-90,0]
13:CALL SHUKONG	调用数控模块动作程序
14:J P[4] 50% FINE	回到过渡位置,点位关节坐标为[-30,0,0,0,-90,0]
15:J P[5] 50% FINE	运动到过渡位置,点位关节坐标为[35,0,0,0,-90,0]
16:CALL QUMAOCI	调用去毛刺模块动作程序
17:J P[5] 50% FINE	回到过渡位置,点位关节坐标为[35,0,0,0,-90,0]
18:CALL ZHUANGPEI	调用装配程序
19:J P[6] 50% FINE	运动到过渡位置,点位关节坐标为[-60,0,0,0,-90,0]
20:CALL SHIJUE	调用视觉识别动作程序
21:J P[1] 50% FINE	回到原点位置

注:点位关节坐标"[]"中的数据依次为J1、J2、J3、J4、J5、J6的角度值,且使用供料模块用户坐标系和1号工具坐标系(夹爪)。

9.4.5 项目程序调试

程序编写完成后，通过单步运行，观察机器人的运动，程序调试步骤见表9.20。

注：调试时，无法演示物料的抓取。

表9.20 程序调试步骤

序号	图片示例	操作步骤
1	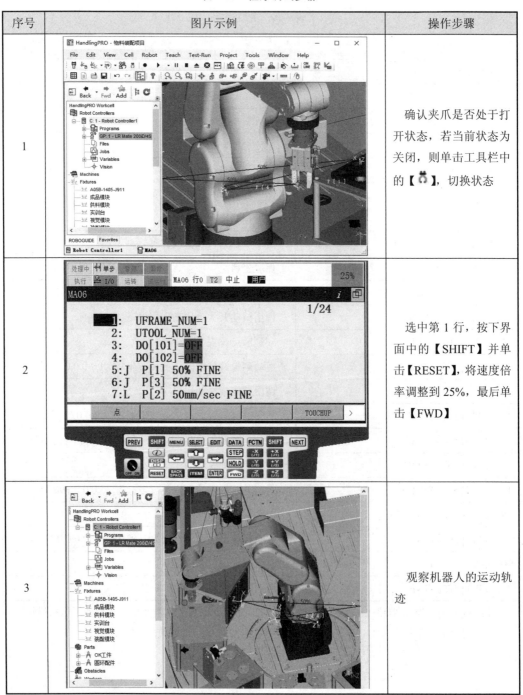	确认夹爪是否处于打开状态，若当前状态为关闭，则单击工具栏中的【🔧】，切换状态
2		选中第1行，按下界面中的【SHIFT】并单击【RESET】，将速度倍率调整到25%，最后单击【FWD】
3		观察机器人的运动轨迹

9.4.6 项目总体运行

调试完成后可以进行运行演示，总体运行步骤见表 9.21。

表 9.21 总体运行步骤

序号	图片示例	操作步骤
1	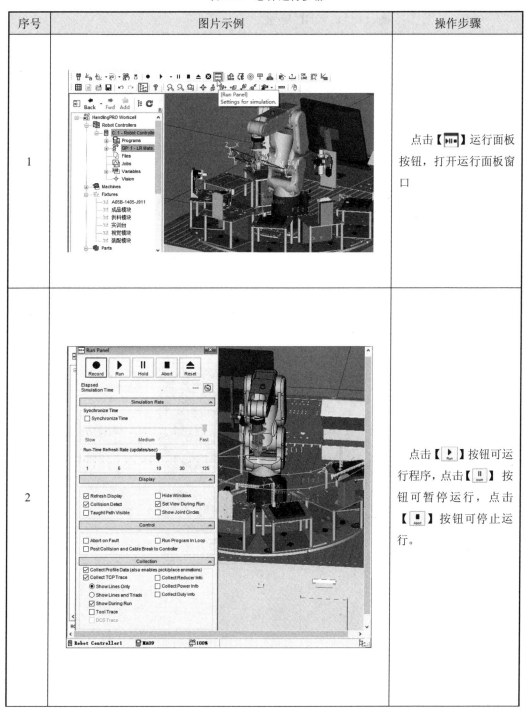	点击【】运行面板按钮，打开运行面板窗口
2		点击【▶】按钮可运行程序，点击【Ⅱ】按钮可暂停运行，点击【■】按钮可停止运行。

续表 9.21

序号	图片示例	操作步骤
3	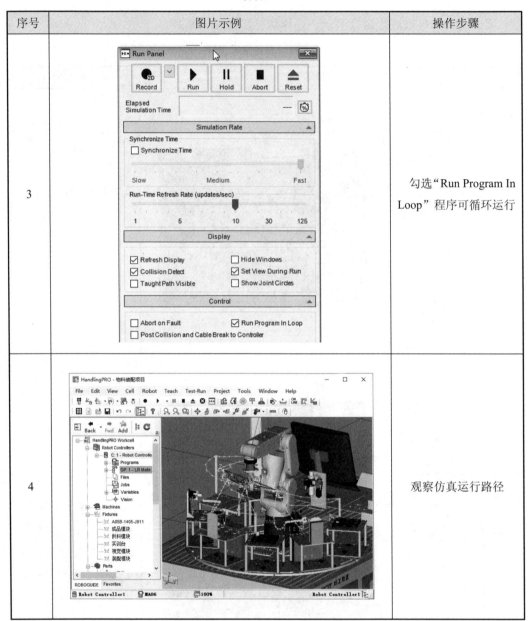	勾选"Run Program In Loop"程序可循环运行
4		观察仿真运行路径

9.5 项目验证

9.5.1 效果验证

在总体运行后，ROBOGUIDE 软件会生成 TCP 轨迹曲线，TCP 轨迹效果图如图 9.18 所示，从中可以观察仿真效果是否与预期一致，是否有需要调整的点位。

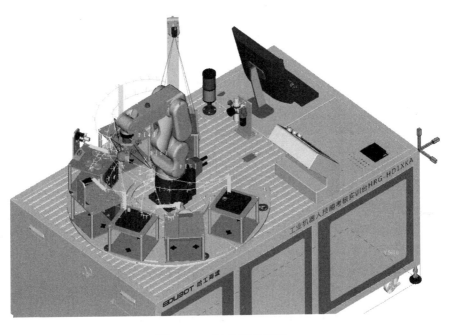

图 9.18　TCP 轨迹效果图

9.5.2　数据验证

本项目中，SHIJUE 程序中 VR[1]为装配成品的 TCP 偏移位置寄存器，在完成程序运行后，可以将寄存器的数值与实际移动物料的距离做对比。数据验证步骤见表 9.22。

表 9.22　数据验证步骤

序号	图片示例	操作步骤
1	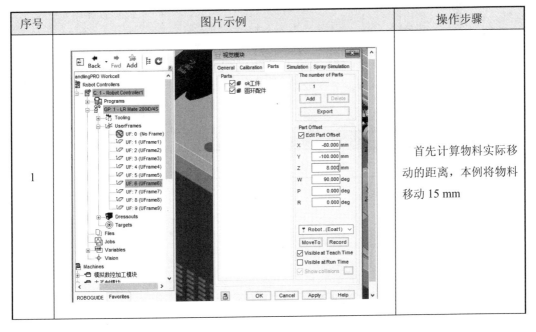	首先计算物料实际移动的距离，本例将物料移动 15 mm

续表 9.22

序号	图片示例	操作步骤
2	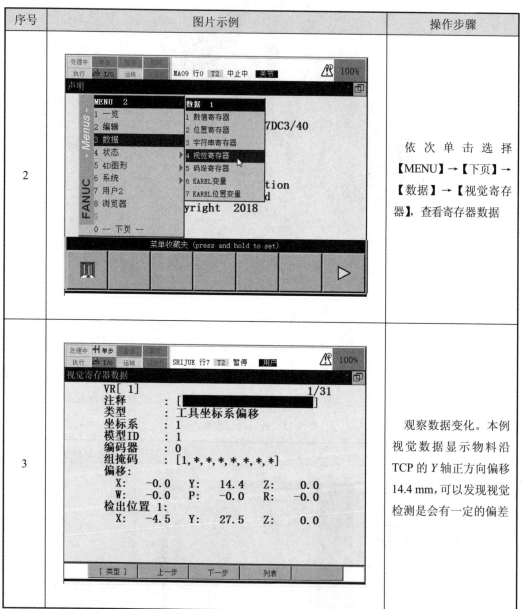	依次单击选择【MENU】→【下页】→【数据】→【视觉寄存器】,查看寄存器数据
3		观察数据变化。本例视觉数据显示物料沿 TCP 的 Y 轴正方向偏移 14.4 mm,可以发现视觉检测是会有一定的偏差

9.6 项目总结

9.6.1 项目评价

在完成训练项目后,填写表 9.23 所示的项目评价表。

表 9.23 项目评价表

项目评价表		自评	互评	完成情况说明
项目分析	1. 项目需求分析	8		
	2. 项目流程分析	8		
项目要点	1. 装配视觉检查	9		
	2. 碰撞检查功能	9		
项目步骤	1. 应用系统连接	9		
	2. 应用系统配置	9		
	3. 主体程序设计	9		
	4. 关联程序设计	9		
	5. 项目程序调试	9		
	6. 项目运行调试	9		
项目验证	1. 效果验证	5		
	2. 数据验证	5		
合计		100		

9.6.2 项目拓展

在完成本项目后,可以尝试使用 Parts 镜像与码垛指令完成多个工件的连续组装,码垛配置如图 9.19(a)所示,Parts 镜像设置如图 9.19(b)所示。

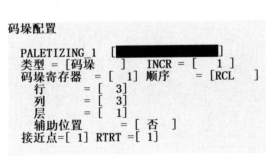

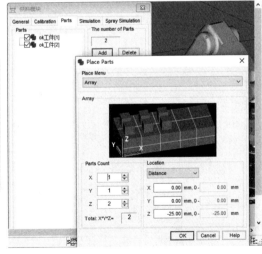

(a)码垛指令配置　　　　　　　　　　(b)Parts 镜像设置

图 9.19 拓展项目

参 考 文 献

[1] 张明文. 工业机器人入门实用教程：FANUC 机器人[M]. 哈尔滨：哈尔滨工业大学出版社，2017.

[2] 张明文. 工业机器人离线编程与仿真：FANUC 机器人[M]. 北京：人民邮电出版社，2020.

[3] 王璐欢，高文婷. 工业互联网与机器人技术应用初级教程[M]. 哈尔滨：哈尔滨工业大学出版社，2020.

[4] 工业互联网产业联盟. 工业互联网体系架构（1.0 版）[R]. 北京：工业互联网产业联盟，2016.

[5] 工业互联网产业联盟. 工业互联网体系架构（2.0 版）[R]. 北京：工业互联网产业联盟，2020.

[6] 工业互联网产业联盟. 工业互联网平台白皮书（2017）[R]. 北京：工业互联网产业联盟，2017.

[7] 工业互联网产业联盟. 工业互联网平台白皮书（2019）[R]. 北京：工业互联网产业联盟，2019.

先进制造业学习平台

先进制造业职业技能学习平台
工业机器人教育网（www.irobot-edu.com）

先进制造业互动教学平台
海渡职校APP

一键下载
收入口袋

专业的教育平台	先进制造业垂直领域在线教育平台
更轻的学习方式	随时随地、无门槛实时线上学习
全维度学习体验	理论加实操，线上线下无缝对接
更快的成长路径	与百万工程师在线一起学习交流

领取专享积分

下载"海渡职校APP"，进入"学问"－"圈子"，晒出您与本书的合影或学习心得，即可领取超额积分。

积分兑换

 专家课程　　 实体书籍　　 实物周边　　 线下实操

教学课件下载步骤

步骤一

登录"工业机器人教育网"

www.irobot-edu.com，菜单栏单击【职校】

步骤二

单击菜单栏【在线学堂】下方找到您需要的课程

步骤三

课程内视频下方单击【课件下载】

咨询与反馈

尊敬的读者：

感谢您选用我们的教材！

本书有丰富的配套教学资源，在使用过程中，如有任何疑问或建议，可通过邮件（edubot@hitrobotgroup.com）或扫描右侧二维码，在线提交咨询信息。

全国服务热线：400-6688-955

（教学资源建议反馈表）

先进制造业人才培养丛书

■ 工业机器人

教材名称	主编	出版社
工业机器人技术人才培养方案	张明文	哈尔滨工业大学出版社
工业机器人基础与应用	张明文	机械工业出版社
工业机器人技术基础及应用	张明文	哈尔滨工业大学出版社
工业机器人专业英语	张明文	华中科技大学出版社
工业机器人入门实用教程(ABB机器人)	张明文	哈尔滨工业大学出版社
工业机器人入门实用教程(FANUC机器人)	张明文	哈尔滨工业大学出版社
工业机器人入门实用教程(汇川机器人)	张明文、韩国震	哈尔滨工业大学出版社
工业机器人入门实用教程(ESTUN机器人)	张明文	华中科技大学出版社
工业机器人入门实用教程(SCARA机器人)	张明文、于振中	哈尔滨工业大学出版社
工业机器人入门实用教程(珞石机器人)	张明文、曹华	化学工业出版社
工业机器人入门实用教程(YASKAWA机器人)	张明文	哈尔滨工业大学出版社
工业机器人入门实用教程(KUKA机器人)	张明文	哈尔滨工业大学出版社
工业机器人入门实用教程(EFORT机器人)	张明文	华中科技大学出版社
工业机器人入门实用教程(COMAU机器人)	张明文	哈尔滨工业大学出版社
工业机器人入门实用教程(配天机器人)	张明文、索利洋	哈尔滨工业大学出版社
工业机器人知识要点解析(ABB机器人)	张明文	哈尔滨工业大学出版社
工业机器人知识要点解析(FANUC机器人)	张明文	机械工业出版社
工业机器人编程及操作(ABB机器人)	张明文	哈尔滨工业大学出版社
工业机器人编程操作(ABB机器人)	张明文、于霜	人民邮电出版社
工业机器人编程操作(FANUC机器人)	张明文	人民邮电出版社
工业机器人编程基础(KUKA机器人)	张明文、张宋文、付化举	哈尔滨工业大学出版社
工业机器人离线编程	张明文	华中科技大学出版社
工业机器人离线编程与仿真(FANUC机器人)	张明文	人民邮电出版社
工业机器人原理及应用(DELTA并联机器人)	张明文、于振中	哈尔滨工业大学出版社
工业机器人视觉技术及应用	张明文、王璐欢	人民邮电出版社
智能机器人高级编程及应用(ABB机器人)	张明文、王璐欢	机械工业出版社
工业机器人运动控制技术	张明文、于霜	机械工业出版社
工业机器人系统技术应用	张明文、顾三鸿	哈尔滨工业大学出版社
机器人系统集成技术应用	张明文 何定阳	哈尔滨工业大学出版社
工业机器人与视觉技术应用初级教程	张明文 何定阳	哈尔滨工业大学出版社

■ 智能制造

教材名称	主编	出版社
智能制造与机器人应用技术	张明文、王璐欢	机械工业出版社
智能控制技术专业英语	张明文、王璐欢	机械工业出版社
智能制造技术及应用教程	谢力志、张明文	哈尔滨工业大学出版社
智能运动控制技术应用初级教程(翠欧)	张明文	哈尔滨工业大学出版社
智能协作机器人入门实用教程(优傲机器人)	张明文、王璐欢	机械工业出版社
智能协作机器人技术应用初级教程(遨博)	张明文	哈尔滨工业大学出版社
智能移动机器人技术应用初级教程(博众)	张明文	哈尔滨工业大学出版社
智能制造与机电一体化技术应用初级教程	张明文	哈尔滨工业大学出版社
PLC编程技术应用初级教程(西门子)	张明文	哈尔滨工业大学出版社

教材名称	主编	出版社
智能视觉技术应用初级教程（信捷）	张明文	哈尔滨工业大学出版社
智能制造与PLC技术应用初级教程	张明文	哈尔滨工业大学出版社

■工业互联网

教材名称	主编	出版社
工业互联网人才培养方案	张明文、高文婷	哈尔滨工业大学出版社
工业互联网与机器人技术应用初级教程	张明文	哈尔滨工业大学出版社
工业互联网智能网关技术应用初级教程（西门子）	张明文	哈尔滨工业大学出版社
工业互联网数字孪生技术应用初级教程	张明文、高文婷	哈尔滨工业大学出版社

■人工智能

教材名称	主编	出版社
人工智能人才培养方案	张明文	哈尔滨工业大学出版社
人工智能技术应用初级教程	张明文	哈尔滨工业大学出版社
人工智能与机器人技术应用初级教程（e.Do教育机器人）	张明文	哈尔滨工业大学出版社